북한의 『조선어학전서』 연구

서울대학교통일학연구총서 14

북한의 『조선어학전서』 연구

펴낸곳 서울대학교출판문화원
펴낸이 오연천
지은이 권재일

초판 1쇄 인쇄 2012년 1월 5일
초판 1쇄 발행 2012년 1월 10일
출판등록 제15-3호

주소 서울 관악구 관악로 1 우편번호 151-742
대표전화 02-880-5252 **팩스** 02-888-4148
마케팅팀(주문상담) 02-889-4424, 02-880-7995
이메일 snubook@snu.ac.kr
홈페이지 www.snupress.com
영문홈페이지 eng.snupress.com

ISBN 978-89-521-1267-5 94710
978-89-521-1029-9 (세트)

서울대학교통일학연구총서 14

북한의 『조선어학전서』 연구

권재일

서울대학교출판문화원

On North Korea's
Collected Writings of Korean Linguistics

Kwon Jae-il

Seoul National University Press

서울대학교통일학연구총서를 내면서

냉전체제가 와해되고 남북교류가 증대하면서 21세기 한반도의 창조적 미래구상이 절실히 요청되고 있다. 우리의 희망과는 달리 남북관계는 여전히 불안정하고 국제정세 또한 유동적이지만, 상호적대적인 분단체제는 더 이상 유지되기 어려운 상황임이 분명하다. 민주화와 경제발전을 성공적으로 이룩한 우리 사회의 역량을 바탕으로 이제 통일한국의 미래를 기획하고 추진하는 일이 핵심적인 시대적 과제로 부각되고 있다.

어떤 형태의 통일이 바람직할 것인가에 대해 완전한 합의를 얻기는 쉽지 않다. 통일이 이루어질 시기를 예측하기도 어려우며, 통일과정이 반드시 점진적이거나 평화적일 것이란 보장도 없다. 우리가 원치 않는 방식으로 통일문제에 맞부딪치게 될 가능성도 얼마든지 있다. 그럼에도 불구하고, 아니 그렇기 때문에 통일에 대한 연구는 더욱 총체적인 시야에서 체계적으로 이루어져야 한다. 실제로 통일과정에 돌입했을 때 그 전 과정을 적절히 관리할 역량이 갖추어지지 못하면 오히려 심각한 갈등과 후유증을 겪을 우려가 크기 때문이다.

통일논의가 구체화되고 정책적 실현가능성이 높아지면 질수록 그에 적합한 전문성과 책임성을 갖추기 위해 노심초사해야 하는 것이 한국 지식인의 책무일 것이다. 반세기 이상 남북한 주민들이 경험해온 상이한 제도와 관행을 적절히 통합하고 전쟁의 상처와 오랜 대립에서 비롯되는 적대감과 이질성을 극복하기 위해서는 고도의 전문성과 기획력이 무엇보다도 필요하다. 한반도 통일을 바람직한 동북아 지역질서와 연계시키고 보다 나은 공동체를 구현하는 일도 지식인들의 높인 식견과 섬세한 대응역량이 없이는 불가능하다.

서울대학교는 2003년부터 통일학 연구 지원 사업을 시작하였고, 우리 사회의 지적 대응능력을 키우는데 진력하고 있다. 서울대학교의 통일연구 사업은 북한에 대한 지역연구 차원을 넘어서 통일과정 전반에서 고려되어야 할 쟁점들을 학제적으로 분석하는 데 목적을 둔다. 따라서 정치, 경제, 사회, 역사, 문화, 환경의 영역은 물론이고 농학과 의학, 과학기술과 예술 및 체육에 이르기까지 광범위한 영역을 포괄한다. 이 일을 총괄하는 서울대학교 통일평화연구원은 국내외의 연구기관 및 연구자들과 교류하면서 종합학문으로서의 통일학을 정립하고자 애쓰고 있다.

서울대학교 통일학 연구총서는 이러한 학문적 노력의 결실이다. 이 신서가 우리 시대 최대의 과제인 분단극복과 통일한국을 향한 역사적 장정에 긴요한 지적 자산이 되기를 기대한다. 또한 소모적인 이념 논란을 지양하고 창조적인 대안과 정책적 지혜를 탐색하는 이성적 도구로 활용되기를 바란다. 끝으로 통일 연구의 시대사적 중요성을 인식하고 서울대학교 통일연구 사업의 제도적 바탕을 마련해주신 정운찬 전 총장님과 변함없이 이 연구 사업을 지원, 격려해주신 이장무 전 총장님, 그리고 종전의 통일평화연구소를 통일평화연구원으로 승격하여 새로운 도약과 발전의 기틀을 마련해주신 오연천 총장님께 깊은 감사를 표한다.

2011년 9월

서울대학교 통일평화연구원

머리말

이 책은 2005년 북한에서 발간한 『조선어학전서』 모두 47권을 대상으로 그동안 북한에서 이루어진 언어학 연구의 전체적인 흐름을 분석하여 북한의 언어학 연구 성과를 살피고, 이를 바탕으로 앞으로 남북한의 언어학 연구가 서로 협력하고 통합할 수 있는 방향을 모색하는 것을 목적으로 한다.

북한의 사회과학원 언어학연구소에서 발간한 『조선어학전서』는 북한의 일반언어학 연구와 규범적 언어 연구의 성과를 집대성한 것으로 그 의의가 크다. 따라서 이러한 연구 성과를 객관적으로 살펴보는 것은 연구사적인 관점에서 매우 필요한 일이다. 연구사적인 관점이란 과거의 업적을 평가하여 오늘날의 연구 현황을 살펴보며, 더 나아가서는 앞으로 전개될 연구의 방향을 설정한다는 점에서 의의가 있다.

이 책에서는 북한의 『조선어학전서』의 내용을 검토하여 지난 60년간의 북한의 언어학 연구 성과를 연구사적인 관점에서 구체적으로 살펴보았는데, 다음과 같은 『조선어학전서』의 성과를 확인할 수 있었다.

첫째는 광복 이후 지금에 이르기까지 이루어진 북한의 언어학 연구의 성과를 언어학의 모든 분야를 망라하여 체계화하였다는 점이다. 언어 이론과 언어 정책, 우리말의 문법 구조, 음운 구조, 의미와 어휘 구조를 비롯하여 역사, 방언, 사전, 언어공학, 언어규범 등 모든 분야를 포함하고 있다. 둘째는 언어 연구의 "리론적깊이를 보장하여 일부 실천적인 문제들에 해답을 주는 방향에서 집필하면서, 종합적인 규범문법도서로서의 체모를 벗어나지 않게 하여" 규범적 언어 연구의 성과를 이루었다는 점이다. 셋째는 기존의 언어학 연구를 시대의 요구에 맞게 발전시키겠다는 것과 함께 최신의 언어학 연구를 받아들이

겠다는 연구의 방향을 분명히 제시하였다는 점이다. 지금까지의 언어 이론과 정책을 비롯한 언어 구조와 역사에 대한 연구를 체계적으로 종합화하였으며, 새로운 연구 분야로서 언어공학을 전면적으로 수용하여 언어 현실과 언어 자료들을 과학적으로 분석하여 그 결과를 실제 언어생활에 적극적으로 활용하는 연구를 지향하였다.

분단된 이후 남한과 북한 모두 언어학 각 분야는 급속도로 발전하였다. 또한 서로 다른 언어 이론을 배경으로 서로 다르게 언어 연구를 수행해 왔다. 북한은 『조선어학전서』에서 보는 바와 같이 다양한 연구를 수행해 왔으며, 남한은 다양한 학문적인 견해가 공존하고 있어 이러한 '전서'로 묶어 발간할 상황이 아니어서 발간하지 않았지만, 양과 질에 있어 상당한 수준의 우리말 연구가 수행되어 왔다.

이러한 남과 북의 우리말 연구는 서로 같은 방향도 있지만 서로 다른 방향도 있다. 그렇기 때문에 통일을 준비하는 이즈음에 남북한의 학문 연구와 교육의 협력을 위하여, 그리고 통일 이후에 전개될 우리말과 우리말 연구와 교육의 통합을 위해 남북 언어 연구의 협력 방안이 절실히 필요하다고 생각한다. 이러한 관점에서 이 책에서는 남북 언어 연구가 서로 협력할 방안을 제시하고 이를 실천하기 위해 남북한 언어학자들이 함께 노력해야 할 것을 제안하였다.

이 책 연구의 대상인 『조선어학전서』는 지난 2006년 금강산에서 열린 제6차 남북 공동 겨레말큰사전 편찬회의에서 사회과학원 언어학연구소 문영호 소장으로부터 기증받은 것이다. 귀한 자료를 기증해 준 데 대해 감사의 말씀을 드린다. 2003년 이래 국립국어원과 사회과학원 언어학연구소 간의 남북 언어 통합과 관련한 학술회의, 그리고 2005년 이래 겨레말큰사전 편찬회의에서 함께 만나 남북 언어 통합에 대해 진지하게 토론한 남북한 언어학자들에게 감사의 마음을 전한다. 그리고 이 책의 초고를 읽고 여러 유익한 도움말을 해 주신 익명의 심사위원 세 분, 통일평화연구원의 통일학 기초연구 심포지엄에서 귀한 말씀으로 토론해 주신 선생님들께 감사한다. 자료 분석과 해석에 도움을 준 유현조 박사와 조원형 박사에게도 감사한다.

이 책은 서울대학교의 통일학 기초연구사업 연구비 지원으로 연구되었다. 연구의 계기를 마련해 준 서울대학교 통일평화연구원과 책을 펴내 준 서울대학교출판문화원에 감사하며, 특별히 편집으로 벌써 네 번째 인연을 맺은 이라미 선생님께 고마움의 마음을 전한다.

2012년 1월 1일

권재일

차례

제4장 말소리 연구

제5장 문법 연구

제6장 의미-어휘 연구

제7장 언어사 연구

제8장 방언 연구

제9장 언어공학 연구

제10장 언어규범 연구

제11장 사전편찬 연구

제12장 맺음말

표 차례

사진 차례

제1장
연구 개관

1. 연구 목적

이 연구는 최근 북한에서 발간한 『조선어학전서』 모두 47권을 대상으로 그간 북한에서 이루어진 언어학 연구의 전개 양상을 분석하여 북한의 언어학 연구 성과를 살피고, 이를 바탕으로 앞으로 남북한의 언어학 연구가 서로 협력하고 통합할 수 있는 방향을 모색하는 것을 목적으로 한다.

2005년, 북한의 사회과학원 언어학연구소에서는 새 세기에 들어서면서 우리의 언어과학을 시대의 요구에 맞게 발전시키고 새로운 언어학 분야를 개척하기 위하여 규범문법적 이론서인 『조선어학전서』를 발간하였다. '서문'에서 이 전서의 성격을 다음과 같이 밝히고 있다.

"지난 50여 년 간에 이룩된 우리의 언어과학연구 성과를 종합체계화하는 한편 민족어의 개화발전과 정보시대의 요구를 구현하는 동시에 최신 언어공학의 연구성과들을 널리 받아들이는데 깊은 주의를 돌리였다.

전서는 주체의 방법론에 기초하여 언어리론과 언어정책, 언어구조와 언어발전력사, 언어정보론과 언어공학을 전면적으로 연구체계화하며 언어현실과 언어자료들을 과학적으로 분석평가, 리용하는데 기여하리라고 믿는다."

이러한 『조선어학전서』는 실로 북한의 일반언어학 연구와 규범적 언어 연구의 성과를 집대성한 것으로 그 발간의 의의는 크다고 평가한다. 따라서 그 내용을 검토하여 지난 60년간의 북한의 언어학 연구 성과를 연구사적인 관점에서 살펴보는 것은 가치 있는 일이라 생각한다.

남한과 북한이 분단된 이후 모두 언어학 각 분야의 학문이 급속도로 발전하였다. 또한 서로 다른 언어 이론을 배경으로 남과 북은 서로 다르게 언어 연구를 수행해 왔다. 따라서 같은 언어를 서로 다른 이론을 통해 연구한 것을 객관적으로 살펴보는 것은 연구사적인 관점에서 필요한 일이다. 연구사적인 관점이란 과거의 업적을 평가하여 오늘날의 연구 현황을 살펴보며, 더 나아가서는 앞으로 전개될 연구의 방향을 설정한다는 점에서 의의가 있다.

『조선어학전서』에 대해서는 지은이가 2006년에 펴낸 『남북 언어의 문법 표준화』에서 이미 소개한 바 있지만, 본격적인 연구가 이루어진 바는 아직 없다. 따라서 이 책은 『조선어학전서』에 대해 처음으로 시도하는 본격적인 연구가 될 것이다. 이러한 연구는 통일을 준비하는 즈음에 남북한의 학문 연구의 협력과 교육을 위하여, 그리고 통일 이후에 전개될 우리말의 통합을 위해 절실히 필요하다고 생각한다.

2. 연구 대상: 『조선어학전서』의 성격

『조선어학전서』의 기본 성격은 일반언어학 연구와 규범적 언어 연구의 성과를 집대성한 것으로 볼 수 있다. 일반언어학적 관점에서 우리말을 이론적으로 접근하였으며, 한편으로는 규범적 언어 연구를 지향한 것이라 할 수 있다. 『조선어형태론』의 다음과 같은 언급이 이를 대변해 준다.

"리론적깊이를 보장하여 일부 실천적인 문제들에 해답을 주는 방향에서 집필하면서 종합적인 규범문법도서로서의 체모를 벗어나지 않게 하려고 한다."

『조선어학전서』는 모두 47권으로 되어 있으며, 아래에 제시하는 것과 같이 11개 분야로 나누어 편찬하였다. 책은 모두 국판 크기인데 분량이 가장 적은 책은 239쪽이고 가장 많은 책은 671쪽인데, 대략 250~300쪽 정도이다. 각 책마다 '머리말'을 두어 그 책의 집필 목적과 내용을 소개하고 나서 본론에 들어가고 있다.

저자는 북한의 사회과학원 언어학연구소 연구원을 중심으로 하고 있으며, 출판은 사회과학출판사, 인쇄는 평양종합인쇄공장이다. 발간 일자는 2005년 1월 20일부터 시작하여 9월 25일까지이다. 그러나 이 발간 일자는 실제 집필 일자와는 일치하지 않는다. 저작의 초고 혹은 초판은 이보다 훨씬 이른 것도 있다.

이 전서의 11개 분야와 구체적인 저서 이름과 저자는 다음과 같다.

I. 언어리론

1. 주체의 언어리론 (최정후, 2005.1.20., 263쪽)
2. 조선문화어건설리론 (리호경, 2005.4.20., 239쪽)
3. 조선로동당언어정책사 (정순기·리근용·리호경·장근수·장영남·안순남, 2005.3.15., 359쪽)

II. 어학사

4. 조선말력사 1 (류렬, 2005.5.15., 423쪽)
5. 조선말력사 2 (류렬, 2005.7.15., 671쪽)
6. 조선말력사 3 (김인호, 2005.5.15., 335쪽)
7. 조선말력사 4 (김인호, 2005.1.20., 367쪽)
8. 조선말력사 5 (류렬, 2005.5.15., 359쪽)
9. 조선말력사 6 (김인호, 2005.5.15., 255쪽)

10. 조선말력사 7 (백운혁, 2005.5.15., 279쪽)

11. 조선인민의 글자생활사 (김인호, 2005.4.20,. 271쪽)

12. 조선어학설사 (안경상, 2005.2.15., 287쪽)

13. 향가연구 (류렬, 2005.9.25., 478쪽)

III. 어휘론

14. 조선어어휘론 (최완호, 2005.1.20., 303쪽)

15. 조선어어휘통계학 (문영호, 2005.1.20., 256쪽)

16. 조선말사전편찬론연구 (리기원, 2005.1.20., 375쪽)

17. 조선어어휘정리론 (박성훈, 2005.3.15., 287쪽)

18. 조선어단어론 (김백련, 2005.5.20., 279쪽)

IV. 의미론

19. 조선어어휘의미론 (조춘옥, 2005.1.20., 247쪽)

20. 조선어의미구조론 (문영호, 2005.1.20., 271쪽)

21. 조선말력사의미론 (김인호, 2005.2.15., 287쪽)

V. 어음론

22. 조선어어음론 (김성근, 2005.1.20., 295쪽)

23. 조선어음운론 (김성근, 2005.2.15., 207쪽)

24. 조선어실험음성학 (강진철, 2005.4.5., 303쪽)

25. 조선어력사어음론 (최정후, 2005.4.15., 303쪽)

VI. 문법론

26. 조선어형태론 (정순기, 2005.2.15., 343쪽)

27. 조선어문장론 (김백련, 2005.3.15., 304쪽)

28. 조선어문장성분론 (리기만, 2005.2.15., 287쪽)

29. 조선어품사론 (김옥희, 2005.3.15., 295쪽)

30. 조선어단어조성론 (김동찬, 2005.5.15., 456쪽)

31. 조선어실용문법 (김동찬, 2005.7.15., 391쪽)

VII. 문체론

32. 조선어문체론 (리정용, 2005.2.15., 255쪽)

33. 언어생활론 (리정용, 2005.3.15., 311쪽)

VIII. 명칭론

34. 조선어명칭론연구 (방린봉, 2005.3.15., 295쪽)

35. 조선지명학 (박명훈, 2005.5.15., 247쪽)

36. 조선지명변천에 대한 력사문헌학적연구 (정순기, 2005.7.15., 303쪽)

37. 조선지명연구 (조창선, 2005.9.25., 335쪽)

IX. 방언학

38. 조선어방언학 (김성근, 2005.2.15., 255쪽)

X. 언어공학

39. 조선어정보론 (권종성, 2005.3.15., 303쪽)

40. 조선어음성공학 (홍석희, 2005.4.20., 287쪽)

41. 조선글자공학 (최병수, 2005.3.15., 295쪽)

42. 조선어정보검색학 (김길연, 2005.2.15., 239쪽)

43. 조선어문법검사연구 (리승길, 2005.7.15., 255쪽)

44. 조선어전자사전연구 (리승길·방정호, 2005.5.15., 271쪽)

45. 조선어확률론 (리정용, 2005.7.30., 527쪽)

XI. 언어규범

46. 조선어규범변천사 (최정후·김성근, 2005.7.25., 271쪽)

47. 조선어규범리론 (김동찬, 2005.7.15., 271쪽)

이 책에서 북한 저서의 원문을 그대로 인용하거나 소개하는 경우(" "로 표시)에는 북한의 언어규범을 그대로 따르되, 이 책의 일반적인 서술은 남한의 맞춤법을 따른다. 그리고 연구 내용을 소개하는 경우 일일이 해당 저서의 쪽수를 제시하는 번거로움을 피하기로 한다.

사진 1 『조선어학전서』 제1권 표지

사진 2 『조선어학전서』 제1권 판권지

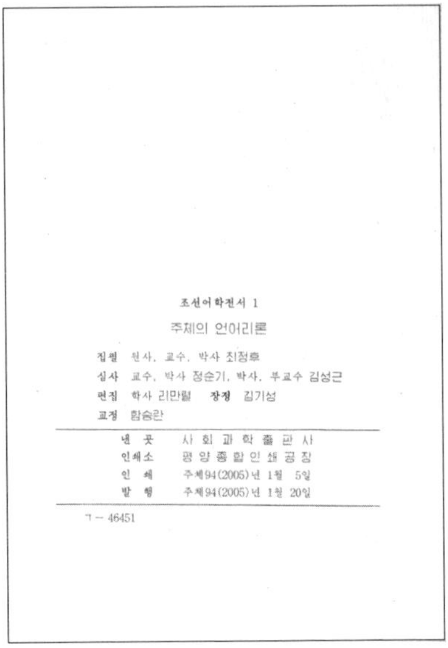

조선어학전서 1

주체의 언어리론

집필 원사, 교수, 박사 최정후
심사 교수, 박사 정순기, 박사, 부교수 김성근
편집 학사 리만렬 장정 김기성
교정 함승란

낸 곳 사회과학출판사
인쇄소 평양종합인쇄공장
인 쇄 주체94(2005)년 1월 5일
발 행 주체94(2005)년 1월 20일

ㄱ－46451

한편 이 책의 참고문헌에 제시한 바와 같이, 지은이는 앞선 연구 권재일(2006, 2008a, 2008b, 2009)에서 『조선어학전서』의 개요를 소개한 바 있으며, 그 내용의 일부는 이 책에 포함되어 있다. 그 가운데 특히 이 책의 제6장과 제9장은 각각 권재일(2008b), 권재일(2009)의 논의를 수정·보완하여 발전시킨 것이다.

제2장

주체의 언어 이론

1. 주체의 언어 이론 개관

북한의 언어관에 바탕을 둔 언어 연구는 "주체의 언어리론"에 기대고 있다. 『조선어학전서』 제1권이며 최정후가 지은 『주체의 언어리론』에서 서술하고 있는 주체의 언어 이론을 통해 북한의 언어관과 언어 연구의 경향을 살펴보기로 한다. 저자 최정후는 사회과학원 언어학연구소의 원로 학자이다.

북한에서는 앞 시대의 언어 이론이 물질과 의식의 상호관계를 위주로 하여 언어 문제를 고찰한 언어 이론이었다면 주체의 언어 이론은 사람을 중심에 놓고 언어 문제를 고찰하고 전개하는 완전히 새로운 언어 이론으로 규정한다. 이처럼 시대적 요구를 반영하여 창조된 주체의 언어 이론은 출발부터 선행 언어 이론과는 근본적으로 구별되는 독창적인 것이라고 주장하였다.

주체의 언어 이론은 무엇보다 먼저 언어과학의 기본인 언어의 본질과 기능에 관한 문제를 사람 중심의 철학적 세계관에 기초하여 과학적으로 새롭게 해명한다고 천명하였다. 주체의 언어 이론이 언어의 본질과 기능을 새롭게 밝힘으로써 우리 시대의 언어 발전과 민족어 문제 해결을 위한 새로운 길이 개척되었으며 주체적인 언어관 확립과 노동계급의 언어과학을 새롭게 발전시킬 수 있는 이론적 기초가 마련되게 되었다고 주장한다.

그리고 이 이론은 민족어를 고수하고 발전시키려는 이론을 독창적으로 해명하였다고 한다. 특히 언어 발전에 작용하는 모든 요인들을 구체적으로 분석하여 사람이 언어를 창조하고 발전시키는 추동력이라는 진리를 새롭게 해명함으로써 언어 발전에 대한 사람들의 목적의식적 작용에 대한 이론을 체계화하였다고 한다. 이리하여 궁극적으로는 "로동계급의 당과 국가가 올바른 언어정책을 세우고 우리 시대의 언어발전의 방향에 따라 자기 민족어를 주동적으로 발전시킬수 있는 넓은 길이 열리게 되였다."라고 하였다.

또한 주체의 언어 이론은 평양 문화어를 건설하고 발전시키려는 이론을 세웠으며, 언어와 언어생활과의 상호 관계, 언어 기능과 언어생활과의 상호 관계에 대한 과학적인 해명에 기초하여, 언어생활에서 주체를 세우며 시대의 요구에 맞게 언어생활을 개선 발전시키기 위한 길을 개척하였음을 거듭 강조하였다.

먼저 이 저서의 차례를 살펴보자. 이를 통해 전체적인 내용을 파악할 수 있을 것이다.

총론

제1장 언어의 본질과 기능에 관한 리론

1. 언어는 인간생활의 힘있는 수단
2. 언어는 인민대중의 자주성을 실현하기 위한 힘있는 무기
3. 언어는 민족의 형성과 자주적발전을 위한 중요한 수단

제2장 민족어고수에 관한 리론

1. 일제의 조선어말살정책으로부터 민족어를 고수할데 대한 리론
2. 미제를 우두머리로 하는 제국주의자들의 민족어말살정책으로부터 민족어를 고수할데 대한 리론

제3장 언어발전에 관한 리론

1. 언어발전의 요인에 대한 리론
2. 언어발전방향에 대한 리론

3. 언어발전에서 민족적인것과 세계공통적인것을 옳게 결합시킬데 대한 리론

제4장 사회주의적민족어의 본보기인 평양문화어건설에 관한 리론

1. 우리 나라에서 사회주의적민족어의 본보기인 평양문화어건설의 필연성과 평양문화어 건설에서 견지하여야 할 몇 가지

2. 평양문화어를 건설하고 발전시키기 위한 방도에 대한 리론

3. 평양문화어의 우수한 특성

제5장 언어생활에 관한 리론

1. 언어생활의 본질과 특성

2. 언어생활의 두가지 형식

3. 언어생활을 개선발전시키기 위한 원칙적요구

4. 문체의 질을 세련시키고 발전시킬데 대한 리론

5. 혁명적이며 인민적인 문풍을 세울데 대한 리론

6. 옳바른 언어생활기풍을 세울데 대한 리론

제6장 글자의 부족점을 고치고 발전시킬데 대한 리론

1. 글자의 부족점을 고쳐야 할 필요성

2. 우리 글자의 부족점을 고치고 글자체계를 옳게 세우는데서 견지하여야 할 원칙

3. 우리 나라에서 글자를 개혁하고 발전시키기 위한 기본방향

2. 주체의 언어 이론 특징

『주체의 언어리론』에서 이 이론은 노동계급의 언어 이론 발전에서 새로운 전환을 가져온 탁월한 언어 이론이며 우리 시대의 언어 발전과 민족어 문제 해결의 새로운 길을 밝힌 독창적인 언어 이론이라고 주장한다. "그 과학성과 진리성으로 하여 천만년의 세월이 흘러도 그 정당성과 생활력을 길이길이 과

시할 백과전서적인 언어리론이다."라고 스스로 평가하고 있다. 그래서 기본적으로 다음 세 가지 특징을 제시하였다.

첫째, 주체의 언어 이론은 "우리 시대, 자주시대가 언어 분야에 제기하는 요구를 반영하여 혁명투쟁의 불길속에서 창시된 독창적인 언어리론이다. …… 주체의 언어리론은 인류가 달성한 언어리론을 력사적으로 총화한데 기초하여 새 시대의 요구를 반영하여 나온 새로운 언어리론이며, 제국주의자들의 민족어말살정책으로부터 민족어를 고수하고 자주적으로 발전시키는것이며 민족어속에 침습된 사대주의적요소를 비롯한 온갖 낡은 요소를 극복하고 민족어를 주체성있게 발전시키는것이다."

둘째, 주체의 언어 이론은 "영생불멸의 주체사상을 사상리론적 기초로 하고있는 독창적인 언어리론이다. …… 주체사상의 철학적원리와 사회력사적원리에 기초하여 사람, 인민대중의 활동을 기본으로 하여 언어발전의 합법칙성과 추동력에 관한 문제가 과학적으로 해명되게 되였고 인민대중이 민족어와 언어생활을 목적의식적으로 개선발전시킬수 있는 길이 개척되게 되였으며 로동계급의 당과 국가가 민족어문제를 해결하기 위한 리론적기초가 마련되게 되였다."

셋째, 주체의 언어 이론은 "위대한 령도자 김정일동지께서 심화발전시키신 언어리론이다. …… 김일성동지께서 창시하고 김정일동지께서 심화발전시킨 주체의 언어리론은 영생불멸의 주체사상을 언어분야에 빛나게 구현한것으로 하여 우리 시대의 위대한 언어강령으로 되며 언어문제해결에서 튼튼히 틀어쥐고 나가야 할 전투적기치로 된다." 북한의 언어학 저작이 대개 그러하듯이 이 책 역시 김일성, 김정일이 언어 이론을 발전시킨 것으로 특징을 제시하였다.

3. 언어 본질과 기능에 관한 이론

언어의 본질과 기능을 바르게 해명하고 과학적으로 이해하는 것은 무엇보다 먼저 언어 발전과 민족어 문제 해결을 위한 이론적 기초를 마련하는 데 중요한 역할을 한다고 주장하였는데 언어의 본질과 기능에 관한 구체적인 이론은 다음과 같이 제시하였다.

첫째, "언어는 인간생활의 힘있는 수단이다. 언어가 인간생활의 필수적수단으로 되는것은 우선 그것이 사람들의 사상을 형성하고 전달하며 사람들이 서로 의사를 소통하도록 하는 역할을 한다는 사정과 관련된다. 언어가 인간생활의 힘있는 수단으로 되는것은 또한 언어가 사물현상에 대한 명명과 진술의 기능을 수행하기때문이다."

둘째, "언어는 인민대중의 자주성을 실현하기 위한 힘있는 무기이다. 주체의 언어리론은 언어가 단순히 사람들의 의사소통의 수단일뿐만아니라 인민대중의 자주성을 실현하기 위한 투쟁의 무기로 된다는것을 새롭게 밝혔다. …… 언어는 다음으로 인간개조사업에서 중요한 자리를 차지하는 과학과 문화를 발전시키기 위한 힘있는 무기로 된다. 언어는 다음으로 문화발전에서 중요한 역할을 한다."

셋째, "언어는 민족의 형성과 자주적발전을 위한 중요한 수단이다. 주체의 언어리론은 언어와 민족의 호상관계, 민족의 형성과 자주적발전에서 언어가 노는 역할에 기초하여 언어의 본질과 기능에 관한 문제를 독창적으로 밝혔다. …… 주체의 언어리론이 언어의 본질과 기능에 관한 리론을 새롭게 밝힘으로써 민족어를 주체성있게 발전시키며 우리 시대의 민족어문제를 해결하기 위한 새로운 길이 개척되게 되였으며 우리 시대의 언어리론발전에 크게 기여하게 되였다."

4. 민족어 고수에 관한 이론

주체의 언어 이론에서 민족어 고수에 관한 이론은 매우 중요한 자리를 차지한다. 주체의 언어 이론은 제국주의 민족어 말살 정책으로부터 민족어를 고수하는 문제, 민족어가 처한 역사 발전의 각각의 단계, 환경, 조건에서 민족어를 고수하는 문제를 해명하고 체계화하였다는 것이다. "일제의 조선어말살정책으로부터 민족어를 고수할데 대한 리론", "미제를 우두머리로 하는 제국주의자들의 민족어말살정책으로부터 민족어를 고수할데 대한 리론" 등이 구체적인 예이다.

5. 언어 발전에 관한 이론

주체의 언어 이론은 민족어 고수에 관한 이론뿐 아니라 언어 발전에 관한 이론도 밝혔다고 하였다. 언어 발전 요인에 관한 이론, 언어 발전 방향에 관한 이론, 그리고 민족적인 것과 세계적인 것을 결합시키는 이론 등이 그 예이다.

첫째, 언어 발전 요인에 관한 이론은 다음과 같다. 언어 발전에 작용하는 요인으로 객관적 요인과 주체적 요인을 들었다. "낡은 사회제도의 새로운 사회제도로의 교체가 주는 영향"이 객관적 요인이라 하였고, 주체적 요인으로 "주체의 언어리론에 의하여 인민대중이 언어의 창조자일뿐아니라 언어를 발전시키는 실제적인 주인이라는 진리가 밝혀지게 되였다."

둘째, 언어 발전 방향에 관한 이론이다. 주체의 언어 이론은 우리 시대 언어 발전의 합법칙성에 대한 과학적인 해명과 언어 발전에 작용하는 추동력에 대한 해명에 기초하여 사회주의 건설 시기의 언어 발전 방향에 관한 이론을 독창적으로 해명하였다는 것이다.

셋째, 언어 발전에서 민족적인 것과 세계적인 것을 바르게 결합시키는 이론이다. 주체의 언어 이론이 밝힌 언어 발전에서 민족적인 것과 세계 공통적인 것을 바르게 결합시키는 원칙은 사회주의 사회에서 언어 발전의 합법칙적 방향을 반영한 가장 과학적인 원칙이라는 것이다.

6. 평양문화어 건설에 관한 이론

주체의 언어 이론은 평양문화어 건설의 필요성과 평양문화어 건설의 원칙, 평양문화어 건설 방법 등에 관한 이론을 구체적으로 천명하였다는 것을 특별히 강조하였다.

(1) 평양문화어 건설의 필요성

평양문화어를 건설해야 하는 이유를 다음과 같이 제시하였다. "우리 나라에서 표준으로 삼아야 할 언어는 곧 평양문화어이다. 평양문화어는 력사발전의 새 시대, 사회주의시대를 대표하는 언어이다. 자본주의사회에서 형성발전된 민족어는 새 시대를 대표할수 없다. 따라서 사회주의적민족어건설에서 평양문화어를 기준으로 하는것은 사회주의사회발전의 보편적요구이며 동시에 사회주의적민족어형성발전의 합법칙적요구이다."

(2) 평양문화어 건설의 원칙

"평양은 나라의 정치, 경제, 문화의 중심지이며 여기에는 성을 비롯한 중앙기관들과 과학문화기관, 출판보도기관들이 집중되어있는 곳이며 또한 교통체신망이 집결되여있는 곳으로서 전국각지의 주민들과의 련계와 접촉이 가장 긴밀하고 빈번한 곳이다. 이와 함께 평양은 력사적으로 볼 때에도 조선어발전의 중심지적역할을 한 곳이다. 또한 평양말은 지역적언어적차이를 초월하여 민족어의 우수한 요소들이 합쳐 이루어진 발전된 언어이다."

(3) 평양문화어 건설의 방법

평양문화어를 건설하고 발전시키기 위한 방법으로 다음과 같은 네 가지 이론을 제시하였다.

첫째는 모국어 교육 강화 이론이다. "주체의 언어리론은 민족어발전과 평양문화어건설에서 모국어교육이 차지하는 위치와 역할에 대한 과학적인 분석과 우리 나라에서의 모국어교육의 실태에 대한 구체적인 료해에 기초하여 청소년들과 근로인민대중속에서 모국어교육을 강화하는 문제에 대하여 전면적으로 해명하였다."

둘째는 한자 폐지 이론이다. "주체의 언어리론은 광복전의 인민들의 글말생활의 실태에 대한 구체적인 분석과 한자사용이 언어생활과 민족어발전에 주는 부정적영향에 대한 과학적인 분석에 기초하여 한자사용을 폐지할데 대한 리론을 새롭게 밝혔다. …… 주체의 언어리론은 한자사용을 폐지할데 대한 리론을 밝혔을뿐 아니라 한자사용폐지의 필요성과 방도에 이르기까지 전면적으로 해명하였다."

한자 사용을 폐지하는 것은 이중적인 글말 생활의 무거운 부담에서 해방하고 글말 생활을 단일화하기 위하여 중요한 것이라 하였다. 또한 한자 사용을 폐지하는 것은 문맹퇴치 사업과 밀접한 관련 속에서 진행된 것이라 하였다.

셋째는 어휘 정리 사업이다. 어휘 정리 사업은, 우선 민족어 발전에서 기본 문제가 되는 것이며, 다음으로는 우리 말 속에 한자어를 비롯한 외래어가 많이 들어와 민족어의 자주적 발전에 지장을 주고 있기 때문에 필요하다고 하였다. 따라서 어휘 정리 사업의 기본 방향은 한자말 외래말의 정리이며 또한 고유말을 적극 찾아 쓰는 것이며 고유말로 새 단어를 만들어 쓰는 것이라 하였다.

주체의 언어 이론이 밝힌 어휘 정리 방법은 이 사업에 인민 대중을 적극적으로 참가시켜 그들의 혁명적 열의와 창조적 지혜를 높이는 것이라 하였다. 또한 다듬은 말을 인민들 속에 보급하기 위해서는 무엇보다도 교육 부문에서 먼저 받아들이게 하고 다음으로 신문과 방송에서도 제때에 받아들여 쓰도록 하는 것이 중요하다고 하였다.

넷째는 언어규범 이론이다. 주체의 언어 이론은 언어규범의 본질과 사명, 언어의 규범화의 원칙 등을 제시하였다. 언어규범의 사명은 평양문화어 건설이며, 언어규범의 제정은 글말규범, 어휘규범, 문법규범, 발음규범을 포함한다는 것이다. 그리고 맞춤법 제정에는 표음주의, 역사주의, 형태주의, 세 원칙이 있다고 하였다.

또한 평양문화어를 위한 언어정화 사업은 우리말 속에 들어와 있는 낡은 한자말, 일본말찌꺼기, 저속한 언어 요소를 없애고 깨끗하게 정리하는 사업이라 하였다. 이 사업은 새말의 창조로 우리말 어휘와 표현의 수준을 높이는 것이라 하였다.

7. 언어생활에 관한 이론

북한에서는 주체의 언어 이론이 역사상 처음으로 언어생활의 본질과 성립, 언어생활의 개선 발전에 관한 문제를 비롯하여 언어생활과 관련된 모든 문제에 대하여 전면적으로 해명하였다고 주장한다. 이와 관련하여 "문체의 질을 세련시키고 발전시킬데 대한 리론", "혁명적이며 인민적인 문풍을 세울데 대한 리론", "옳바른 언어생활기풍을 세울데 대한 리론" 등을 제시하였는데 그 내용은 다음과 같다.

"문체의 질을 세련시키고 발전시킬데 대한 리론"에서는 문체론이 언어생활의 개선 발전에서 차지하는 위치와 역할, 우리말 문체 발전의 실태에 대한 구체적인 분석에 기초하여 문체의 본질과 기능, 문체론적 수단, 문체의 질을 높이는 문제를 전면적으로 밝혔다.

"혁명적이며 인민적인 문풍을 세울데 대한 리론"에서는 혁명적이며 인민적인 문풍을 세우는 것은 언어를 발전시키는 데는 물론이고 언어생활을 개선 발전시키는 데에도 결정적 의의를 가진다고 하였다. 그러기 위해서는 무엇보다 먼저 말을 하고 글을 쓰는 데에 민족적 특성을 전면적으로 높이는 것이 중요하며, 그러자면 반드시 민족 고유의 말과 글을 적극 살려 써야 한다고 하였다.

"옳바른 언어생활기풍을 세울데 대한 리론"에서는 언어생활을 개선 발전시키기 위하여서는 인민 대중이 사상적으로 동원되어 올바른 언어생활의 기풍을 세워야 한다는 것을 밝혔다. 언어생활에서 올바른 사상 관점을 가지려면 사대주의, 교조주의적인 사상 잔재를 철저히 극복하여야 하며 이와 함께 낡은 언어 의식, 언어 관습을 없애야 한다는 점, 이 사업을 사회적 운동으로 힘있게 벌여야 한다는 점, 언어생활에 대한 지도 통제 사업을 강화하여야 한다는 점을 제시하였다.

8. 글자 개혁에 관한 이론

글자를 개혁하고 글자 체계를 바르게 세우는 것과 관련하여 "글자의 부족점을 고치고 발전시킬데 대한 리론"라는 제목으로 글자를 개혁해야 할 필요성, 원칙, 기본 방향 등을 제시하였다.

"우리 글자는 글자발전의 최고단계인 자모글자이지만, 자모들이 직접 결합하여 단어를 이루는것이 아니라 자모가 결합하여 소리마디글자를 이루게 되며 그것이 다시 결합하여 단어를 이루는 네모난 글자이다." 이것이 바로 우리 글자가 가지고 있는 기본 결함이라고 지적하였다.

그러므로 우리 글자가 가지고 있는 이러한 부족점을 극복하고 우리 글자를 민족어 발전의 합법적 요구에 맞게 고치고 글자 체계를 바르게 세우는 글자 개혁은 민족어를 주체성 있게 발전시키기 위하여 필요하다는 것이다.

글자를 개혁하기 위한 기본 방향은 다음과 같이 제시하였다. 글자 개혁의 방향은 무엇보다 먼저 우리 글자를 가지고 우리 식으로 만드는 것이라 하였다. 우리 식으로 만든다는 것은 우리 글자가 가지고 있는 훌륭한 요소들과 고유한 특성을 살리며 인민 대중의 요구와 지향에 맞게 개혁함으로써 글자의 주체성과 민족성을 높이 발양시킨다는 것을 의미한다는 것이다. 다음으로 글자의 사회적 기능을 높이는 방향에서 글자 문제를 해결하는 것이다. 글자의 기능을 높이기 위해서는 단어를 형태화할 수 있게 하여야 한다. 글자를 타자와 인쇄 기술 발전에 편리하도록 고치기 위해서는 자모글자를 단어 단위로 묶어 철저히 단어화하여야 한다는 것이다.

한편, 『조선어학전서』에는 언어 이론과 관련하여 두 저서가 더 있다. 제2권 『조선문화어건설리론』이다. 저자는 리호경이고, 2005년 4월 20일 발간, 239쪽이다. 이 책에서는 "문화어건설의 필연성과 사상리론적기초, 문화어건설의 력사적뿌리와 요인, 문화어건설의 합법칙적과정, 문화어건설의 성과, 문화어발음, 문화어글말규범, 문화어문법, 문화어문체" 등을 구체적으로 서술하였다.

이 책 '머리말'에서 "민족어문제를 옳게 해결하는것은 혁명과 건설에서 주체성과 민족성을 고수하며 민족의 자주적발전과 번영을 이룩하는데서 중요한 의의를 가진다. 민족어발전문제를 옳게 해결하는것은 광복후 우리 나라에서 매우 절박한 과업의 하나로 제기되었다."라고 밝혔다.

제3권은 『조선로동당언어정책사』이다. 저자는 정순기·리근용·리호경·장근수·장영남·안순남이고, 2005년 3월 15일 발간, 359쪽이다. 이 책의 제1장 "민족어의 전면적개화발전을 위한 토대축성"에서는 "광복직후 민족어발전을 위한 사회정치적 및 경제적토대마련, 청소년학생들에 대한 민족어교육의 강화, 문맹퇴치, 한자사용 폐지, 언어정화운동, 조선어맞춤법 및 외래어적기법의 제정과 가로쓰기의 실시" 등을 서술하였다.

제2장 "민족어의 전면적개화발전"에서는 "어휘정리, 언어생활의 옳바른 기풍확립, 말과 글의 규범화, 민족어의 통일적발전을 위한 토대마련, 글자문제의 옳바른 해결"을 서술하였다.

제3장 "문화어건설성과의 공고화"에서는 "어휘정리성과의 공고화, 언어규범화사업의 심화발전, 언어학의 발전" 등을 서술하였다.

제3장

우리말 연구사

1. 우리말 연구사 개관

북한의 우리말 연구사에 대한 연구 성과를 다룬 것은 『조선어학전서』 제12권인 『조선어학설사』이다. 2005년 2월 15일 발행, 287쪽. 저자는 안경상인데 사회과학원 언어학연구소의 실장이다. 북한에서 국어사 연구를 주도하는 중견학자이다. 2003년 이후 남북 언어학자 모임에 자주 참석하였다. 최근 남북 학술회의에서 발표한 논문에는 다음과 같은 것이 있다. <방언조사환경과 금후과업>(2004년), <방언조사사업은 민족어유산을 발굴하고 민족고유어를 살리는 방도>(2007년). 남북 공동의 겨레말큰사전 편찬회의에도 참가하고 있다.

이 책 '머리말'의 한 부분을 먼저 인용한다. "오늘 조선어학설력사를 독자적인 연구대상으로 설정하고 학설력사의 전 로정을 시대별, 분과별, 론문별로 분석하여 종합체계화하는것은 중요한 과업의 하나로 제기된다." 따라서 이 책은 우리말 연구에 대한 연구사적 기술을 목표로 한 것이다.

이 책은 크게 네 편으로 구성되어 있다. 우리말 연구의 시대 구분에 따라 편성되어 있는데, 그 주요 내용은 다음과 같다.

제1절 이 시기 조선어학설의 기본특징

제2절 <주영편>의 연구리론

제3절 <아언각비>, <여유당전서>의 연구리론

제4절 <언문지>의 연구리론

제5절 <동문자모분해>의 연구리론

제6절 단편적인 언어학설들

제3편 19세기말~20세기초의 조선어학설

제1장 언어학자들의 활동과 이 시기 학설의 기본특징

제1절 일제의 민족어말살책동에 대처한 언어학자들의 활동

제2절 이 시기 조선어학설의 기본특징

제2장 이 시기 연구론문들에 반영된 조선어학설

제1절 말소리와 관련한 학설

제2절 서사규범과 관련한 학설

제3절 문법과 관련한 학설

제4편 주체15(1926)~주체34(1945)년 시기의 조선어학설

제1장 항일혁명투쟁과 조선어학설의 기본특징

제1절 항일혁명투쟁과 <조선어학회>의 활동

제2절 이 시기 조선어학설의 기본특징

제2장 이 시기 연구론문들에 반영된 조선어학설

제1절 문법과 관련한 학설

제2절 서사규범과 관련한 학설

제3절 말소리와 관련한 학설

제4절 어원, 방언과 관련한 연구리론

제5절 연구방법론과 관련한 학설

북한에서 우리말 연구사를 보는 관점을 이 책 '머리말'의 다음 글에서 확인할 수 있다: "뛰여난 슬기와 재능을 지닌 조선인민은 장구한 력사적기간에 본

토기원의 민족어를 아름답고 훌륭한 언어로 발전시키기 위해 끊임없는 노력을 기울이였다.”

2. 우리말 연구사의 대상과 방법

1) 우리말 연구사의 대상

『조선어학설사』에 나타난 북한의 우리말 연구사의 연구 대상은 다음과 같다. 크게는 위의 차례에서 제시한 바와 같이 시대구분을 넷으로 하여 제시하였다.

첫째, 단군조선 시대는 학설 자료가 없어 명백한 연구 특징은 말할 수 없으나 우리 선조들은 이 시기에 벌써 세련된 민족글자인 신지글자를 창제하여 사용하였는데, 이를 통해 짐작컨대 “높은 수준은 못되어도 글자연구가 진행되였다는것만을 알수 있다.”라고 평가하였다.

둘째, 고구려 때부터 한자를 사용하면서 차츰 우리말을 적기 위한 이두를 창조하였음을 강조하였다. “고구려, 고려시기에는 리두서사체계와 관련한 과학적인 자료들이 있는것으로 하여 민족어를 적기 위한 서사체계연구가 진행되였음을 확인할수 있다.”라고 평가하였다.

셋째, 조선 시대에 들어서면서 세계적으로 공인된 훌륭한 민족글자인 훈민정음을 창제하여 세상 사람들의 경탄을 자아냈으며 <훈민정음해례>, <언문지>와 같은 수준 있는 연구 업적을 발표하였다고 기술하였다. “리조시기부터는 새로운 높이에 올라선 글자, 음운연구학설들이 체계적으로 발표되였다.”라고 평가하였다.

넷째, 근대 시대에는 애국 문화 운동의 활발한 흐름 속에서 근대적 면모를 갖춘 수많은 연구가 나왔으며, 1920년대부터는 현대적 면모를 갖추기 시작한 가치 있는 연구가 발표되었다고 하였다. “근대시기에는 글자, 음운연구가 계승되면서 문법연구가 새롭게 나타나게 되였다. 1920～1940년대에는 언어학설의 폭이 급격히 확대되였다. 이 시기에 글자, 음운, 사전, 방언, 어사, 지명, 어학사 등의 학설들이 리론적깊이를 가지고 출현하였다."라고 평가하였다.

한편, 1945년 광복 후의 언어학 연구에 대해서는 김일성의 주체사상이 구현된 새로운 연구 관점과 연구 방법론에 의하여 전환의 길에 들어섰다고 주장하였다. 다만 1945년 이후의 연구사는 다루지 않고 있는데, 이에 대한 별다른 설명은 없다. 아울러 김일성의 주체사상에 입각한 언어 연구에 대한 설명도 없다.

2) 우리말 연구사의 방법

『조선어학설사』는 1945년까지의 연구 사실을 다루되, 학설 자료의 대부분이 개별적인 학자들의 논저로 되어 있다고 보고, 그에 따르는 분석 형식을 취하면서 동시에 분과별로 묶어 기술하였다. 우리말 연구에 대한 분과별 연구는 역사적이며 논리적인 발생 순차를 가진다고 하면서, "분과별 발생순서는 글자, 서사체계, 음운, 문법, 서사규범, 어사, 방언, 사전, 어학사, 연구방법론 등으로 할수 있다."라고 하였다.

『조선어학설사』에서 제시하고 있는 우리말 연구사의 방법론을 차례로 살펴보면 다음과 같다.

첫째, 우리말 연구사는 서술 형식과 학문적인 성격을 갖추었는가 그렇지 않는가에 따라 발전 단계를 구분하는 방법을 제시하였다. 이 기준에 따라 단군조선 시대에서 고려 시대 기간의 연구는 서술 형식을 갖추지 못하였으며 사회적으로 공인된 학문으로 존재하지 못하였다고 하였다.

둘째, 우리말 연구사는 우리말이 전 민족이 의무적으로 사용하여야 할 국어의 성격을 가졌는가 그렇지 못한가에 따라 발전 단계를 구분하는 방법을 제시하였다. 우리말은 조선 시대부터 민족글자의 창제로 비록 학문적인 연구 분과로 되었으나 국어 연구에는 이르지 못하였다고 하였다. 우리말이 국어가 되자면 우리 민족의 모든 언어생활이 자기 민족어에 의해 진행되어야 한다. 그러나 조선 말기까지 우리의 글말 생활에서 한자 사용이 적지 않은 비중을 차지하였다. 그래서 그 시기까지를 국어 형성 이전 시기라 하였다. 결론적으로 "조선어의 국어적인 성격은 근대시기부터 형성되였으므로 단군조선~리조시기는 국어형성이전의 학설적특징을 가졌다고 해야 할것이다." 결국 우리말 연구사는 국어로 승격된 우리말의 연구인가 그렇지 않은가에 따라 그 특징과 발전 단계를 구분할 수 있다는 것이다.

한편, 언어가 국어로 되었는가 못 되었는가에 따라 언어 연구의 폭과 깊이가 달라진다고 하였다. 다시 말하여 언어가 국어로 되면 연구 분과가 증대되고 문제 분석의 범위가 확대되며 연구 이론의 평가 기준점이 갱신된다는 것이다. 실례로 글말규범 연구와 같은 학설 분과의 발생은 우리말이 국어의 지위에 올라서고 한글의 전 민족적 사용과 떼놓고 생각할 수 없다는 것이다.

셋째, 우리말 연구사는 언어 학설에 반영된 철학 사상의 작용 정도에 의해 그 특징을 나누는 방법을 제시하였다. 단군조선~고려 기간은 고대 어휘 자료와 인접 부분 사료들, <삼국유사>, <삼국사기> 등 당시의 역사 문헌의 역사 기록을 통하여 신숭배사상, 유교사상, 불교사상이 작용한 것으로 본다. 조선 시기는 음양오행이론, 태극이론, 천지인 3재이론, 주자성리학이 작용한 것으로 본다. 1700년대부터는 실학사상이, 근대 시기는 애국문화운동사상, 일제항거사상, 개화사상이 작용한 것으로 본다. 항일혁명투쟁 시기는 전민무력항쟁에 의한 조국광복사상이 전면적으로 작용한 것으로 본다. 이렇게 우리말 연구에는 신숭배, 음양오행이론, 태극이론, 천지인 3재이론, 실학, 애국문화운동, 부르주아개화사상, 항일무장투쟁에 의한 조국광복사상 등이 반영되었다고 서술하였다.

이상을 정리하여 "조선어학설의 분과별 발생순서"로 제시하였는데, 이를 옮기면 다음과 같다. 이러한 시대구분, 연구 대상의 발생순서, 그리고 각각의 특징과 사상을 밝혀 제시한 것은, 신지글자에 대한 견해를 제외하고는, 언어학사 기술의 관점에서 볼 때 합리성을 확보한 것으로 충분히 평가할 수 있겠다.

1. “단군조선~고려”

<학설> 글자학설

<특징> [-서술형식] [-학문적성격]

<사상> 신숭배, 유교, 불교

2. “리조초기~리조말”

<학설> 글자학설+음운학설

<특징> [+서술형식] [+학문적성격]

<사상> 음양오행이론, 태극이론, 3재이론, 실학사상

3. “근대초기~근대말”

<학설> 글자학설+음운학설+문법학설+서사규범학설

<특징> [+국어연구]

<사상> 애국문화운동, 반일애국, 부르주아개화사상

4. “1926년~1945년”

<학설> 글자학설+음운학설+문법학설+서사규범학설+어사학설+방언학설+사전학설+어학사학설+연구방법론학설

<사상> 조국광복사상

3. 신지글자와 단군 시대의 연구

1) 신지글자의 학문적 위치

북한의 우리말 연구사는 출발을 신지글자의 사용으로 삼고 있다. 신지글자는 민족어 형성의 첫 시기로 되는 단군조선의 귀중한 언어학 사료이며, 이를 통하여 글자의 유형, 글자 획수, 획 모양, 획 조합의 여러 가지 특징을 알 수 있으며 글자 사용 기간과 사용 지역을 가늠할 수 있다는 것이다.

북한 학계에서는 단군조선의 신지글자에 대한 견해를 <용비어천가>, <세조실록>, <훈민정음운해> 등에서 찾아볼 수 있다고 하며, 이들 문헌은 한결같이 단군조선의 신지글자가 우리 민족의 글자이며 가장 오랜 글자 사료라고 인정하며 신지글자와 훈민정음의 계승성도 피력하고 있다고 하였다. 나아가서 우리말 연구사의 관점에서 볼 때 서술형식을 갖추지 못하고, 학문적 성격을 가지지 못하였다고 하면서도 신지글자의 학문적 위치를 확고히 하고 있다.

신지글자에 대한 남한 학계의 견해는 대체로 부정적이다. 그러나 북한 학계는 단군조선의 역사 문화적 가치를 높이 받드는 사관에 힘입어 신지글자의 학문적 위치를 높이고 있음을 볼 수 있다.

2) 신지글자에 반영된 언어학적 견해

신지글자에 반영되어 있다고 주장하는 북한의 언어학적 견해는 다음과 같다. 첫째는 글자 획수에 반영된 언어학적 특징이다. 신지글자는 현대 필법에 기준할 때 2획, 3획이 14자로서 그중 많으며 따라서 글자 획수가 적은 것이 특징이다. 고대 한자 가운데 신지글자와 같이 획수가 적은 것도 있지만 9획 이상인 한자만 하여도 수십 자에 이른 것을 보면 한자는 신지글자와 뚜렷한 대조를 이룬다고 제시하였다.

둘째는 획 모양과 획 조합에 반영된 언어학적 특징이다. 획 모양과 획 조합의 특징을 통해 당시에 존재한 글자 학설을 가늠할 수 있다는 것이다. 우선 획 모양을 보기 쉽고 간편하며 시원스럽게 뽑아 주는 글자 창제 원칙을 알 수 있으며, 획과 획을 "사귀는데서" 중심과 평행을 필법의 편리를 기준하여 설정함으로써 글자를 빨리 쓰면서도 알아보기 쉽게 하였다는 것이다. 이런 특징들은 글자 창제의 기본 능력인 획 조합 설정의 추상화 능력이 매우 높다는 것을 보여 준다는 것이다.

4. 이두와 삼국 시대~고려 시대의 연구

1) 이두글자의 학문적 위치

이두에 대한 북한 언어학계의 기본 생각은 다음과 같다. 이두의 표기 수단은 중국 글자인 한자이고 이두의 기본은 우리 말소리를 한자의 음과 새김으로 대응시켜 나타내는 방법이라는 것이다. 소리글자 체계를 창조하듯 어느 연구 집단이나 학자들에 의해 짧은 시일 안에 창조된 것이 아니라 오랜 시일을 걸치는 사용 과정을 통하면서 대를 이어 창조되었다는 것이다.

이두에 대한 학문적 위치를 다음과 같이 제시한다. 역대 학자들은 이두의 명칭은 크게 "리(吏)"와 "향(鄕)"으로 갈랐는데, 역사문헌 기록에 따르면 "리(吏)"보다 "향(鄕)"이 선행한다고 하였다. 그래서 우리나라 당대 학자들이 자기들의 독특한 서사 체계를 관청의 글(관리들의 글) 또는 자기 조국이나 고향의 글로 이해하였을 것이라 하였다. 비록 이두는 국가급의 연구기관이나 대중적인 연구 활동에 의해 창제된 것은 아니고 그 수단은 어디까지나 한자이지만, 이두는 철저히 우리말의 어음, 어휘, 문법 특성에 기초하여 글말의 면모를 갖추고 있었다고 평가하였다.

2) 이두에 반영된 언어학적 견해

북한 학계에서는 이두를 발전 단계와 구성 요소라는 두 가지 측면에서 고찰하였다. 그 근거는 다음과 같이 제시하였다. 첫째로, "초기리두, 리찰, 향찰"과 같이 체계적인 연구 활동에 따르는 발전 과정이라는 것이다. 둘째로, 이두 구성 요소가 보여 주는 것처럼 학문적 구성 체계가 정연하다는 것이다. 셋째로, 향가에서 표현되는 것처럼 입말체의 복잡한 토체계까지 나타낼 정도로 학문적 견해들이 심화되어 있다는 것이다. 이러한 특징들은 고구려에서 고려 때까지 이두를 중심으로 우리말 연구에 대한 학문이 계속 존재하며 발전하였음을 보여 주는 것이라고 평가하였다.

(1) 발전 단계에 따르는 학문적 특징

이두의 발달 단계를 다음과 같이 제시하고 각각의 학문적 특징을 서술하였는데 그대로 인용하면 다음과 같다.

1. "초기리두: 초기리두단계에서 조선어의 어순과 문법적특성에 맞게 어휘순서를 새롭게 정하고 리두토를 사용한것이 중요한 특징이다."

2. "리찰: 리찰은 리두의 대표적형태로 인정되고있다. 그 근거는 첫째로, 리찰에 우리 말 체계에 따르는 리두어순이 기본적으로 확립되여있기때문이다. 둘째로, 리두토가 활발히 쓰인것이다. 셋째로, 어휘적측면에서 볼 때 사람이름, 고장이름이 기본인 명사의 범위를 벗어나 동사, 형용사, 부사에 이르기까지 리두어휘가 활발히 쓰인것이다. 리찰의 이러한 발전은 봉건정부의 공문서, 법제문, 증명서 등에 쓰일수 있게 된 중요한 조건으로 되였으며 관청용글말의 수준에 놓이게 하였고 나아가서 그 서사규범성이 확립되게 하였다. 리찰의 시작을 어느 때부터 보겠는가 하는것은 찍어서 말하기는 힘들지만, 새말을 적기 위한 서사체계의 규범성은 적어도 8~9세기에는 형성되였다고 볼수 있다."

3. "향찰: 리두서사체계의 가장 높은 단계는 향찰식표기에서 집중적으로 나타나고있다. 향찰의 특징은 첫째로, 문장전반이 조선어의 어순으로 확고히 전환된것이다. 둘째로, 리찰보다 리두토가 더욱 광범히 쓰인것이다. 음성과 문자표기의 차이가 가장 큰 입말과 글말의 차이를 극복하려고 적극 노력하면서 조선어의 복잡한 입말투의 토까지 리두식으로 나타내려고 한 여기에 향찰의 기본특징이 있다."

"향찰과 리찰의 대비에서 하나의 문제로 제기되는것은 우리 말 입말을 다 같이 반영하고있는 향찰과 리찰의 차이를 정확히 파악하는것이다. 리찰이 관청공문서로 쓰일 정도로 되여 해당한 어휘나 토를 한자로 리용할 때 비교적 고정된 한자를 사용함으로써 규범성이 높은데 비해 향찰에서는 우리 말 입말을 가능한껏 적으려는 의도에서 반영수준은 높으나 쓰는 사람마다 각이한 한자로 적다보니 규범성의 측면은 리찰보다 미약하다."

(2) 구성 요소에 따르는 학문적 특징

이두 구성 요소를 "리두음, 리두어, 리두토, 리두어순, 리두자" 등으로 나누어 각각의 학문적 특징을 제시하였는데, 그 주요 내용을 그대로 옮기면 다음과 같다.

1. "리두음: 리두음의 기본특징은 우선 한자의 음으로 우리 말을 나타낸것이다. 다음으로 한자의 뜻을 나타내는 우리 말 발음을 기준하여 조선어의 어휘를 표현한것이다. 이런 방법은 리조시기로 내려오면서 점차 적극화되여 갔다."

2. "리두어: 리두어의 기본특징은 비록 한자로 표기되여도 리두음으로 읽어야 그 뜻이 리해되기때문에 철저히 조선어에 한한것이라는데 있다. 리두어는 처음에 사람이름, 고장이름과 같이 명사에서 기본적으로 나타났으며 그후 동사, 형용사, 부사로 그 범위가 확대되였다."

3. "리두토: 리두토의 기본특징은 한자의 어휘적뜻을 무시하고 한자음을 기본으로 하여 우리 말 토를 나타낸것이다. 리두토는 초기리두에서는 적게 쓰이고 리찰단계에 이르러 점차 많아지게 되였으며 향찰단계에서는 가능한껏 우리 말 토를 반영하는데 이르렀다."

4. "리두어순: 리두어순은 한문과 조선어의 기본차이를 나타내는 본질적인 표식으로 되는것으로 하여 초기리두, 리찰, 향찰에 다 쓰이였다."

5. "리두자: 우리 선조들은 리두서사체계를 창조하는데서 새로운 한자를 만들거나 한자의 뜻을 새롭게 하여 우리 말을 나타내는 방법을 취하였는데 이것을 리두자라고 한다. 리두자는 기본적으로 4가지로 갈라본다. △ 새로 만든 자 (畓, 迲, 椧) △ 뜻만 바꿔 쓰는 자 (作, 干, 串, 卜) △ 합성하여 표음하는 자 (乭, 乺, 乤, [illegible], 斗, 乬) △ 합성하여 표의하는 자 (巭)"

5. 훈민정음 창제와 15~17세기의 연구

1) 15~17세기 연구의 성격

북한에서는 훈민정음이 창제된 1444년부터 <경세훈민정음>이 집필된 1678년까지 230여 년간은 논저의 발표 수는 적지만 우리말 연구의 기본 골격이 "원만해지기" 시작한 의의 깊은 기간이었다고 평가하고 있다. 그 근거는 다음과 같이 밝히고 있다.

첫째, 글자수, 글자 차례, 글자이름, 글자 사용법과 관련한 이론 실천적 문제를 밝혔다. 둘째, 우리말 음운 체계, 각각 음운들의 소릿값, 조음위치, 전탁과 성조, 치두와 정치, 평음과 측음 등 말소리 특성을 밝혔다. 셋째, 한자어에 대한 우리말의 특징을 밝혔다. 넷째로, 전통적인 7음 4성 이론에 기초하여 언어학적 문제를 밝혔다. 이렇게 볼 때 15세기, 16세기, 17세기는 우리말 연구에서 글자학과 음성학 연구가 체계화되기 시작하였다고 평가하였다.

이 시기의 연구에는 "음양오행리론, 태극리론, <천, 지, 인>의 3재리론, 주자성리학" 등 봉건철학사상에 기초하여 연구 방법이 설정되었다고 분석하였다. 이들 사상들은 단순히 연구의 기초가 된 것에 그치지 않고 언어 분석에 실질적으로 이용되었다고 평가하였으며, 이들 사상들은 독자적으로 혹은 서로 관련되어 적용되었음을 밝혔다. 한편 당시 불교사상은 일상생활에는 상당히 침투되었으나 언어 연구의 기초로는 이용되지 않았음을 덧붙였다.

봉건철학사상이 언어 연구에 반영된 예를 보면, 당시 학자들은 언어 문제를 다루면서 언어 현실을 결코 무턱대고 추상적으로 신비화하지 않았다는 것이다. 그들이 ㆍ, ㅡ, ㅣ 글자의 소릿값을 설명할 때 그 글자 모양이 사람, 하늘, 땅을 형상한다고 하였지 그것 자체가 사람, 하늘, 땅이라고는 하지 않았다는 것이다. 또한 ㆍ, ㅡ, ㅣ 소릿값도 현실적으로 사람 속에 존재한 말소리로 보았지 현실에 없는 음으로 본 것은 아니었는데, 이것은 결국 당시 학자들이 연구에 철학사상을 반영한 것이 자기들의 언어학적 견해를 보다 생동하고 직관적으로 설명하기 위한 데 목적이 있음을 보여 주는 것이라 평가하였다.

2) 훈민정음 창제의 의의

훈민정음 창제를 우리말 연구의 질적인 발전을 이룩한 것으로 높이 평가하였다. 훈민정음 창제 이후부터 우리말 연구가 학문적인 성격을 띠게 되었으며 동시에 서술 형식을 갖추게 되었다고 하였다. 구체적으로 훈민정음 창제의 의의를 다음과 같이 제시하였다. 글자와 음운에 대한 과학적 연구를 강조한 것이 매우 돋보이는 평가이다.

첫째, 우리말 연구가 드디어 학문적인 성격을 띠기 시작하였다. 정부 안에 훈민정음을 연구하는 전문기관으로서 언문청이 조직되어 유능한 학자들이 과학 연구 활동을 진행하였으며, 또한 중앙으로부터 지방에 이르는 전국적 범위에서 적지 않은 학자들과 선비들이 글자 위주의 언어학 연구 활동과 교육 활동을 진행하였으며, 우리글의 보급을 위한 조치들이 정부급에서 취해졌다.

둘째, 우리말 연구가 서술 체계를 갖추기 시작하였다. 이것은 민족어에 대한 보다 과학적인 연구 관점이 형성되었다는 것을 의미한다. 서술량은 방대하지 않으나 과학적인 서술 체계의 면모를 갖추고 있다.

셋째, 우리말 연구는 글자와 음운 연구로 일관되었다. 훈민정음 창제 시기에 이르러 우리말 연구는 글자와 음운 위주의 문제를 제기하고 이에 대한 학술 견해가 발표되었다.

3) 구체적인 연구 성과

(1) 훈민정음해례

<훈민정음해례>의 연구 특징을 다음과 같이 제시하였다. 첫째, 우리 민족글자의 창제 원리를 밝힌 것이다. 둘째, 우리 민족글자의 수와 체계를 밝힌 것이다. 셋째, 우리말 음운을 위치 3분법에 기준하여 초성, 중성, 종성으로 가른

것이다. 넷째, 우리말 말소리를 소리 성질에 따라 순한소리, 울림소리, 거센소리, 된소리로 갈라 그 특성을 밝혀 놓은 것이다. 다섯째, 훈민정음의 사용 방법을 밝힌 것이다. 이 밖에도 성조 및 그 표시 문제, 훈민정음의 우수성 등 여러 가지 문제들을 밝혔다.

특별히 제자 원리와 음운 이론에 대해 다음과 같이 평가하였다. 먼저 제자 원리에 대해 "글자창제자들은 중성자의 제자원리를 기본적으로 하늘, 땅, 사람의 형상에 기초하여 설정하였다. 기초중성자 3자를 하늘, 땅, 사람의 형상에 기초하여 만든 글자창제자들은 나머지 중성자들에 대하여서는 천지인의 호상관계속에서 설명하였는데 여기에서 특징은 사물현상의 구체적인 모양에 기초하지 않고 형상적으로 추상화된것이다." 다음으로 음운 이론에 대해 "글자창제자들의 음운리론은 글자창제리론과의 밀접한 통일속에서 전개되여있다. 그들은 자음과 모음을 분리하면서 동시에 초, 중, 종성의 위치3분법을 시도하여 어음식별을 구체적으로 체계화하고있다. 글자창제자들의 음운리론에서 특별히 중시하게 되는것의 하나가 받침소리에 대한 그들의 견해이다. 15세기의 언어학자들은 받침소리의 전반체계와 종성위치에서의 소리값, 전탁과 성조의 구별과 한문과의 차이 등 받침소리에 대하여 종합적이며 전면적인 고찰을 진행한데 기초하여 해당한 견해들을 밝히였다."

(2) 훈민정음례의

<훈민정음례의> 서문을 통하여 당시 학자들이 훈민정음이 옛 글자에 일정하게 토대하였으며 4성 7음의 원칙에서 그 소릿값 체계를 이해하고 있었음을 알 수 있다고 하였다.

(3) 동국정운, 사성통고, 번역로걸대, 박통사범례, 용재총화, 화담집

"이 문헌들이 기초한 철학사상은 대체로 음양리론이 기본이다. 이 문헌들의 연구리론을 학설사적측면에서 볼 때 기본특징은 다음과 같다. 첫째로, 중국한자음에 비한 조선한자음의 차이를 분석한것이다. 둘째로, 조선한자음분석에서 조선어의 음운특성에 기초하면도 한자음운리론을 많이 적용한것이다. 셋째로, 훈민정음의 우수성을 강조한것이다."

(4) 훈몽자회

"이 문헌에서 학설사의 고찰대상으로 되는것은 '일러두기'에 반영된 언어리론이다. <훈몽자회>는 비록 서술분량은 적어도 가치있는 언어리론들을 밝힌것으로 하여 리조시기 조선어학설사연구에서 매우 중시되는 문헌이다."

(5) 경세훈민정음

최석정이 1678년에 저술한 것으로 출판되지 못하고 수사본으로 전해 오는 문헌인데, 이 문헌이 기초한 철학사상은 음양이론, 태극이론, 양명학이라고 하였다.

6. 18~19세기의 연구

1) 18~19세기 연구의 성격

이 시기 우리말 연구의 특징을 다음과 같이 제시하였다. 첫째, 전문적인 연구 학설의 성격이 강화되었다. 둘째, 글자와 음운 이론을 새롭게 제시하였다. 셋째, 언어 연구에 운도학을 많이 도입하여 분석하였다. 특히 19세기로 접어들면서는 언어 실천에서 제기되는 문제들을 고찰하는 경향이 강해졌음을 지적하였으며, 드디어 문법 연구가 맹아적인 단계에서나마 출현한 것을 지적하였다. 그리고 19세기에는 비록 이론적 정립은 되지 못하였으나, 어원, 의미, 고장이름에 대한 분석도 진행되었음을 지적하였다.

한편 18세기 우리말 연구에 작용한 철학사상은 실학사상과 음양오행이론이 기본이었는데, 실학사상이 보다 주도적 위치에 있었으며, 19세기에는 실학사상의 작용이 보다 강해졌다고 서술하였다.

2) 구체적인 연구 성과

18세기 대표 문헌은 <화동정음통석운고>, <훈음종편>, <훈민정음운해>, <삼운성휘>, <자모변>, <화음방언자의해> 등인데, 이들의 기본 특성을 분석하여 제시하였다. 특히 <훈민정음운해>는 신경준이 1750년에 저술한 문헌으로 우리말의 말소리와 우리 글자에 대한 전면적 연구를 가할 목적에서 집필되었음을 밝혔다.

19세기 우리말 연구의 대표 문헌은 <주영편>, <아언각비>, <여유당전서>, <언문지>, <동문자모분해> 등인데, 이들의 기본 특성을 분석하여 제시하였다. 특히 유희가 1824년에 저술한 <언문지>에 대해서 "리조시기의 연구론문들가운데서 과학성이 가장 높이 보장된 연구학설이라는데 있다."라고 높이 평가하며, 앞시기 문헌들과는 달리 한 가지 언어학 문제를 제기한 다음에 이를 전면적으로 분석하는 것이 서술 형식의 특징이라고 지적하였다.

7. 주시경과 20세기 초반의 연구

1) 20세기 초반 연구의 성격

20세기 초반의 우리말 연구를 근대 시기의 연구라 하고서, 새로운 분과들로 확대되어 전통적인 글자, 음운 위주의 연구에서 문법, 서사규범 위주의 연구로 방향 전환하였다고 서술하였다.

시대의 특징을 오랜 기간 진행되어 온 우리말 연구의 귀중한 경험과 세계의 근대 발전 추이에 따라 새롭게 발전하려던 우리말 연구는 일제의 우리말

말살 정책으로 파란 많은 곡절의 길에 들어서게 되었다고 규정하였다. 이러한 상황에서 우리말 연구자들의 민족적 각성은 높아졌으며, 그들은 뜨거운 애국심과 외국에서의 언어 연구 정형을 분석한 과학적 인식에 기초하여 애국문화운동의 일환인 국문 운동을 힘 있게 밀고나갔다고 평가하였다.

민족어를 고수하는 것과 민족어를 발전시키는 것을 목표로 하였던 당시 언어학자들의 언어에 대한 관점을 애국적이며 민족적인 관점에서 확립하였는데, 이들의 과제는 크게 두 가지로 볼 수 있다고 하였다. 첫째, "국가와 인민이 조선의 말과 글을 사용함으로써 민족어를 국어로 하여야 하는것이다." 둘째, "조선의 말과 글을 전 국가적범위에서 교육하며 이 사업을 강하게 밀고나가야 한다는것이다."

그래서 주시경을 비롯한 근대 시기의 언어학자들과 개화사상가들을 비롯한 애국 선각자들은 올바른 언어 관점을 수립하고 정열적인 활동을 벌였다고 서술하였다. 그리고 이 시기 우리말 연구에 작용한 사상은 애국문화운동과 밀착된 근대적인 부르주아개혁사상이었으며 일제를 반대하는 독립운동사상이었다고 제시하였다.

2) 구체적인 연구 성과

(1) 국문연구소 활동

1907년 7월 8일에 조직된 국문연구소의 설립 목적은 훈민정음에 대한 이론적 연구를 진행하며 그 사용의 대중화를 위한 실천적 문제를 해결하려는 것인데, 주시경, 어윤적, 권보상, 리능화, 송기영, 지석영을 비롯한 위원들은 대중이 사용하여야 할 글자수 제정에 주력하여, 글자 이론을 심화시키고 말소리에 대한 실천적 문제도 연구하여 <국문연구의정안>을 마련하여 정부에 제출하였다.

이러한 국문연구소에 대한 역사적인 평가를 다음과 같이 제시하였다. "우리 나라 력사에서 처음으로 정부안의 연구소로 조직된 국문연구소는 조직적인 형태로서의 존재기간은 길지 않았으나 근대언어학건설에 이바지할 여러 가지 활동을 진행하였으며 특히 서사규범과 관련한 연구사업에 주력함으로써 인민대중의 서사실천에 적극 기여하였다."

(2) 말소리 연구

이 시기 말소리 연구의 일반적 흐름은 다음과 같이 서술하였다. 우선 당시 학자들은 애국문화운동과 개화사상에 기초하여 연구 활동을 벌였으며, 국문정리의 필요성에 기초하여 말과 글의 연구를 밀접히 통일시켰다. 그리고 말소리 연구를 전문으로 취급한 논저는 거의 없고 문법, 서사규범 논저의 한 부분으로 들어있는 것이어서, 서사규범, 문법 연구보다 중시되지 못하였다고 평가하였다.

대표적인 논저는 주시경이 1908년에 집필한 『국어문전음학』이다. 이 책의 연구사적 의의를 다음과 같이 제시하였다. 첫째, "언어학용어들을 리론적으로 정립한것이다." '초성, 중성, 종성, 자음, 모음, 말소리'와 같은 전문술어들에 대한 언어학적 해명을 가한 것이다. 둘째, "<훈민정음해례>, <훈몽자회>의 연구리론을 폭넓게 연구한것이다." 셋째, "모음에서 합음의 원리를 체계화해놓은것이다." 넷째, "청탁관계를 구체적으로 갈래지어놓고 그에 대한 리론을 정립한것이다."

(3) 서사규범 연구

근대 시기로 들어서면서 훈민정음으로 글자 생활을 진행하려는 것이 확고한 시대적 추세가 되었으며, 특히 주시경은 대중의 글자 생활에서 절실히 필요한 문제에 과학적인 해답을 주기 위해 적극 노력함으로써 근대 시기 서사규범의 정립에 크게 기여하였다고 평가하였다. 이것은 이전 시기의 글자 연구가 이론 체계를 구성하려는 것이 기본이었다면 이 시기는 글자 이론 그 자체가 아니라 대중의 글자 생활에 이바지하려는 성격으로 전환된 시기였음을 강하게 서술한 것이다. 이봉운이 1897년에 쓴 『국문정리』, 지석영이 1907년에 쓴 『신정국문』이 대표적이다.

국문연구소에 보고한 주시경의 연구 보고서는 모든 서사 원칙을 현실적인 소릿값에 따르고 전통적인 표기법을 고려하며 민족적 특성을 살리고 현대 발전 전망도 참작하여 세울 것을 주장하였다고 평가하고 있다. 주시경의 연구 보고서는 철저히 당시 글자 생활에서 제기되는 문제에 대답을 주기 위하여 작성된 것인 만큼 이론 발전이 아니라 합리적인 서사 방법을 밝히는 데 주력하였다고 하여, 주시경의 업적과 이 시대의 우리말 연구 업적에 대해 높이 평가하였다.

(4) 문법 연구

이 시기는 우리말의 문법 특성과 세계적으로 보편화된 문법 이론에 기초하여 민족어의 문법 체계를 분류하고 문법 용어를 정립함으로써 문법 연구의 면모를 갖추어나간 시기라고 서술하였다. 주요 논의를 인용하면 다음과 같다. "그들은 품사분류에 첫째가는 연구초점을 돌리면서 문장분석과 토체계에 대한 분석을 결합시켰다." "품사론, 문장론, 형태론, 단어조성론 등에서 어느 한 부분만 연구되는것이 아니라 전반문제를 포괄하는 범위에서 문법연구의 시작점이 이루어진것이다."

주시경(『국어문법』, 1910년), 유길준(『대한문전』, 1909년), 최광옥(『대한문전』 1908년)과 같은 학자들이 집필한 논저들이 이러한 특징을 잘 보여 준다고 하면서, 그러나 이들의 문법 연구는 외국의 문법 이론을 교조적으로 대하면서 민족어의 특성에 맞지 않는 이론을 내세운 결함도 나타났다고 비판하였다.

최광옥의 『대한문전』과 유길준의 『대한문전』은 우리말 문법 체계를 전면적으로 연구하여 종합 정리하려는 목적에서 집필되었는데, 구성 체계와 내용 서술, 언어학 문제들에 대한 이론 정립, 서술 분량, 발행 연대에 비슷한 점이 많지만, 두 문헌을 구체적으로 분석해 보면 중요한 문제에서 뚜렷한 차이점이 있다고 지적하였다.

주시경이 1910년에 저술한 『국어문법』은 근대 시기에 이르러 활발해지기 시작한 우리말의 문법 연구를 보다 심화시키며, 특히 모든 문법 현상들을 고유한 우리말로 정립하기 위한 목적에서 집필되었음을 먼저 언급하였다. 또한 <훈민정음해례> 때부터 연구된 우리말 연구를 종합하고 우리글의 사용을 적극화하려는 교육 목적도 있다고 지적하였다. 이 책의 연구사적 특징을 다음과 같이 분석하여 서술하였다.

첫째, 고유한 우리말로 문장론, 품사론, 단어조성론의 전문용어들을 정의하였다. 둘째, 품사 체계를 9개로 분류하였다. 셋째, 역사적으로 진행된 우리말 연구를 분석 종합하였다. 넷째, 품사와 문장과 관련한 많은 예를 들고 이것을 여러 측면에서 분석하였다. 결론적으로 "이 문헌의 학설적성과는 조선어로 전문용어들을 정의함으로써 다음기의 연구자들에게 조선어연구의 민족적 긍지를 높여준것이다."라고 평가하였다.

이규방이 1922년에 저술한 『조선어법』은 주시경, 최광옥, 유길준을 비롯한 앞시기 학자들의 문법 이론에 기초하여 우리말의 품사 분류를 보다 과학화하려는 목적에서 집필되었다. 이 연구의 성과는 품사 설정을 새롭게 하는 것과 문장론에서만 취급되는 호응을 품사론에서 취급함으로써 품사 체계의 설정과 문장성분의 분석에서 혁신적이며 독특한 언어학 견해를 보여 준 것이라고 평가하였다.

8. 조선어학회 활동과 20세기 중반의 연구

1) 20세기 중반 연구의 성격

1926년부터 1945년까지의 기간은, "항일혁명투쟁" 시기로, 우리말의 획기적 발전과 우리말 연구의 새로운 발전이 이룩된 의의 깊은 기간이라 하였는데, 이 시기의 연구의 특징을 다음과 같이 제시하였다. 첫째, 언어학에 속하는 거의 모든 분과를 연구하였다. 둘째, 문법 연구 이론이 매우 발전하였다. 셋째, 서사규범 이론이 매우 발전하였다. 넷째, 언어학적으로 공인된 분과별 분석과 함께 개별적이며 구체적인 문제에 대한 연구 이론이 더욱 심화되었다.

특히 조선어학회에 대해 높이 평가하고 있다. 조선어학회(지금의 한글학회)는 항일혁명투쟁 시기에 조직된 학술단체 중에서 반일애국적인 성격이 가장 강한 조직 중의 하나였음을 강조하여, 조선어학회의 업적과 의의를 상당한 수준으로 높이 평가하고 있어 주목된다.

조선어학회에 대한 주요 언급을 인용하면 다음과 같다. "<조선어학회>는 리극로를 비롯한 애국적인 학자들이 주체20(1931)년 1월 10일 원래의 <조선어연구회>를 개편하여 내온 학술단체였다." "그들의 이러한 혁신적인 발기는 위대한 수령 김일성동지께서 조직령도하신 항일혁명투쟁의 영향과 밀접히 결부되여있다." "위대한 수령 김일성동지께서 밝혀주신 조국광복사상을 높이 받드는것을 자기들의 중요한 임무로 자각한 <조선어학회>의 핵심성원들은 정치활동과 학술활동을 정열적으로 벌리었다." "<조선어학회>의 학술활동은 크게 두가지로 가를수 있는데 우선 언어실천에서 제기되는 문제들을 리론적으로 체계화한것이며 다른 하나는 언어학의 거의 모든 분과의 저술활동을 벌린것이다." "<조선어학회>의 저술활동에서 가장 큰 성과는 조선어맞춤법통일안을 완성한것이다." "<조선어학회>는 또한 주체20(1931)년에 조직되여 인차 45명의 학자들의 모임에서 <외래어표기법 및 부수문제협의회>를 안건으로 하는 토론을 진행한 후 어학회에 사무소를 두고 책임위원 3명을 선발하는 조치를 취하였다. 이렇게 주체20(1931)년부터 시작된 외래어적기법의 작성은 주체27(1938)년에 그 기본안이 만들어지고 주체29(1940)년에 세상에 발표되였다." "<조선어학회>의 활동은 이 시기 조선어학설의 면모를 대표하는 저술활동이였으며 폭과 깊이에 있어서 언어학의 거의 모든 분과들을 포함한 종합적이며 깊이있는 저술활동이였다."

2) 구체적인 연구 성과

(1) 문법 연구

이 시기 문법 연구의 특징을 다음과 같이 제시하였다. 첫째, 품사 연구에 주력함으로써 새로운 품사의 설정과 해당 품사의 분석에서 성과를 이룩하였다. 둘째, 토와 관련한 분석을 품사론의 견지에서 형태론, 문장론의 견지까지 고찰하였다. 셋째, 토에 대한 연구를 매우 구체화하여 문법 이론을 심화시켰다. 넷째, 문장성분 분석의 발전을 이룩하였다. 따라서 항일혁명투쟁 시기의 문법 연구는 근대 시기에 비해 뚜렷한 특징을 가지게 되었는데, 그것은 품사 분류의 다양화이며 토 분석의 치밀성이라고 서술하였다.

구체적인 연구 논저와 그 성과를 다음과 같이 제시하였다. 먼저 홍기문의 『조선문전요령』(1927년)을 소개하였는데, 근대 시기의 학자들이 내 놓은 문법 이론에 기초하여 이 시기의 문법 이론에 보다 과학적 해명을 가하려는 목적에서 집필되었다고 평가하였다. 이 논저의 기본 특징을 다음과 같이 제시하였다. 첫째, 선행학자들과는 달리 품사 분류를 1차, 2차로 나누어 진행하여 품사 체계에 대한 이론을 한층 깊이 하였다. 둘째, 명사의 체계 설정에서 원명사, 명사보조 등을 갈래짓고 고유어와 한자어를 기준으로 하여 1형적 수사와 2형적 수사를 갈래잡아 명사 연구를 구체화하였다. 셋째, 격사를 설정하여 격 분류를 과학화하였으며 격범주에 넣을 수 있는 토 체계를 세웠다.

정열모의 <대명사에 대하여>(1932년)는 대명사의 범위와 갈래를 구체적으로 밝히려고 노력한 것이며, 이극로의 <조선말임자씨의 토>(1935년)는 문법 연구의 활발한 추이에 따라 우리말 토에 대한 연구를 보다 심도 있게 할 것을 목적으로 한 것이라 하였다. 토와 관련된 전문용어들을 고유한 우리말로 명칭한 것과 토 체계를 구체적으로 분류한 것을 업적으로 꼽았다. 여기 소개한 홍기문, 정열모, 이극로 세 학자 모두 나중에 북한 문학과 언어학에 크게 기여하였다.

최현배의 『우리말본』(1937년)에 대해서는 비교적 가볍게 언급하고 있다.

이 책에 반영된 문법적 견해도 독특하다고 하면서, 품사 설정 문제를 논의하였다. 품사 분류의 기준을 기능을 기본으로 한 것은 선행 시기보다 한걸음 깊이 들어간 것으로 평가하면서, "그가 체언토와 용언토를 구별하여 품사와 토 체계에 갈라 넣은 것은 하나의 성과이면서 둘 다 토로 잡지 못하고 혼용시킨 부족성이 있다."라 비판하면서, "체언토를 보조적품사로, 용언토를 말꼬리로 본것은 일종의 혼란을 조성한것으로 크게 가치가 없는 학설적견해라고 해야 한다."라고 강하게 부정적인 견해를 제시하였다.

(2) 서사규범 연구

서사규범 연구는 언어학의 다른 분과들에 비하여 논저 건수는 가장 많다고 지적하면서 그것은 당시 우리나라에서 우리 글자를 사용하는 기운이 급격히 높아진 것과 관련된다고 논의하였다. 이 시기의 서사규범 연구의 기본 특징을 다음과 같이 제시하였다. 첫째, 가장 합리적인 글자수를 제정하였다. <한글맞춤법통일안>에서는 글자수를 모두 40자로 규정하였다. 이것은 지금의 글자수와 같은 것으로 큰 의의가 있다. 둘째, 역사적으로 내려오던 표음 위주의 맞춤법을 형태 위주의 맞춤법으로 전환하였다. 셋째, 합리적인 맞춤법을 위한 기본 과정들이 규정되었다. 넷째, 글자의 가로쓰기와 종횡맞춤법과 관련한 견해들이 발표되었다.

구체적인 연구 논저와 그 성과를 다음과 같이 제시하였다. 먼저 김선기의 <철자법원리>(1932년)는 당시 활발해지기 시작한 실천 위주의 서사규범을 원리적으로 밝히려고 노력한 연구라 평가하였다. 신명균의 <맞춤법의 합리화>(1932년)는 글말규범의 원칙적인 문제들을 맞춤법의 합리적인 방법을 피력한 것으로, 형태주의 원칙, 당시 현실음에 따르는 원칙, 한자를 폐지하고 우리 글자에 따르는 표기 원칙으로 일관된 맞춤법의 합리화를 논의한 것에 의의가 있다고 평가하였다.

조선어학회의 저술 활동에서 대표적 지위를 차지하는 <한글맞춤법통일안>은 1933년부터 <동아일보>, <한글>에 발표되어 우리 민족의 글말 생활에 많은 도움을 준 의의 있는 연구 결과물이라고 높이 평가하였다. 이 문헌은 날로 높아지는 대중의 글말 생활의 요구를 충족시키며 혼란된 철자 현상을 바로잡음으로써 하나의 단일한 맞춤법 기준에 의한 글말 생활의 통일적 발전을 위하여 집필된 것이라 평가하였다.

<한글맞춤법통일안>의 연구 성과는 다음과 같이 제시하였다. 첫째, 자모 글자수를 현실에 입각하여 정연하게 규정하였다. 둘째, 말줄기와 말꼬리의 형태를 구분하는 형태주의 맞춤법을 설정하여 글말 생활의 효과를 높였다. 셋째, 형태주의 맞춤법과 함께 현실 특성에 기초하여 표음주의 맞춤법을 적절히 배합하여 글자 사용의 편의를 보다 증대시켰다. 넷째, 띄어쓰기와 문장부호 문제를 규정하여 서사규범 이론으로서의 종합 면모를 갖추었다. 결론적으로 조선어학회의 <한글맞춤법통일안>은 우리 민족이 사용할 글말규범 이론으로 서사 실천에서 매우 중요한 연구 결과물이라고 거듭 강조하였다.

김윤경의 <한글가로쓰기의 사적고찰>(1937년)은 이를 통해 당시 학자들의 글자개혁과 가로쓰기에 대한 견해를 엿볼 수 있는 것으로 소개하였다.

(3) 말소리 연구

이 시기의 말소리 연구의 기본 특징을 다음과 같이 제시하였다. 첫째, 말소리 갈래에 대한 이론 정립을 보다 심화시켰다. 둘째, 말소리 전반에 대한 개략적이며 종합적인 연구로부터 개별적이며 구체적인 말소리 현상에 연구 방향을 돌려 과학적 분석을 진행하였다. 셋째, 말소리 연구에서 사용되는 전문용어의 정립과 말소리 갈래의 설정과 같은 연구 범위에서 벗어나 조음점 위치를 확정하는 발음생리적 특성의 연구로 전환되었다. 이렇게 보면 이 시기의 말소리 연구는 말소리 일반에 대한 연구와 함께 구체적이며 개별적인 말소리 현상들을 분석하여 현대 언어학으로 접근하는 특징을 가진 것으로 평가하였다.

구체적인 연구 논저와 그 성과를 다음과 같이 제시하였다. 먼저 이극로의 『조선말소리』(1934년)는 관련한 여러 가지 문제들을 간단명료하면서도 직관적인 형식으로 보임으로써 30년대 말소리 연구의 면모를 엿보게 한 연구이다.

정인승의 <ㅣ의 내리닮기문제, 그 원리와 처리방법>(1937년)은 당시 학자들이 말소리의 개별적 문제들까지 깊이 연구하였음을 보여 주는 하나의 실례로, 선행시기 학자들이 주의를 크게 돌리지 않은 'ㅣ' 내리닮기현상이 우리말의 말소리 연구에서 의의 있는 문제라는 것을 인식한 것으로 당시의 연구 상태를 파악하는 중요한 자리를 차지한다고 평가하였다.

(4) 어원과 방언 연구

이 시기의 어원과 방언 연구는 단편적인 견해들로 일관되어 있다고 지적하였다. 그러나 이론적으로 의의 있는 학술적 견해들도 나타났음을 아울러 지적하였다. 또한 근대 시기에 비하여 이론 정립을 시도하고 자료 분석의 깊이가 깊으며 전역에 걸쳐 방언 자료를 체계적으로 조사하는 경향도 있었음을 지적하면서 어원, 방언 연구의 특징을 다음과 같이 제시하였다. 첫째, 방언과 표준어를 구획하는 연구를 체계화하기 시작하였다. 둘째, 사투리, 시골말에 대한 이론을 정립하였다. 셋째, 어원 분석을 역사기록과 현행하는 방언 자료에 기초하여 분석하였다.

최현배의 <표준말과 시골말>(1937년)은 방언에 대한 독특한 견해를 새롭게 가지고 있어, 두루말과 시골말, 표준말과 사투리의 관계를 새로 정립한 업적으로 평가하였다.

(5) 연구 방법론 연구

이 시기의 연구 방법론 연구는 이론적으로 깊이 있고 구체적이며 개별적인 갈래에 따르는 분석에는 이르지 못하였으나, 언어학 기본 분과로 인정되는 음성, 음운, 의미로부터 어원, 어휘, 어태, 어법에 이르기까지 "연구의 낯을 돌린 것"을 하나의 큰 성과로 평가하였다.

이 시기에는 언어 연구 방법론에 대한 견해가 단편적으로나마 나타나기 시작하였는데, 이희승의 <조선어학의 방법론>(1939년)이 한 예라고 하였다. 이는 언어 그 자체 특성에 대한 연구를 벗어나 언어 연구의 특성을 파악하고 그에 대한 여러 가지 연구 갈래를 설정하고 각각의 문제점을 정립한 것으로 평가하였다.

제4장

말소리 연구

1. 말소리 연구 개관

말소리에 대한 남한의 연구는 음성학과 음운론을 따로 구분한다. 이에 비해 그간 북한에서는 말소리에 대한 연구는 "어음론"이란 분야 아래 함께 다루었다. 그러나 『조선어학전서』에서는 "어음론"과 "음운론"을 구별하였다. 즉 『조선어학전서』에서 『조선어어음론』과 『조선어음운론』(두 책 모두 저자는 김성근)을 나누어 집필, 출판하였다. 대체로 북한의 "어음론"은 남한의 음성학에 대응하고 "음운론"은 남북의 용어가 같다. 이와 관련한 『조선어어음론』의 기술을 먼저 살펴보자.

1. "어음론은 언어의 어음적측면을 연구하는 언어학의 분과이다. 어음론에서는 언어의 물리적인 외피를 이루는 말소리를 연구한다. 말소리는 구체적으로 사람들이 말을 할때 내는 소리이다."

2. "사람의 말소리를 연구한다는 것은 언어발전의 일정한 단계에서의 말소리흐름을 이루는 구성요소를 연구하며, 그것들이 련결되고 대립되면서 어우러지는 말소리의 체계, 말소리의 흐름속에서의 그의 배렬과 호상작용 및 규칙

들을 연구한다는 것을 의미한다."

『조선어음운론』에서는 다음과 같은 기술을 통하여, 어음론과 음운론을 구분 짓고, 음운론의 연구 대상을 분명히 하면서 음운을 정의하였다.

1. "지난 기간 우리 나라에서는 조선어어음론에 대한 연구가 적지 않게 진행되였다. 그러나 음운론에 대한 연구는 상대적으로 약하게 진행되였다."

2. "지난 기간 우리 나라에서는 음운론을 연구하는 경우 어음론과의 계선을 가르지 않고 그 테두리안에서 고찰하였다. 물론 음운론의 어음론과 밀접하게 련계되여있는만큼 호상련관속에서 고찰하여야 하는것만은 사실이다. 그러나 음운론이라는 과학분과가 따로 존재하는만큼 그것을 어음론과 구분하기 위하여 연구하는 문제가 제기된다."

3. "음운론에서는 매개 음운의 소리값과 음운의 구성, 음운체계의 변화와 발전 및 음운들의 호상관계와 결합의 합법칙성을 연구한다."

4. "음운은 각이한 변종으로 나타나는 어음의 대표자이며 음운론적인 최소단위이기 때문에 글자가 여기에 대응되여 만들어져야만 언어의 표기기호로서의 자기 사명을 다할수 있다."

이제 음운론 기술을 크게 다음 두 가지에 대해서 살펴보자. 첫째는 음운 체계에 대한 기술이고, 둘째는 음운 현상에 대한 기술이다. 음운 체계에서는 모음 체계, 자음 체계, 소리마루 체계를, 음운 현상에서는 다양한 음운 변동 현상을 서술하고자 한다.

먼저 『조선어학전서』의 "V. 어음론"에 포함된 저서의 개요, 저자, 체제 등을 통하여 말소리 연구의 대상을 살펴보자.

(1) 조선어어음론

『조선어학전서』 제22권이다. 2005년 1월 20일 발행, 295쪽이다. 저자는 김성근인데 사회과학원 언어학연구소의 원로 연구원이다. 김성근 박사는 2003년 이후 남북 언어학자 모임에 자주 참석하였다.

이 책은 말소리의 조성과 특성에 대해 서술한 이후, 모음과 자음에 대해 서술하였다. 그리고 이어서 음운 구성과 음운의 변종에 대해, 어음론적 과정, 소리마루 등에 대해 서술하였다. 이 책의 차례를 통해 구체적인 어음론의 연구 대상을 살펴보자.

1. 말소리의 조성과 특성
    1) 말소리의 조성 및 지각의 생리적 기관과 그 기능
    2) 말소리조성의 물리음향학적특성
2. 조선어모음
    1) 조선어모음의 조음음향학적 및 청각적특성
    2) 조선어모음체계
3. 조선어자음
    1) 조선어자음의 조음음향학적특성
    2) 조선어자음의 조음적분류
    3) 조선어자음체계
4. 조선어단어에서의 음운구성과 음운의 변종
    1) 조선어단어에서의 음운구성
    2) 조선어음운의 변종
5. 조선어어음의 어음론적과정
    1) 소리따르기
    2) 소리닮기
    3) 어음빼기
    4) 어음첨가
    5) 어음의 중성화
    6) 어음의 합침

6. 조선어단어의 소리마루

1) 소리마루의 개념

2) 조선어단어마루의 기본 특징

3) 조선어단어마루의 류형

7. 조선어문장에서의 억양

1) 억양의 개념

2) 억양의 높낮이선 구조

(2) 조선어음운론

『조선어학전서』 제23권이다. 2005년 2월 15일 발행, 207쪽이다. 저자는 역시 김성근이다.

이 책은 음운에 대한 일반적 이해에 대해 서술한 이후, 우리말 음운 체계를 자음 체계와 모음 체계로 나누어 서술하였다. 그리고 이어서 음운의 실현, 소리마디, 단어의 운율 문제 등에 대해 서술하였다. 이 책의 차례를 통해 구체적인 음운론의 연구 대상을 살펴보자.

제1장 음운에 대한 일반적리해

제1절 음운과 그 변종

제2절 음운체계와 음운들의 상관관계

제3절 음운의 변화발전

제2장 조선어음운체계

제1장 조선어모음과 자음의 구분

제2장 조선어모음체계

제3절 조선어자음체계

제3장 조선어음운의 실현

제1절 조선어자음음운의 변종

제2절 조선어음운의 실현

(3) 조선어실험음성학

『조선어학전서』 제24권이다. 2005년 4월 5일 발행, 303쪽이다. 저자는 강진철인데 사회과학원 언어학연구소의 연구원으로 추정된다.

이 책 '머리말'에 따르면, 우리말의 말소리에 대한 일련의 특성을 실험음성학적 측면에서 밝혀낼 것을 목적으로 하고 있다. 이 목적을 달성하기 위하여 4개 장을 설정하여 다음과 같이 서술하였다. 실험음성학 개관에 대해 먼저 서술한 이후, 우리말 자모음 구성에 대한 실험음성학적 고찰, 음운 체계 실현에 대한 실험음성학적 고찰, 운율에 대한 실험음성학적 고찰의 순서로 서술하였다. 구체적으로 제1장에서는 우리말의 실험음성학적 고찰에 앞서 실험음성학에 대한 일반적 이해, 말소리의 조성과 말소리 파동, 말소리 지각 등에 대한 실험음성학적 고찰 방법을 제시하였다. 제2장에서는 우리말 자음과 모음에 대한 실험음성학적 고찰을 통하여 자음과 모음의 발음생리적 특성과 물리음향학적 특성을 밝혔으며, 자음과 모음의 상관과 대립에 따르는 자음과 모음의 구성 체계를 밝혔다. 제3장에서는 우리말 음운 체계의 실현을 고찰함으로써 발음마디의 어음 구조와 말소리 과정의 어음 구조를 말소리 흐름새의 측면에서 밝혔다. 제4장에서는 우리말 운율 구조에 대한 실험음성학적 고찰을 통하여 악센트와 음조의 관계 속에서, 억양과 문장성분의 관계 속에서, 운율 구조를 밝혔다.

2. 모음 체계 연구

우리말의 모음 체계를 『조선어음운론』에서 홑모음 10개, 겹모음 11개로 제시하고 있다. 이것은 남한 문법의 모음 체계와 일치한다. "모음가운데서 'ㅏ, ㅓ, ㅗ, ㅜ'는 발음하는 도중에 입안의 모양이 달라지지 않는다. 그것은 이 모음들이 다른 어떤 말소리와 합해 져서 이루어 지지 않고 그것 하나만으로 이루어 졌기때문이다. 그러나 'ㅑ, ㅕ, ㅛ, ㅠ'는 발음하는 도중에 입안의 모양이 달라진다. 'ㅑ'를 발음해 보면 입안 모양이 첫 순간에는 'ㅣ'를 발음할 때와 같아지고 마지막에는 'ㅏ'를 발음할 때와 같아진다. 그것은 'ㅑ'가 짧게 발음되는 'ㅣ'와 그보다 좀 길게 발음되는 'ㅏ' 두개의 말소리가 겹쳐 져서 이루어 졌기때문이다. 모음가운데서 'ㅏ, ㅓ, ㅗ, ㅜ'와 같이 그것 하나만으로 이루어 지고 발음하는 도중 입안의 모양이 달라 지지 않는 모음을 홑모음이라고 부르며 'ㅑ, ㅕ, ㅛ, ㅠ'와 같이 두개의 말소리가 겹쳐져서 이루어지고 발음하는 도중에 입안의 모양이 달라 지는 모음을 겹모음이라고 부른다." 이러한 홑모음과 겹모음은 다음과 같이 남한의 모음 체계와 같다.

1. 홑모음: ㅏ, ㅓ, ㅗ, ㅜ, ㅡ, ㅣ, ㅐ, ㅔ, ㅚ, ㅟ
2. 겹모음: ㅑ, ㅕ, ㅛ, ㅠ, ㅒ, ㅖ, ㅢ, ㅘ, ㅝ, ㅙ, ㅞ

『조선어음운론』에서는 모음 기술을 위한 "표식"을 다음과 같이 설정하였다.

1. 앞모음, 뒤모음
2. 높음, 반높음, 반낮음, 낮음
3. 둥글, 길쭉(=안둥글)

이와 같은 모음 기술을 위한 표식을 바탕으로 한 모음의 기술 내용은 다음과 같다.

표 1 모음의 표식과 모음 기술

	앞모음	뒤모음	높음	반높음	반낮음	낮음	둥금	길쭉
ㅏ		○				○		○
ㅓ		○		○				○
ㅗ		○			○		○	
ㅜ		○	○				○	
ㅡ		○	○					○
ㅣ	○		○					○
ㅐ	○					○		○
ㅔ	○			○				○
ㅚ	○				○		○	
ㅟ	○		○				○	

겹모음에 대해서는 다음과 같이 기술하였다.

	ㅢ	ㅠ		높은 겹모음
(ㅞ)	ㅖ	ㅕ	(ㅝ)	반높은 겹모음
		ㅛ		반낮은 겹모음
(ㅙ)	ㅒ	ㅑ	(ㅘ)	낮은 겹모음

3. 자음 체계 연구

북한은 자음을 다음과 같이 19개를 설정한다. 이는 남한의 자음 체계와 같다.

ㄱ, ㄴ, ㄷ, ㄹ, ㅁ, ㅂ, ㅅ, ㅇ, ㅈ, ㅊ, ㅋ, ㅌ, ㅍ, ㅎ, ㄲ, ㄸ, ㅃ, ㅆ, ㅉ

자음 가운데서 'ㄱ, ㄷ, ㅂ, ㅅ, ㅈ, ㅎ'은 소리가 순하게 들리기 때문에 순한소리라고 부르고 'ㅋ, ㅌ, ㅍ, ㅊ'은 소리가 거세게 들리기 때문에 거센소리라고 부르며 'ㄲ, ㄸ, ㅃ, ㅆ, ㅉ'은 소리가 되게 들리기 때문에 된소리라고 부른다. 그리고 'ㄴ, ㄹ, ㅁ, ㅇ'은 소리가 맑고 울림이 좋기 때문에 울림소리라고 부른다. 울림소리 가운데서 'ㄴ, ㅁ, ㅇ' 3개의 말소리는 발음할 때 날숨이 코안으로 나오면서 울려 주기 때문에 따로 코안소리라고 부른다.

『조선어음운론』에서는 자음을 기술하기 위한 "표식"을 설정하였는데, 표식과 이를 바탕으로 한 자음의 기술 내용은 다음과 같다.

1. 울대작용방식

순한소리	ㄱ ㄷ ㅂ ㅅ ㅈ(ㅎ)
된소리	ㄲ ㄸ ㅃ ㅆ ㅉ
거센소리	ㅊ ㅋ ㅌ ㅍ
울대자음	ㄴ ㄹ ㅁ ㅇ

2. 발음방식

홑진터침	ㄱ ㄷ ㅂ
홑진스침	ㅅ ㅎ
홑진터스침	ㅈ
홑진울대스침	ㅎ
울대터침띤터침	ㄲ ㄸ ㅃ
울대터침띤스침	ㅆ
울대터침띤터스침	ㅉ
울대스침띤터침	ㅋ ㅌ ㅍ
울대스침띤터스침	ㅊ
터침코소리	ㄴ ㅁ ㅇ
튀김	ㄹ

3. 발음위치

입술소리	ㅁ ㅂ ㅍ ㅃ

혀앞소리	ㄴ ㄷ ㄹ ㅅ ㅈ ㅊ ㅌ ㄸ ㅆ ㅉ
혀뒤소리	ㄱ ㅇ ㅋ ㄲ
울대소리	ㄴ ㅁ ㅇ ㅊ ㅋ ㅌ ㅍ ㅎ ㄲ ㄸ ㅃ ㅆ ㅉ

4. 소리마루 연구

『조선어음운론』에서는 "운률"을 기술하면서 "소리마루(악센트)는 단어나 문장에서 일정한 어음론적단위를 두드러지게 발음함으로써 다른 어음론적단위와 어음-문법적으로 구별시킨다."라고 하였다. 그러나 '가무데데하다, 발가우리하다' 등의 '–데–, –리–' 는 높아지고 길어지지만 이것은 어디까지나 어음론적 현상이지 음운론적 현상은 아니라고 하였다.

단어의 소리마루에는 높낮이마루, 길이마루, 세기마루가 있다. 그런데 우리말의 단어마루는 높이마루라 규정하였다. 세계에는 높이마루에 속하는 언어들이 많지만 우리말에는 다음과 같은 단어마루의 고유한 특징이 있다고 하였다.

첫째, 높이가 기본으로 되면서 길이가 조화롭게 어울리는 높이마루이다.

둘째, 소리마루는 소리마디의 선율 변화 형식이 아니라 소리마디에 따르는 단계적인 높이에 의하여 이루어진다.

셋째, 소리마루 봉우리는 세기마루와는 다르다.

넷째, 주로 어음론적 기능을 수행한다.

다섯째, 높낮이마루인 것으로 하여 문장 속에서 억양의 영향을 많이 받는다.

5. 음운 현상 연구

음운 변동 현상을 북한 음운론에서 "음운의 실현"이라 하여 다음과 같은 현상들을 기술하고 있다.

첫째, 음운의 교체이다. 이는 음운이 실현되는 과정에 그의 구별적 표식이 바뀌어 다른 음운으로 변하는 현상으로 규정하였는데, 닮기, 따르기, 중성화를 들어 기술하였다.

둘째, 음운의 첨가이다. 이는 합친말에서 형태부와 형태부 사이에 어떤 새로운 음운이 끼어들어가는 현상으로 규정하였다.

셋째, 음운의 빠짐이다. 단어나 형태부의 음운 구성이 실현될 때 일부 음운이 빠져 발음되지 않는 현상으로 규정하였다. 자음의 빠짐, 모음의 빠짐을 들었다.

넷째, 음운의 융합이다. 한 단어 안에서 두 개 음운이 합쳐 제3의 음운을 산생시키는 것으로 규정하였다.

1) 음운의 교체

(1) 닮기

닮기란 같은 종류의 말소리 즉 모음과 모음, 자음과 자음의 어느 하나가 다른 하나에게 영향을 주거나 혹은 서로 영향을 주어 서로 다른 두 개의 음운이 완전히 닮거나 부분적으로 닮아지는 음운 변화 현상이라 정의하고, 예를 들어 서술하였다.

모음에서 닮기 현상에는 첫째로 변모음화(앞모음화) 현상을 들었다. 둘째로는 한 단어 안에서 어떤 모음이 다른 모음을 닮아 꼭 같은 모음이 되는 현상을 들었다. 'ㅜ'가 'ㅡ'를 닮는다든가(그물-그믈, 드문히-드믄히), 'ㅡ'가 'ㅜ'를 닮아서(구들-구둘, 구슬-구술) 똑같이 되는 현상이다.

자음에서 닮기 현상에 대하여 우리말은 "자음에서 닮기 현상이 아주 발달된 언어의 하나"라 하였다. 특히 울림자음이 그 앞에 있는 막소리에 영향을 주어 그것이 울림자음이 되게 하는 특징이 있다고 하였다. "비록 울림자음이 네 개밖에 없지만 많은 막소리가 닮아 울림자음으로 됨으로써 단어발음이 류창

하고 부드럽다."라고 덧붙였다. 이러한 울림자음닮기에 닮기가 진행되는 방향에 따라 내리닮기(예: 승리[승니], 음료수[음뇨수]), 올리닮기(십년[심년], 혁명[형명], 서로닮기(십리[심니], 속력[송녁])를, 진행 정도에 따라 완전닮기(첫눈[천눈], 밥물[밤물]), 부분닮기(학문[항문], 젖먹이[전머기])를 들었다.

(2) 따르기

따르기는 자음이 모음에 영향을 주거나 모음이 자음에 영향을 주어 그와 가까운 말소리로 되게 하는 것이라 정의하였다. 따르기에 의하여 서로 다른 종류의 말소리지만 발음위치나 음향학적 성질에서 서로 가까운 말소리가 된다는 것이다.

모음이 자음에 따르는 경우, 모음 'ㅡ'가 터스침소리(ㅈ, ㅉ, ㅊ)나 스침소리(ㅅ, ㅆ)에 따라 모음 'ㅣ'로 되는 예를 들었다. '마즈막 → 마지막, 아츰 → 아침' 등이 그 예인데 이것은 역사적인 현상이며 오늘날에는 일어나지 않는 것으로 표준발음으로 인정하지 않는다고 하였다.

자음이 모음에 따르는 경우, 입천장소리되기 현상을 들었다. 앞입천장소리되기와 뒤입천장소리되기와 같이 둘로 갈라 제시하였다. 앞입천장소리되기는 'ㄷ, ㅌ'이 앞모음 'ㅣ'와 반모음 'ㅣ'의 영향에 의하여 'ㅈ, ㅊ'으로 되는 현상이고, 뒤입천장소리되기는 'ㄱ, ㅋ'이 'ㅈ, ㅊ'으로, 'ㅎ'이 'ㅅ'으로 되는 현상이다.

(3) 음운의 중성화

음운의 중성화란 위치적 조건과 환경에 따라 음운이 자기의 의미 구별적 기능을 수행하지 못하는 현상이라 정의하였다. 음운이 약한 위치에 놓여 자기의 구별적 기능을 수행하지 못하고 중성화되었다가 강한 위치에 와서야 자기의 음운론적 기능을 수행하는 것이다. 예를 들어 'ㄱ, ㄲ, ㅋ'은 'ㄱ'으로 중성화된다고 풀이하였다.

2) 음운의 첨가

음운의 첨가란 합친말에서 형태부와 형태부 사이에 어떤 새로운 음운이 끼어들어가는 현상이라 정의한다. 음운 첨가 현상으로 'ㄷ, ㄴ', 그리고 'ㅂ'의 첨가를 들었다.

1. ㄷ 첨가: 해살[핻쌀], 나무군[나묻꾼]
2. ㄴ 첨가: 바다물[바단물], 시내물[시낸물]
3. ㅂ 첨가: 조쌀[좁쌀]

3) 음운의 빠짐

단어나 형태부의 음운 구성이 실현될 때 일부 음운이 빠져 발음되지 않는 현상을 음운의 빠짐이라 정의하였다. 우리말에서 많은 경우 음운의 빠짐 현상은 역사적인 과정으로 진행되어 현재는 거의 고착된 것이 대부분이라 하였다.

(1) 자음의 빠짐

단어의 실현 과정에 자음의 빠짐이 규칙적으로 일어나는 것은 단어 끝에 두 개의 자음이 겹치거나 한 단어 안에서 세 개 자음이 겹치는 경우 또는 [ㅎ]이 모음 사이, 울림자음과 모음 사이에 놓일 때라 하였다. 그것은 발음 단위로서의 우리말 소리마디와 단어 발음의 특성과 관련되어 있다고 설명하였다.

둘 받침에서 첫째 자음이 빠지는 경우와 둘째 자음이 빠지는 경우를 예로 들었다. 첫째 자음이 빠지는 예는 '맑다[막따], 닮다[담따], 읊다[읍따], 넓다[넙따]'를 들었고, 둘째 자음이 빠지는 예는 '넋[넉], 값[갑], 훑다[훌따], 앉다[안따], 돐[돌]'을 들었다.

(2) 모음의 빠짐

모음의 빠짐은 형태부를 이루고 있는 모음이 빠지거나 겹모음에서 어느 한 말소리가 빠지는 현상이라 하였다. 모음이 빠지는 예에는 '처음 → 첨, 슬기로운 → 슬기론, 따사로운 → 따사론'과 같이 모음 'ㅡ, ㅜ'가 빠지는 것, 겹모음에서 한 말소리가 빠지는 예는 '희망[히망], 혜택[헤택], 관계[관게]'와 같이 앞에 놓인 짧은 모음이 빠지는 것이 있다.

이러한 음운 빠짐 현상은 역사적으로 진행된 말소리 과정으로서 현재는 멈추어진 말소리 과정이라 하였다.

4) 음운의 융합

음운의 융합이란 한 단어 안에서 두 개 음운이 합치어 제3의 음운을 산생시키는 현상이라고 정의하였다. 자음의 융합과 모음의 융합으로 갈라 세웠다.

자음의 융합에는 거센소리되기를 들었다. 거센소리되기란 순한소리 'ㄱ, ㄷ, ㅂ, ㅈ'이 울대스침소리 'ㅎ'과 융합되어 'ㅋ, ㅌ, ㅍ, ㅊ'이 되는 것을 말한다. 순서가 반대로 되어도 융합된다. 즉, 'ㄱ+ㅎ' → 'ㅋ'의 경우는 '막히다[마키다], 혹독하다[혹또카다]'이고, 'ㅎ+ㄱ' → 'ㅋ'의 경우는 '많고[만코], 좋고[조코]'이다.

모음의 융합에는 '아이 → 애, 오이 → 외, 보았다 → 봤다, 먹이었다 → 먹였다'와 같은 것을 예로 들었다. 이 가운데 '아이 → 애, 오이 → 외'는 홑모음되기라 하였고 '보았다 → 봤다, 먹이었다 → 먹였다'는 겹모음되기라 하였다.

제5장

문법 연구

1. 문법 연구 개관

북한에서 문법은 한 언어의 문법 구조를 가리킨다고 정의하고 있다. 문법은 단어 구조에 관한 연구와 문장 구조에 관한 연구를 포함하는데, 각각 독자적인 연구 영역을 지니고 있으되 서로 깊은 관계를 맺고 있다고 한다. 이는 일반언어학에서 문법을 바라보는 관점과 같다.

북한 문법에서는 단어를 단어조성론, 품사론, 형태론으로 나누어 연구한다. 남한 문법의 조사와 어미, 일부 파생접사에 해당하는 문법 요소를 "토"라는 범주로 설정하여 이를 품사론에서 따로 떼어 내어 형태론이라는 분야에서 다룬다. 문장에 대해서는 문장성분, 문장의 유형을 주요한 대상으로 삼고 있다. 이제 『조선어학전서』에서 제시한 분야 중, "VI. 문법론"에 포함된 책의 개요, 저자, 체제 등을 통해 문법론의 연구 대상을 살펴보자.

(1) 조선어형태론

『조선어학전서』 제26권이다. 2005년 2월 15일 발행, 343쪽이다. 저자는 정순기인데 사회과학원 언어학연구소의 연구원이다. 정순기 박사는 사회과학원 언어학연구소의 소장을 역임한 원로 학자로 북한의 사전편찬, 문법 분야의 중심 학자이다. 1990년대 남북 언어정보화 회의에 여러 차례 참석한 바 있으며, 2003년 이후 남북 언어학자 모임에 자주 참석하였다. 고령임에도 불구하고 남북 공동의 겨레말큰사전 편찬회의에도 참가하여 뜻풀이 지침서 작성 등에 적극적으로 참여하고 있다.

이 책 '머리말'의 한 부분을 먼저 인용한다. "문법은 어휘를 엮어 문장을 만들고 사상을 전달하는데서 중요한 역할을 한다. …… 언어행위의 기본단위는 문장이고 문장의 기본단위는 단어이다. 단어는 문장에서 쓰일 때 문법적인 <옷>을 입게 되고 문장은 문법적<옷>을 입은 단어를 자료로 해서만 구성할수 있으며 자기의 통신적 및 표현적기능을 수행할수 있다. 단어가 문법적인 <옷>을 입었다는 것은 단어가 문법의 관할하에 들어가 일정한 형태를 취했다는것을 의미하는것인데 형태론의 중요한 연구대상으로 된다." 제1장에서는 연구 대상을 좀 더 구체적으로 제시하였다.

"『조선어형태론』의 연구대상은 다음과 같다. 무엇보다먼저 조선어단어구조와 문법적형태이다. 조선어의 단어구조와 문법적형태에 관한 문제는 서로 유기적으로 련관되여있다. 조선어단어구조를 밝히지 않고서는 조선어단어의 문법적형태를 옳게 밝힐 수 없으며 조선어단어의 문법적형태에 대한 정확한 리해가 없이는 조선어의 단어구조도 정확히 밝힐수 없다." 이렇게 형태론의 기본 연구 대상을 언급하고 나서, 이 책에 담을 내용을 다음과 같이 제시하였다. "『조선어형태론』은 이때까지 쌓아올린 형태론적연구성과에 기초하여 리론적인 문제들을 더욱더 심화시키고 정밀화하여 언어실천적인 문제들도 적지 않게 다루려고 한다. 그리하여 교착어로서의 조선어의 형태론적특성을 깊이있게 밝혀 형태론건설에 이바지하며 근로자들의 언어생활에 실질적인 도움을 주려고 한다."

아울러 이 책의 규범문적 성격을 다음과 같이 언급하고 있음을 주목할 수 있다. "『조선어형태론』은 리론적깊이를 보장하여 일부 실천적인 문제들에 해답을 주는 방향에서 집필하면서 종합적인 규범문법도서로서의 체모를 벗어나지 않게 하려고 한다." 이 책은 아래 차례와 같이 모두 다섯 장으로 구성되어 있다.

(2) 조선어문장론

『조선어학전서』 제27권이다. 2005년 3월 15일 발행, 304쪽이다. 저자는 김백련인데 사회과학원 언어학연구소의 연구원이다.

이 책 '머리말'에서, "문장론은 그 최소구성요소인 단어가 문장에서 노는 기능을 연구하는 문장성분론과 그것으로 이루어지는 각종 문장의 기능적, 구조적류형을 연구하는 문장류형론을 주되는 연구분야로 삼고 있다."라고 문장론의 연구 대상을 밝혔다. 그래서 이 책은 크게 제1편 "문장과 문장성분", 제2편 "문장류형"으로 구성되어 있다. 이 두 분야를 대상으로 이 책의 논술 체계는 "문장일반의 개념과 구성원리를 제시한 다음 문장성분과 문장류형을 차례로 고찰하되 그 구조와 기능을 현실적인 표현수법과 관련시켜나가는 방식을 취하기로 한다."라고 '머리말'에서 밝혔다. 이 책의 차례는 다음과 같다.

제1편 문장과 문장성분
- 제1장 문장의 구성
- 제2장 문장성분의 단위와 분류원칙
- 제3장 문장성분의 부류
- 제4장 문장성분의 호상관련
- 제5장 문장성분의 배렬과 전환

제2편 문장류형
- 제1장 문장의 기능류형
- 제2장 문장의 단순구조류형
- 제3장 문장구조의 확대
- 제4장 문장의 구조류형
- 제5장 문장구조의 전환

한편 이 책 맨 뒤에는 우리말 문장 구조에 대해 의미 있는 말로 맺고 있어 인용한다. "현대조선어 문장구조는 슬기롭고 다감한 우리 인민의 유구한 력사를 거쳐 다듬어온 창조적언어활동의 총화이다. 문장의 최소단위인 문장성분의 분별로부터 각양각색의 문장류형에 이르기까지 대상성과 서술성, 층차적배렬과 단계적구조로 된 정연한 체계성과 어울림과 귀일, 녹아붙기와 분리,

총괄과 전환 등의 다양한 수법들은 우리 말, 우리 글의 정교하고도 다채로우며 정연하면서도 풍부한 표현력을 담보하고 있다."

(3) 조선어문장성분론

『조선어학전서』 제28권이다. 2005년 2월 15일 발행, 287쪽이다. 저자는 리기만인데 사회과학원 언어학연구소의 연구원이다. 리기만 연구원은 남북 언어학자 모임에 자주 참석하였다.

이 책 '머리말'에서 "과학적문장론이 <단어결합론>(소문장론), <문장성분론>(대문장론), <문장류형론>(현대문장론)으로 이루어진다고 볼 때, <문장성분론>은 과학적문장론의 중추를 이룬다고 하여도 과언이 아닐것이다."라고 하여 문장성분론의 학문적 위치를 제시하였다. 또한 이 책은 문장성분에 대한 종합적 서술로서는 처음으로 시도한 것으로 책 발간의 의의를 제시하였다. 이 책은 다음과 같이 모두 네 장으로 구성되어 있다.

제2절 술어

제3절 보어

제4절 상황어

제5절 규정어

제4장 외딴성분

제1절 부름말

제2절 느낌말

제3절 끼움말

제4절 이음말

(4) 조선어품사론

『조선어학전서』 제29권이다. 2005년 3월 15일 발행, 295쪽이다. 저자는 김옥희인데 사회과학원 언어학연구소의 연구원이다.

이 책 '머리말'에서 품사론의 가치에 대해 다음과 같이 언급하고 있다. "문법에서 품사에 대한 정확한 리해를 가지는것은 매우 중요한 자리를 차지한다. 품사는 언어의 가장 일반적인 범주인것으로 하여 언어구조 특히는 문법구조를 리해하는데서 기초적인것으로 된다. 인류의 첫 문법서술이 품사분류로부터 시작된것은 결코 우연하지 않다." 품사론을 기술하는 방법에 대해서는 다음과 같이 제시하고 있다. "인디아-유럽어중심의 품사리론에 대한 교조적인 관점과 태도에서 벗어나 주체적인 관점에서 조선어품사를 고찰하여 고유한 우리 말의 구조적 특성과 실천적인 언어자료에 기초하여 서술하려고 한다." "또한 공시태적 방법을 위주로 하면서 필요에 따라 통시태적인 고찰방법도 일정하게 배합하며 우리 말 품사의 고유한 특성을 두드러지게 밝히기 위하여 경우에 따라 다른 언어의 품사와 대비하여 분석하는 고찰방법도 적용하려고 한다." 이 책은 다음과 같이 모두 여섯 장으로 구성되어 있다.

제1장 품사에 대한 일반적리해

제1절 품사의 본질

제2절 품사론의 단위로서의 단어

제3절 조선어품사의 분류

제4절 조선어의 품사체계와 특성

제2장 단어에서의 품사적성격의 변화

제1절 단어에서 품사적성격의 변화가 생기는 요인

제2절 일부 단어의 2중품사적성격

제3절 품사의 전환

제3장 체언적품사

제1절 명사

제2절 수사

제3절 대명사

제4장 용언적품사

제1절 동사

제2절 형용사

제5장 수식언적품사

제1절 관형사

제2절 부사

제6장 독립언적품사

제1절 감동사의 개념과 특성

제2절 감동사의 종류

제3절 감동사와 상징부사와의 차이

(5) 조선어단어조성론

『조선어학전서』 제30권이다. 2005년 5월 15일 발행, 456쪽이다. 저자는 김동찬인데 사회과학원 언어학연구소의 원로 학자이다.

이 책 '머리말'에서 우리말 단어조성론의 기본 대상은 "고유어"로 되어야 한다고 하였다. "우리 말 고유어에는 동방에서 일찌기 문명개화한 우리 민족의 넋이 깃들어있으며 사물현상에 대한 깊은 리해와 언어창조의 높은 기량과 재치가 그대로 담겨져있다." 이 책은 다음과 같이 모두 다섯 장으로 구성되어 있다.

제1장 단어조성과 언어학에서의 단어조성론
- 제1절 단어
- 제2절 단어조성
- 제3절 단어조성론의 연구방법
- 제4절 단어조성론의 위치

제2장 단어조성론의 기본범주, 기본개념
- 제1절 조어관계와 조어과정
- 제2절 조어수단
- 제3절 조어수법
- 제4절 조어사슬과 조어둥지

제3장 조선어단어조성의 특성
- 제1절 일반적 특성
- 제2절 수단의 특성
- 제3절 수법의 특성

제4장 단어조성에서의 품사들의 련관
- 제1절 단어조성에 의한 품사들의 련관의 본질
- 제2절 단어조성에 의한 품사련관의 수단과 류형
- 제3절 단어조성에서 품사들의 "실수률"

제5장 품사들의 단어조성과 조어둥지
- 제1절 명사의 단어조성
- 제2절 동사의 단어조성

제3절 형용사의 단어조성
제4절 부사의 단어조성
제5절 외곽품사들의 단어조성
제6절 품사들의 조어둥지실태

2. 단어조성론 연구

단어조성론과 관련하여 앞에 든 책, 『조선어단어조성론』에 나타난 이론과 실제를 몇 가지 주제로 나누어 소개하고자 한다. 북한 문법의 단어조성론은 크게 파생법, 합침법, 그리고 배합법으로 나누어 기술하고 있다. 이제 이들 세 유형에 대해 차례로 살펴보자.

1) 파생법

북한 문법에서 파생법은 덧붙임법, 바꿈법, 되풀이법, 줄임법, 분립법 등과 같은 다섯 가지로 분류, 기술하고 있다. 파생법에 의한 단어를 파생어라 한다.

(1) 덧붙임법

비자립적 의미부인 "덧붙이" 혹은 "붙이적단위"가 덧붙어 파생어를 구성하는 방법으로, 구체적으로 앞붙임법(예: 햇-곡식, 풋-바심, 휘-감다), 뒤붙임법(예: 일-군, 욕심-쟁이, 부채-질), 앞뒤붙임법(예: 되-풀-이, 풋-절-이)이 있다. 앞붙임법, 뒤붙임법은 각각 남한 문법의 접두파생법, 접미파생법에 해당한다. 앞뒤붙임법은 "앞붙이적단위"에 의해 구성된 파생어에 다시 "뒤붙이적단위"가 결합하여 구성된 파생어이다.

(2) 바꿈법

바탕말의 의미부가 형태적으로 또는 성격적으로 변하여 파생어를 구성하는 방법으로, 구체적으로 소리바꿈법(예: 머리 → 마리, 기웃둥 → 갸웃둥), 품사바꿈법(예: 빗 → 빗다, 무지 → 무지다), 자리바꿈법(예: 너럭바위 → 바위너럭, 망돌 → 돌망)이 있다. 소리바꿈법은 자음이나 모음의 교체에 의한 파생어이며, 품사바꿈법은 단어의 품사가 변화한 파생어이며, 자리바꿈법은 앞과 뒤의 의미부가 자리를 바꾸지만 의미나 품사의 변화를 가져오지 않은 파생어이다.

(3) 되풀이법

의미부 형태가 달라지지 않고 그대로 되풀이하거나 의미부 형태가 약간 달라져 되풀이하여 파생어를 구성하는 방법으로, 같은되풀이법(예: 슬렁-슬렁, 야금-야금, 큼직-큼직), 다른되풀이법(예: 눈치-코치, 부랴-사랴, 밑두리-코두리)이 있다. 북한 문법에서 되풀이법에 의한 파생어로 기술하는 것은 남한 문법에서는 합성어로 기술하고 있다.

(4) 줄임법

바탕말을 줄여 새로운 단어를 구성하는 방법으로, 마디줄임법(예: 사이 → 새, 거기 → 게), 합성줄임법(예: 공업대학 → 공대, 아동백화점 → 아백)이 있다. 마디줄임법이란 "소리마디"가 줄어 형성된 파생어이다. 이것은 음운 축약 현상을 파생법으로 기술한 것이다. 합성줄임법은 약어법을 말한다. 약어법이 합침법이 아닌 파생법에 속하는 것은 그것이 서로 다른 자립적 의미부를 합쳐 단어를 구성하는 것이 아니라 하나의 자립적 의미부를 바탕말로 하여 거기에서 파생하여 단어를 구성하기 때문이라고 해석한다.

(5) 분립법

바탕말의 일부가 떨어져 나가 파생어를 구성하는 방법으로, 단순정상분립법(예: 거덜거덜 → 거덜), 단순이상분립법(예: 점잖다 → 점잔), 지정분립법(예: 어떻다 → 어떻든), 성어분립법(예: 아닌게아니라, 아니나다를가)이 있다.

2) 합침법

북한 문법에서 합침법은 단순합침법, 확대합침법, 지정합침법, 복합합침법의 네 가지로 분류, 기술하고 있다. 합침법에 의한 단어를 합친말이라 하는데, "두개 이상의 말뿌리가 합쳐서 이루어 진 단어"라고 규정하고 있다. 문법서에 따라서는 "합성어"라는 용어와 함께 쓰기도 한다.

(1) 단순합침법

단일 형태의 단어와 단어를 합치는 것으로, 병렬적-(예: 아침-저녁, 오르-내리), 종속적-(예: 꽃-봉오리, 집-짐승), 동반적-(예: 신-발, 련-이어) 단순합침법이 있다.

(2) 확대합침법

단어 구성에 참여하는 의미부들의 어느 한쪽 또는 양쪽이 파생법이나 합침법에 의해서 1차적으로 확대되고, 2차적으로 합침법에 의해 단어를 구성하는 것으로, 앞확대-(예: 찹살-가루, 검둥-개), 뒤확대-(예: 일-본새, 금-물결), 앞뒤확대-(예: 비바람-막이, 다섯목-한가래) 합침법이 있다.

(3) 지정합침법

두 성분이 결합할 때 두 성분의 끝에 토가 결합되는 합침법인데, 앞지정-(예: 걸어-가(다), 돌따-서(다)), 뒤지정-(예: 못-미처, 뒤-이어), 앞뒤지정-(예: 날에-날마다, 든손에, 같고-같다) 합침법이 있다.

(4) 복합합침법

지정에 의한 성분과 확대에 의한 성분이 결합한 합침법이다. 그 예는 다음과 같다. '나도방동사니풀'의 경우, '나도'의 '-도'는 토로 분석되므로 지정에 의한 성분이고, '방동사니풀'은 '방동사니'와 '풀'이 결합한 확대에 의한 성분이다.

3) 배합법

북한 문법의 배합법은 파생법과 합침법이 다시 결합한 단어 구성방법인데, 두 가지 방법이 결합한 "2종배합법", 세 가지 방법이 결합한 "3종배합법"이 있다.

먼저 2종배합법은 두 가지 방법이 결합한 것으로, 덧붙임-합침법, 덧붙임-되풀이법, 덧붙임-소리바꿈법, 합침-소리바꿈법, 되풀이-소리바꿈법, 되풀이-합침법, 되풀이-줄임법, 합침-줄임법, 소리바꿈-줄임법, 덧붙임-줄임법, 분립-합침법, 분립-덧붙임법 등이 있다. 3종배합법인데, 이는 세 가지 방법으로 복합어를 구성하는 것으로 '덧붙이-합침-소리바꿈법, 덧붙임-되풀이-소리바꿈법, 합침-줄임-소리바꿈법, 되풀이-합침-덧붙임법, 덧붙임-합침-줄임법, 분립-덧붙임-소리바꿈법' 등이 있다.

4) 조어사슬과 조어둥지

한편 북한 문법에서는 "조어사슬"과 "조어둥지"라는 개념을 제시한다. 언어에서 조어 현상은 그 자체가 관계 현상이며 언어의 어휘 구성의 많은 부분, 절대적인 부분은 체계 속에 놓여 있다. 언어의 어휘 구성이 체계성을 띤다는 것은 단어와 단어조성을 통한 의미의 체계이며 구조의 체계이다. 이 체계를 이루는 직접 요인은 단어들이 그 조성구조상 일정한 "사슬"을 이루고 연결되는 것이며, 하나의 시원적 단어를 중심으로 수많은 파생어, 합성어들이 하나의 큰 "둥지"를 이루는 것이다.

조어사슬이란 산생시킨 단어와 산생된 단어가 꼬리잡이식으로 한 줄로 이어지는 것을 말한다. 예를 들어 "살(다) → 살리(다) → 살리ㅁ → 살림군"과 같은 단어들의 조성 계열이다.

조어둥지란 하나의 시원적 단어를 바탕말로 하여 그것으로부터 파생된 단어들과 그와 말뿌리의 공통성이 있는 단어들을 통틀어 하나의 유연적인 조어 집단을 말한다. 예를 들어 우리말에서 형용사 "높다" 둥지에는 '값높다, 긍지높다, 드높다, 소소리높다, 수높다, 키높다, 악명높다' 등이 속한다.

이상에서 북한 문법에서 단어조성론에 대하여 살펴보았다. 이를 바탕으로 북한 문법의 단어조성론의 특징을 제시하면 다음과 같다.

첫째, 파생어나 합성어가 다시 파생하거나 합성하는 것을 북한 문법에서는 이를 묶어 "배합법"이라는 명시적인 범주를 따로 제시하여 기술하고 있다. 2종배합법, 3종배합법이 그러하다.

둘째, 파생법의 경우, 북한 문법에서는 먼저 덧붙임법, 바꿈법, 되풀이법, 줄임법, 분립법으로 나누어 기술하고 나서, 덧붙임법에서 남한 문법의 접두파생법, 접미파생법을 다룬다.

셋째, 합성법의 경우, 북한 문법에서는 단순합침법에서 병렬적 합침법과 종속적 합침법을 기술하고 있는데, 지정합침법은 구에 해당하는 것으로 합성어의 대상이 되기 어렵다.

3. 품사론 연구

북한 문법의 품사에 대해서는 『조선어품사론』을 중심으로 살펴보기로 한다. 먼저 품사론과 관련한 기본적인 몇 가지 개념을 살펴 이를 바탕으로 북한 문법의 품사 체계를 이해하고자 한다.

1) 품사론의 기본 개념

(1) 품사론, 품사, 품사 단위

북한 문법에서는 품사론의 목표는 주체사상을 지도적 지침으로 하고 주체 방법론에 의거하여 교착어인 우리말 품사의 고유한 민족적 특성을 이론적으로 해명하고 품사들의 역사적 변화와 발전에 작용하는 합법칙성을 밝히는 것으로 규정한다.

품사를 어휘의미적 표식과 문법적 표식의 공통성에 의하여 가른 단어의 어휘-문법적 부류라고 하였다. 즉, 품사를 단어들의 어휘-문법적 부류로 보는 견해는, 품사를 단어들의 순수 어휘의미적 부류로만 보는 견해의 일면성과 또한 단어를 문법적 부류로만 보는 견해의 일면성을 극복하고, 품사를 단어들의 어휘의미적 성격과 문법적 특성을 동시에 고려한다는 것이다.

품사 단위는 품사 분류의 대상이 되는 단어를 일컫는 것으로서 "절대적단어의 범위에 국한되고 상대적단어의 범위에까지는 넘어가지 않는다."라고 하였다.

(2) 보조적 단어

단어는 "자립적단어"와 "보조적단어"로 나눈다. 보조적 단어는 언제나 자립적 단어에 의거해서만 쓰일 수 있는 자립성이 없는 단어이며, 한편으로는 단어의 성격도 가지고 있고 다른 한편으로는 "형태부"의 성격도 가지고 있는 단어 부류이다. 또한 독자적인 억양을 가지지 않으며 앞이나 뒤에 완전한 휴식이 오지 않는 단어이다. 보조적 단어는 ① 보조적 단어 부류, ② 문법화 과정에 있는 보조적 단어 부류, ③ 자립적 단어의 보조적 사용 등 세 부류로 나누었다.

첫째, 보조적 단어 부류라는 것은 '것, 바, 데, 따름, 양, 척, 때문' 등의 "불완전명사", '싶다, 말다'와 같은 "보조적 동사", 그리고 격의 의미를 정밀화해 주는 단어들이 이에 속한다.

둘째, 문법화 과정에 있는 보조적 단어들은 다음 예와 같다. '에 관하여' 같은 것들은 '관하다'의 형태 변화형이 일정한 격형태하고만 결합하여 격의 의미를 정밀화해 주는 것으로 화석화되어 있으나 아직은 완전히 화석화했다고 하기 어려운 것이며, '바람, 길' 같은 것들도 아직은 어휘적 의미가 어느 정도 살아 있고, '또, 그리고'도 역시 문법화 과정에 있는 보조적 단어 부류이다.

셋째, 자립적 단어의 보조적 사용에는 '오다, 있다, 나가다, 가다, 보다, 내다' 등이 있는데, 이는 남한 문법의 보조용언에 해당한다.

(3) 말뿌리적 단어 부류, 한 음절의 한자 단위

북한 문법에서는 품사 분류에서 문제될 수 있는 것으로 말뿌리적(어근적) 단어 부류를 제시하였다. 이들을 단어로 볼 것인지, 형태부로 볼 것인지 판단하기가 매우 어렵다고 밝히고 있다. 예를 들어서, '고요, 녀류, 원시, 반미, 반일' 등은 부분적으로 단어로 기능도 하지만, 다른 한편으로는 단어 구성의 말뿌리나 단어결합의 한 부분으로 쓰이기도 하여 이들을 말뿌리적 단어라 한다. '고요'는 '고요가 깃들다, 고요를 깨뜨리다'와 같이 자립적 명사로 쓰이는 것은 오직 주격이나 대격뿐이며, '고요하다'에서는 말뿌리로 쓰인다. '충실'은 격토와 함께 쓰이는 일은 전혀 없고, 도움토만이 그 뒤의 '하다'와의 사이에 쓰일 뿐, 주로 '충실하다'의 말뿌리로 쓰인다. '국제'는 '국제적, 국제경제' 등과 같이 새 단어의 말뿌리나 합친말의 성분으로만 쓰인다. 이러한 사실은 말뿌리적 단어의 기본 기능이 문법 기능이 아닌 단어조성적 기능임을 보여 준다. 이것은 단어가 퇴화하여 형태부로 전환되는 역사적 과도현상이다.

한편 한 음절의 한자 단위는 언제나 고정불변한 상태에 있는 것이 아니라 그 자체가 지니고 있는 단어적인 표식과 형태부적인 표식에 따라 단어나 보조적 단어 또는 말뿌리나 단어조성적 형태부와 같은 단위가 될 수 있다고 밝혔다.

2) 품사 체계

(1) 품사 체계의 기준

『조선어품사론』에 따르면 북한 문법에서 품사 체계의 기준으로 "어휘의미적표식, 형태론적표식, 문장론적표식, 단어조성적표식"과 같은 네 가지 표식을 제시하였다. 이것은 단어가 지니고 있는 특성에 기초한 가장 과학적이고 합리적인 기준이라고 하였다.

특히 단어조성적 특성이 우리말 품사 분류의 무시할 수 없는 기준이 되는 것은 각각 품사는 자체의 고유한 단어조성적 특성을 가지고 있기 때문임을 지적한 것이 특징적이다. 예컨대 'ㅁ(음), 기, 게, 질, 쟁이' 등의 뒤붙이는 명사를 이루는 데만 쓰이고 '거리, 대, 치' 등과 같은 뒤붙이는 동사를 이루는데 쓰이며 '답, 스럽, 롭'과 같은 뒤붙이는 형용사를 이루는 데만 쓰임을 지적하였다.

그러나 네 가지 기준 가운데 가장 중요한 것은 역시 문법적 표식, 즉 형태적 표식과 문장론적 표식이며, 어휘의미적 표식과 단어조성적 표식은 문법적 표식이 적용된 다음에 보충적으로 적용할 수 있는 부차적인 기준이라고 하였다.

(2) 토

잘 알려져 있는 바와 같이 북한 문법은 남한 문법의 문법 형태소를 품사에서 분리하여 "형태론"에서 "토"로 다룬다. 교착어인 우리말에서는 문법 기능을 수행하는 교착접사인 토가 단의적이고 규격화되어 있으며, 같은 문법 기능을 나타내는 토는 여러 품사에 공통적으로 쓰이므로, 토를 품사 서술에서 떼어내 다루고 이러한 토를 품사 체계의 주요 기준으로 삼는다.

(3) 품사 체계의 실제

위와 같은 "토"의 개념을 바탕으로 한 북한 문법의 품사 체계는 토의 첨가 여부라는 문법 특성에 의해서 크게 두 가지, 곧 토가 첨가되어 형태 변화 체계를 갖춘 단어 부류와 형태 변화 체계를 갖추지 않은 단어 부류로 가른다. 그리고 ① 형태 변화 체계를 갖춘 단어부류는 그 형태론적 표지의 다름에 따라 체언적 단어 부류와 용언적 단어 부류로 나누며, ② 형태 변화 체계를 갖추지 않은 단어 부류는 문장론적 기능의 특성에 따라 수식언적 단어 부류와 독립언적 단어 부류로 가른다. 이러한 네 가지 부류를 다시 명사, 대명사, 수사; 동사, 형용사; 관형사, 부사; 감동사로 나누어 모두 8개 품사를 설정한다.

다음에서 A, B 단계인 형태 변화 체계를 갖춘 단어 부류와 형태 변화 체계를 갖추지 않은 단어 부류는 형태론적 표식에 의한 부류이고, a, b 단계인 체언적 단어 부류, 용언적 단어 부류, 수식언적 단어 부류, 독립언적 단어 부류는 구조기능적 부류이고, 명사, 대명사, 수사, 동사, 형용사, 관형사, 부사, 감동사는 어휘문법적 부류이다.

A. 형태 변화 체계를 갖춘 단어 부류
  a. 체언적 단어 부류
    명사
    대명사
    수사
  b. 용언적 단어 부류
    동사
    형용사
B. 형태 변화 체계를 갖추지 않은 단어 부류
  a. 수식언적 단어 부류
    관형사
    부사
  b. 독립언적 단어 부류
    감동사

3) 체언적 품사

체언적 품사란 이야기의 대상을 나타내는 대상적 단어 부류로 정의한다. 그래서 체언의 기본 특성은 "대상성"으로 규정한다. 명사는 명명 능력이 있으며, 대상성을 특징짓는 문법 표지인 격과 수의 문법범주를 가지는 품사라고 규정한다. 그리고 명사를 다시 보통명사와 고유명사, 활동체명사와 비활동체명사, 완전명사와 불완전명사, 단위명사, 말뿌리적 명사 등으로 분류한다.

수사는 대상의 추상화된 수량을 나타내거나 대상의 순서를 나타내는 품사라고 규정한다. 수사는 체언적 품사에 속하면서 명사, 대명사와 구별되는 고유 특성을 가지고 있다. 그 특성은, ① 명명 기능이 없다는 의미론적 특성, ② 복수 형태를 취하지 않는다는 형태론적 특성, ③ '여섯 사람이, 사람 여섯이'와 같이 그 뒤에 오는 명사와 자리바꿈이 가능하고, '푸른 하나'와 같이 술어 "규정"과 결합이 불가능하다는 문장론적 특성 등이다.

수사의 종류는 첫째, 의미상 성격에 따른 분류, 둘째, 구성상 특성에 따른 분류, 셋째, 기원상 특성에 따른 분류로 기술했다. 의미상 성격에 따른 분류에는 "수량수사"와 "순서수사"를 설정한다. 구성상 특성에 따른 분류에는 "단순수사"와 "합성수사"를, 기원상 특성에 따른 분류에는 "고유어수사"와 "한자말수사"를 설정한다.

대명사의 기본 특성은 대상을 명명하거나 대상의 수량이나 순서적인 것을 나타내는 것이 아니라, 바로 대상을 가리킨다는 데 있다. 대명사는 인칭대명사, 가리킴대명사, 물음대명사로 나누어 기술한다.

4) 용언적 품사

용언이란 행동이나 상태, 성질을 나타내며 문장에서 서술하는 기능을 수행하는 단어들의 큰 부류인데, 용언의 기본표식은 "서술성"으로 규정한다.

북한 문법에서는 동사의 본질을 행동성과 과정성, 그리고 서술성으로 제시하였다. 서술성은 이야기되는 내용이 현실과 맺는 관계를 말한다. 서술성은 동사의 맺음형에 나타나는 시간, 법, 말차림, 상, 존경 등의 문법범주를 실현한다.

동사는 자동성, 타동성에 따라 자동사와 타동사로, 문장에서의 기능에 따라 자립동사와 보조동사로 나눈다.

북한 문법에서는 형용사의 본질을 성질성으로 제시하였다. 즉, '-는다'를 취하지 않는 것이 형용사의 특성이라고 밝혔다. 이것은 형용사와 동사의 문장론적인 차이이다. 형용사와 동사의 차이는 '점점, 차차, 빨리, 잘, 이미; 가장, 매우, 대단히, 훨씬, 퍽, 꽤' 등과 같은 부사와의 결합 관계에서도 드러난다. 한편 '있다, 계시다'는 동사에, '없다'는 형용사에 소속시킨다.

5) 수식언적 품사

수식언이란 대상의 특징, 행동이나 성질의 표식을 한정해 주며 설명받는 단어를 수식하는 단어들의 부류이다.

관형사는 형태 변화의 체계를 가지지 않고, 체언과 단어결합 관계를 가지는 단어라고 하였다. 즉, 관형사는 수식언적 품사로서 체언을 "규정한다."라 정의하였다. 관형사는 대상의 여러 가지 성질이나 특징을 규정하거나, 대상의 양과 관련된 것을 규정하는 특징을 가지는데, 이들이 각각 성질관형사와 분량관형사이다.

부사는 형태 변화의 체계를 가지지 않고, 용언과 단어결합 관계를 가지는 단어라고 하였다. 즉, 수식언적 품사로 상황어 기능을 수행한다. 부사는 행동부사, 상태부사, 양태부사(문장부사), 이음부사, 부정부사, 상징부사 등으로 분류한다.

6) 독립언적 품사

독립언이란 문장에서 따로 독립해 있으면서 이야기하는 사람의 감정정서적 태도를 나타내는 단어들의 부류로서, 독립언의 기본표식은 "독립성"이다. 독립언적 품사에는 감동사가 있다. 감동사는 말하는 사람 자신의 감정이나 태도를 직감적으로 나타내는 품사이다.

감동사는 첫째, 말하는 사람의 여러 가지 감정을 나타내는 것, 둘째, 말하는 사람의 의지 또는 요구 등을 나타내는 것, 셋째, 상대방의 이야기에 대한 여러 가지 태도를 나타내는 것으로 분류한다.

그런데 남북 문법의 관형사는 품사 분류상 한 가지 특징적인 차이가 있다. 남한 문법의 수량관형사 일부와 지시관형사를 북한 문법에서는 각각 수사와 대명사로 분류한다. 남한 문법에서는 '한 사람, 두 사람'의 '한, 두'를 수량관형사라 하여 관형사로 규정하고 있으나, 북한 문법에서는 '한 마리, 두 척, 구 개월, 아홉 상자'에서 '한, 두, 구, 아홉'을 수사로 규정하고 있다. 또한 '이 사람, 그 집, 저 책'의 '이, 그, 저'를 남한 문법에서는 지시관형사로 규정하고 있으나, 북한 문법에서는 지시대명사로 규정하고 있다. 이들은 의미를 기준으로 보면 수사나 대명사임에 틀림없으나, 기능을 기준으로 보면 관형사이다. 체언은 다른 체언 앞에서 항상 관형어의 성격을 가지기 때문에 이들을 따로 관형사로 설정하지 않고 각각 수사와 대명사로 볼 수 있을 것이다. 물론 조사와 결합이 절대 불가능한 '한, 두, 세/서/석, 네/너/넉'을 수사로 보는 데에는 문제가 있다.

4. 형태론 연구

북한 문법에서는 형태론이라는 분과에서 문법범주를 다룬다. 즉, 토를 중심으로 각각 토가 실현하는 문법 기능을 기술하고 있다.

앞에서 살펴본 바와 같이 품사 체계에 있어서 남한 문법은 조사를 포함하여 9품사 체계를 세우고 있음에 비하여, 북한 문법은 조사를 제외한 8품사 체계를 세우고 있다. 북한 문법에서는 남한 문법의 조사와 어미를 함께 묶어 "토"라는 범주를 설정하였다. 더 나아가 피동과 사동을 나타내는 표지까지 토로 설정하고 있어, 파생접사까지 포함한 셈이다. 이러한 토를 대상으로 문법범주를 기술하는 것을 형태론이라 한다. 토를 중심으로 우리말 문법범주를 살피는 것은 우리말의 교착어적인 특성에 바탕을 둔 것이라 하였다.

1)"토"의 유형

북한 문법에서 형태론은 "형태론적현상을 연구하는것"이다. 형태론적 현상은 대상화된 단어나 또는 일련의 단위에서 이루어지는 문법적 형태, 문법적 의미, 그리고 문법적 형태와 문법적 의미에 기초하여 이루어지는 형태론적 문법범주를 말한다.

『조선어형태론』에서는 "조선말토는 그 문법적인 뜻과 기능에 따라 몇개의 갈래로 나누어볼수 있다." 하였는데, 그 내용을 그대로 인용하면 다음과 같다.

1. "격토: 풀이를 하지 않으면서 그것이 붙은 단어나 그밖의 단위가 문장속에서 다른 단어나 그밖의 단위와 맺은 문법적관계를 나타내는 토이다. (예) 가/이, 의, 를/을/ㄹ, 에, 게, 에서, 로/으로, 와/과, 께서, 처럼, 보다, 마냥, 더러 ……"

2. "도움토: 풀이는 하지 않으면서 그것이 붙은 단어나 그밖의 단위가 "포함, 제한, 강조, 지정" 등과 같이 어떤 류사한 다른 사물이나 현상들과 맺는 일정한 련관관계를 나타내는 토이다. (예) 도, 는, 만, 야, 마저, 조차, 까지"

3. "복수토: 그것이 붙은 단어나 그밖의 단위가 나타내는 대상이나 또는 주어로 된 대상이 둘이상임을 보여주는 토이다. (예) 들"

4. "맺음토: 풀이를 하면서 문장이 끝났음을 나타내는 토이다. (예) 습니다. 습니까, 습디다, 습디까, 다, 자, 라, 라구, 군, 구나, 구만, 리다, 니, 나"

5. "이음토: 풀이를 하면서 그것이 붙은 단어나 그밖의 단위를 문장안에 있는 다른 단어나 그밖의 단위와 이어주는 토이다. (예) 고, 며, 지만, 면서, 므로, 면, ㄹ망정, ㄹ뿐더러, 는데, 건만, 아/어/여 ……"

6. "규정토: 풀이를 하면서 그것이 붙은 단어로 다른 명사나 대명사 그리고 그밖의 단어로 표현된 대상적단위의 일정한 특성을 규정해주는 토이다. (예) 는, ㄴ(은), 던, ㄹ(을)"

7. "꾸밈토: 풀이를 하면서 그것이 붙은 단어나 그밖의 단어로 하여금 다른 동사, 형용사, 기타의 풀이성을 가진 단위를 수식해주면서 그 일정한 특성을 나타내도록 하는 토이다. (예) 게, 도록, ㄹ수록, 듯, 듯이"

8. "상토: 동사에 쓰이여 그 움직임을 자기가 직접 이루는가, 남에게 당하는가 또는 남에게 시키는가 하는 관계를 나타내는 토이다. (예) 이, 히, 기, 리, 우, 히우, 이우, 기우, 리우"

9. "존경토: 말하는 사람이 이야기속에 나오는 행동, 상태, 성질의 주인에 대해서 존경의 뜻을 나타내는 토이다. (예) 시"

10. "시간토: 그 어떤 움직임이나 상태가 언제 있었는가를 나타내는 토이다. (예) ㄴ, 았, 었, 였, 겠"

11. "강조토: 일부 격토, 이음토, 상황토 등의 뒤에 붙어서 그 토가 나타내는 문법적의미를 더 강조해주는 토이다. (예) 써(으로써), 서(으로서), 다가(에다가), 끔(게끔), 가"

12. "바꿈토: 용언에 체언토가 붙거나 체언에 용언토가 붙을수 있도록 만들어주는 토이다. 다시말하여 용언을 체언형으로 체언을 용언형으로 바꾸어주는 토이다. (예) ㅁ(음), 기, 이"

그리고 토의 특성에 따라 이를 다시 다음과 같이 분류하였다. 첫째는 그것이 붙여 쓰이는 품사의 부류에 따라 분류하였다. "체언토"와 "용언토"가 있다. 체언토에는 격토, 복수토, 도움토를, 용언토에는 맺음토, 이음토, 규정토, 꾸밈토, 상토, 존경토, 시간토를 두었다.

둘째는 그것만으로 단어형태를 끝맺어 매듭지을 수 있으며 문장 속에서 일정한 문법적 자리를 나타낼 수 있는가 없는가에 따라 분류하였다. "자리토"와 "끼움토"가 있다. 자리토에는 격토, 맺음토, 이음토, 규정토, 꾸밈토, 강조토, (도움토)를, 끼움토에는 복수토, 상토, 시간토, 존경토, 바꿈토, (도움토)를 두었다.

셋째는 그 어떤 행동, 상태에 대한 풀이를 해 주는 역할을 하는가 아닌가에 따라 분류하였다. "서술토"와 "대상토"가 있다. 서술토에는 맺음토, 이음토, 규정토, 꾸밈토, (상토, 시간토, 존경토, 도움토, 바꿈토)를 두었으며, 대상토에는 격토, 복수토, (도움토, 바꿈토)를 두었다.

『조선어형태론』에서 제시한 이상의 여러 관점을 정리하여 토의 유형을 표로 제시하면 다음과 같다.

표 2 토의 유형

	체언토	용언토	대상토	서술토	자리토	끼움토
격　토	○		○		○	
복수토	○	(○)	○	(○)	(○)	○
도움토	○	(○)	○	(○)	(○)	(○)
맺음토		○		○	○	
이음토		○		○	○	
꾸밈토		○		○	○	
규정토		○		○	○	
상　토		○		○		○
시간토		○		○		○
존경토		○		○		○
강조토	(○)	(○)	(○)	(○)	○	
바꿈토	(○)	(○)	(○)	(○)		○

단, (○)표시는 불철저성을 의미한다.

2) 격토

북한 문법의 격범주는 격토에 의해 실현된다. 『조선어형태론』에서는 다음과 같이 10개 범주를 제시하였다.

<북한 문법의 격체계와 격토>

a. 주격: 가, 이, 께서

b. 대격: 를, ㄹ, 을

c. 속격: 의

d. 여격: 에게, 에, 께, 더러, 한테

e. 위격: 에서, 에게서, 한테서

f. 조격: 로, 으로

g. 구격: 와, 과, 하고, 랑

h. 비교격: 처럼, 마냥, 보다

i. 호격: 아, 야, 여, 이시여

j. 절대격: 령토

이 가운데 절대격은 영-형태로 실현되는데, 다양한 대치 관계에서 볼 수 있다. 영-형태라는 절대격 형태는, 격토 없이 말줄기(어간)만으로 문장에서 일정한 문장론적 관계를 표시하는 것이다. 이것은 격토가 붙는 문법적 형태와 대비를 통해 인정된다고 설명한다.

그리고 절대격은 격의 생략과 같지 않다고 설명하였다. 예를 들어 "손님이 오셨다."라고 했을 때 '손님'이 아무런 격토가 붙지 않은 채로 쓰이면서도 주격의 의미를 나타내고 있다. 이것이 절대격의 사용이다. 그러나 "철수 집 있다."라고 하면 이것은 절대격의 사용이 아니라 격의 생략으로 보아야 하는데, 이는 문맥과 환경의 도움으로 "철수가 집에 있다.", "철수의 집에 있다.", "철수의 집이 있다."로 파악되기 때문이라 설명하였다.

3) 용언의 자리토

용언의 자리토형태는 맺음형, 이음형, 꾸밈형, 규정형으로 이루어져 있다고 기술하는데, 이들을 구체적으로 소개하고자 한다.

먼저 용언의 맺음형이란 문장을 맺어 주는 문법적 형태인데, 맺음토에 의해 표현된다고 기술한다. 용언의 맺음형은 말법과 말차림의 문법적 의미를 동시에 나타내며, 시간토와 존경토, 상토가 끼어들어가면서 상, 시간, 존경의 문법적 범주를 함께 나타낸다는 것이다.

말법 또는 법범주에는 "알림, 물음, 시킴, 추김" 등의 범주를 세웠다. 따라서 "약속"이니 "감탄"을 이들과 한 계열에 놓지 않았다. 이른바 약속법은 행동과 현실과의 관계에 대한 이야기하는 사람의 관계에 나타나 있기 때문에 법범주의 한 형태라고 말할 수 있으나 감탄법은 그렇지 못한데 어떤 행동이나 상태가 현실화되는데 대한 이야기하는 사람의 감탄은 문법적인 것이 아니라 감탄 자체로 그치는 것이라고 하였다. 아울러 인도유럽어나 교착어에 속하는 다른 언어에서도 감탄법은 찾아볼 수 없다고 하였다. 그리고 대응되는 감탄법의 표현 수단도 약속법에서와 마찬가지로 대응되는 형태 계열을 가지고 있지 못하다고 하였다. 따라서 말법은 알림법, 물음법, 시킴법, 추김법과 같은 네 하위범주로 이루어져 있다고 하였다. 그리고 알림법의 맺음토에는 감탄, 약속 등의 뜻을 나타내는 토가 있음을 들었다.

이러한 북한 문법의 법범주에 대한 연구사적 과정을 몇 해 전 정순기(2006:6-7)에서는 다음과 같이 정리한 바 있다.

"문화어문법규범에서는 말하는 사람이 대화자에 대하여 설정하는 담화목적은 '알림, 물음, 추김, 시킴'밖에 있는것이 아니라 '약속, 감탄, 청원, 양보' 등 여러 가지를 더 설정할수 있다는 사실과 '답니다, 답디까' 등과 같은 목격법에 해당한 문법적의미를 식범주에서 론의하지 않을수 없는것처럼 식범주의 내용과 법범주의 내용이 호상 넘나드는 사실을 고려하여 평이하게 법범주만을 인정하면서 그 개념을 다시 정밀화하였다. 법범주와 식범주의 호상관계문제에 대하여 고찰할 때 한가지 흥미있는 사실을 상기하는것이 필요하다. 즉 1960~1963년의 『조선어문법』 등에서는 식범주를 '서술, 의문, 권유, 명령' 4가지로 구분하였던것을 1964년의 『조선어문법』에서는 이 4가지 외에 '약속, 감탄' 등을 더 설정하여 6가지로 분류하였다는 사실이다. 이것은 말하는 사람이 대화자에 대하여 설정하는 담화목적은 이밖에도 더 많이 설정할수 있다는것을 보여주고있다. 식범주의 이러한 세분화는 해당한 문법적의미자체의 성격으로 보나 이른바 식형태에 해당한 대응한 형태체계가 없다는 사실로 미루어보아 하나의 범주적인 성격을 띠기 곤난하므로 불합리한것이다. 또한 식범주의 이러한 세분화는 번잡성을 띠게 하므로 사람들로 하여금 문법규범을 정확하게 그리고 쉽게 리해하는데 지장을 주는 결과를 가져다준다. 규범문법은 광범한 대중을 대상으로 하는것만큼 평이성과 명료성을 자기의 중요한 요구로 내세우고있다. 그러므로 문화어문법서들에서는 법범주와 함께 식범주를 다같이 설정한것이 아니라 법범주만을 인정하는 길로 나아갔다."

말차림에는 "높임, 같음, 낮춤" 등의 범주를 설정하였다. 『조선어형태론』에서 "세계에서 우리말처럼 례의범절을 똑똑히 나타내는 말은 찾아보기 드물다. 우리 말은 례의범절을 여러가지 언어적수단으로 나타낼수 있는데 특히 단어의 문법적형태로 나타낼수 있는것이 특징으로 되고 있다. 례의범절과 관련된 문법적범주로서는 말차림범주와 존경범주가 있다. 말차림범주는 이야기하는 사람이 이야기 듣는 사람에 대하여 가지는 례의적관계를 나타내는 범주이다. 존경범주는 이야기되는 어떤 사실을 실현하는 주인에 대한 례의적관계를 나타낸다. 즉, 둘 다 례의적관계를 나타내지만, 누구에 대한 례의적관계를 나타내는가 하는데서 차이가 난다."라고 설명하고 있다.

『조선어형태론』에서 기술한 말차림범주의 등급 유형은 다음과 같다. 높임 등급에 있던 "하오"가 같음 등급으로 조정되었다. 따라서 같음 등급에 "하오, 하게, 반말"의 셋이 있다.

표 3 말차림범주의 등급 체계(알림법의 경우)

등급		형태
높임	[하십시오]	ㅂ니다, 습니다
	[해요]	아요/어요/여요
같음	[하오]	오, 소
	[하게]	네, 데
	[반말]	지, 아/어/여
낮춤	[해라]	다

말차림범주에서 주목되는 특별한 현상을 하나 들었는데, 그것은 "말차림의 중성화현상"이라는 것이다. 낮춤을 나타내는 토 '다'는 일정한 환경이나 조건 밑에서는 낮춤을 나타내지 않는다. 즉 광범한 대중이나 서로 다른 계층의 독자를 대상으로 하는 일반 출판물, 구호, 제강 등에서 자주 쓰이는데 이때 이것은 낮춤을 나타내는 것이 아니라고 하였다.

북한 문법에서 기술하는, 끼움토로 표현되는 존경범주 개념에 대하여서는 "행동, 상태 또는 성질의 임자에 대한 말하는 사람의 례절관계를 나타내는 문법범주"라 하였다. 이들 기술을 보면, 화자와 말의 내용이 되는 대상과의 관계라는 점에서 모두 같지만, 그 대상이 "행동, 상태, 성질의 주자", "임자 또는 진술의 주체/객체"라는 점에서 차이를 보인다. 존경범주는 존경토인 '-시-'를 통해 실현된다고 기술하는 동시에 반드시 사람에 대해서만 사용된다고 하였다.

북한문법에서 시간 표현은 끼움토인 "시간토"로 실현되는 "시간범주"라는 범주로 기술하고 있다. 즉, 북한 문법에서는 남한 문법에서와 같이 시제와 양상(혹은, 상)이라는 용어를 따로 구분하여 사용하지 않고 시간토라는 하나의 범주 아래 통합적으로 논의하고 있다.

"시간범주는 이야기되는 행동, 과정, 상태의 시간과 말하는 사람이 실제로 이야기하는 시간과의 관계를 나타내는 문법적범주"라고 규정한다. "시간형태"는 크게 절대적 시간과 상대적 시간으로 나누고 이에 각각 "현재형", "과거형", "미래형" 등 시간 의미의 유형을 둔다.

시간범주와 관련해서, 태범주는 동사로 표현된 행동, 과정, 상태가 수행되는 성격을 나타내는 문법범주이다. 태범주에서 중요한 것은 행동이 완전히 수행된 완료성과 현재도 계속되는 지속성 등이다. 그러나 우리말에서는 문법범주로서의 태범주는 설정하지 않는다고 한다.

시간범주와 관련해서, 또한 양태성은 문장에서 이야기되는 내용과 현실과의 상호 관계에 대한 말하는 사람의 주관적 태도를 나타내는 문법범주이다. 말하는 사람은 문장에서 이야기되는 내용을 현실적인 것으로 볼 수도 있고 비현실적인 것으로 볼 수도 있으며 추측, 희망, 의혹, 확신, 불확신의 태도로 대할 수도 있다.

북한 문법의 용어 "상"은 남한 문법 용어와는 상당히 다른 의미로 사용된다. 북한 문법에서 "상토"는 '이, 히, 리, 기, 우, 구, 추' 등에 해당하는 것으로 남한 문법의 사동법, 피동법으로 기술되는 것이다. 남한 문법의 시간 표현에서 다루는 상 또는 양상(aspect)과는 전혀 다르다.

그 밖에, 용언의 이음형이란 문장 속에 있는 단어 또는 일정한 문장론적 단위들을 서로 이어 주는 문법적 형태라 하였다. 용언의 꾸밈형이란 그 어떤 단어가 용언의 앞에 오면서 그 용언을 문법적으로 꾸며 주는 자리에 있음을 나타내는 문법적 형태라 하였다. 용언의 규정형이란 용언의 뒤에 오는 대상성 있는 단어에 대하여 규정하는 관계에 있다는 것을 표현하는 문법적 형태라 하였다.

5. 문장성분 연구

북한 문법에서 기술하는 문장의 본질, 문장성분에 대해 구체적으로 살펴보자.

1) 문장과 문장의 기본표식

북한 문법에서는 문장의 본질을 몇 가지로 나누어 제시하고 있는데 그 구체적인 내용은 다음과 같다. 첫째, 문장이란 끝맺음이 있는 논리-의미적 계기, 의지-심리적 계기, 문법적 계기가 뚜렷한 진술 단위로서 단어 또는 단어결합들로 이룬 기본 단위이다. 문장에 대한 이러한 이해는 다양한 문장의 구조적 특성들을 일반화하여 문장에 반영되는 여러 기능들을 일반화한 것이라고 할 수 있다. 둘째, 문장은 완결된 사상을 나타내는 단위이다. 문장이 완결된 사상을 나타낸다는 측면은 문장에 반영되는 논리-의미적 계기의 구현이다. 셋째, 문장은 일정한 감정과 정서를 나타내는 단위이다. 문장이 감정, 정서를 나타낸다는 측면은 문장의 의지-심리적 계기의 구현이다. 넷째, 문장은 문법적으로 형식화된 언어 행위의 단위이다. 문장의 형식화는 문장이 담고 있는 문법적 계기들의 구현이며, 문법적 형식화는 문장의 모든 계기들을 실현시켜 주는 귀결점이다. 그리고 이상의 모든 속성들은 서로 밀접하게 통일되어 나타난다고 한다.

그리고 북한 문법에서 "문장의 기본표식"을 중요한 개념으로 삼고 있는데, 이는 문장을 다른 단위와 구별시켜 주는 중심 표식을 말한다. 문장의 기본표식을 찾는 방법에는 논리주의적 방법과 형식주의적 방법이 있는데, 무엇보다도 진술내용의 현실에 대한 관계를 중시하여 "진술성"을 문장의 기본표식으로 삼는다.

2) 문장성분의 단위

문장의 구성성분, 즉 문장성분이란 문장 구조 안에서 서로 맞물리면서 문장 기능을 수행하는 단위를 말하며, 문장성분의 단위란 문장 구조와는 관계없이 문장성분을 구성하는 재료로서 "단어", "단어결합"을 말한다. 특히 북한 문법에서는 단어결합이라는 개념을 매우 중시하고 있다. 여기에서는 단어결합을 중심으로 문장성분의 단위를 제시하기로 한다.

『조선어문장성분론』에서 문장성분의 단위를 크게 "단순성분단위"와 "확대성분단위"로 나누어 제시한 바 있다. 단순성분단위는 하나의 자립적 단어나 한 단어처럼 쓰이는 단어결합으로 이루어진 성분단위이며, 확대성분단위는 둘 또는 그 이상의 자립적 단어들이 문장론적으로 결합하여 이루어진 성분단위이다.

(1) 단순성분단위

단순성분단위에는 다음과 같은 유형이 있다. 첫째, 다음 문장의 밑줄 친 것과 같이 하나의 자립적 단어로 된 문장성분이다.

<u>강한</u> <u>의지는</u> <u>삶을</u> <u>빛내인다.</u>

둘째, 자립적 단어와 보조적 단어의 결합으로 된 문장성분이다. 이에는 자립적 단어와 보조적 명사가 결합한 경우와 자립적 단어와 후치사적 동사가 결합한 경우가 있다.

우리는 <u>국가의것을</u> 아끼고 사랑해야 한다.
<u>누구를 물론하고</u>
<u>우리들로 하여금</u> 힘차게 떨쳐나설 것을 절실히 요구하고있다.

셋째, 자립적 단어와 자립적 단어의 결합으로 된 문장성분이다. 다음과 같은 유형이 이에 포함된다.

a. 용언과 용언의 결합
(예) 창길이는 벌써 고개마을로 <u>갔나 보다.</u>

b. 체언과 체언의 결합

(예) 밤이면 밤마다 노래소리를 들을수 있었다.

c. 체언과 부사의 결합

(예) 학술발표모임에는 연구성원모두가 참가하였다.

넷째, 굳어진 단어결합이나 특수한 명명적 단위이다. 이에는 다음과 같은 유형이 있다.

a. 굳어진 단어결합

(예) 성강의 봉화따라 새해의 총진군을 힘있게 다그치자.

b. 성구, 속담

(예) 독안에 든 쥐였다.

c. 특수한 명명적단위

(예) 저녁식사를 끝낸 옥이는 서정시 <날이 밝는다>를 읊기 시작하였다.

d. 특수한 부호나 기호

(예) a+b는 c다.

(2) 확대성분단위

확대성분단위는 크게 단어결합 형식과 문장 형식의 단위로 나뉜다. 먼저 단어결합 형식으로 된 문장성분인데, 다음과 같은 세 형식을 제시하였다. 매임결합 형식은 매인말과 이끈말이 하나의 문장성분을 이루는 것이며, 벌림결합 형식은 단어와 단어를 나란히 이어 하나의 문장성분을 이루는 것이며, 얽힘결합 형식은 매임결합 형식과 벌림결합 형식이 서로 얽혀서 하나의 문장성분을 이루는 것이다.

a. 매임결합 형식

(예) "광명성1호"는 창공높이 날아오른 조선의 첫 인공지구위성이다.

b. 벌림결합 형식

(예) 대담한 작전과 실천은 신념의 강자들에게서만 발휘될수 있는 사업 기풍이다.

c. 얽힘결합형식

(예) 일군들은 "고난의 행군"에서의 위대한 승리와 강성대국건설에서 이룩되고있는 자랑찬 성과들에 대하여 커다란 자부심을 가져야 한다.

다음으로는 문장 형식으로 된 문장성분이다. 문장구조 안에서 마치 주어와 술어를 갖춘 문장으로 나타나 있고 또 그것이 다른 성분과의 관계가 이루진 것으로, 특수한 문장성분의 단위이다.

역사의 창조자가 누구인가 하는 문제는 오래전부터 제기되였다.

3) 문장성분의 유형

(1) 주어

문장 안에서 술어와 맞물리면서 "누가? 무엇이?"라는 물음에 대답하는 역할을 하는 문장성분을 주어라 한다. 즉, 이야기되는 대상임을 나타내는 문장성분이다.

주어는 구조적 측면에서 단순주어, 확대주어로 나뉜다. 다음 각각이 이에 속하는 문장의 주어들이다.

우선 급한것은 대형압축기를 복구하는 것이다. (단순주어)

우리 인민의 앞길에는 승리와 영광만이 있을뿐이다. (병렬확대주어)

영웅적으로 살려는것은 자주적인간의 지향이다. (종속확대주어)

천갈래, 만갈래 산맥들이 주름잡아 뻗어나간것이 마치 대해의 결랑처럼 굽이친다. (주어구)

(2) 술어

문장 안의 다른 성분들을 다 자기에게 맞물리게 하면서 "어찌하는가? 어떠한가? 무엇인가(누구인가)?"라는 물음에 대답하는 역할을 하는 문장성분을 술어라 한다. 즉, 술어는 주어를 설명해 주는 문장성분이다. 주어가 없는 문장은 적지 않게 있어도 술어가 없는 문장은 거의 없다. 그래서 술어를 문장의 기둥성분이라고 한다. 이는 주어보다는 술어가 더 우위에 있음을 제시한 것으로, 술어는 문장의 기본표식인 진술성을 형식화하는 요소들이 집중된 단위이며, 문장의 진술화를 끝맺어 주는 핵심 성분임을 말하는 것이다.

술어는 구조적 측면에서 단순술어, 합성술어, 확대술어로 나뉜다. 다음 각각이 이에 속하는 문장의 술어들이다.

조직의 비밀은 목숨보다도 귀중하다. (단순술어)
조국통일의 그날은 반드시 오고야말것이다. (합성술어)
반장은 비밀리에 련애를 하다 들킨 사람처럼 자못 어색해해고 당황해하였다.
(병렬확대술어)
기사장도 지배인에게 놀라운 눈길을 던졌다. (종속확대술어)
그는 강가에 아이를 내놓은 어머니같이 애인에 대한 근심과 걱정을 놓을수 없었다. (얽힘확대술어)
금강산은 경치가 아름답다. (술어구)

이외에도 품사 측면에서, 동사술어, 형용사술어, 명사술어, 대명사술어, 수사술어, 부사술어를 설정하며, 의미-기능 측면에서 자질술어, 과정술어를 설정한다.

(3) 보어

문장 안에서 술어와 맞물리면서 "무엇을(누구를)? 무엇에(누구에게)? 무엇으로(누구로)? 무엇과(누구와)? 언제? 어디에서? 어디로? 무엇이라고(누구라고)?" 등 여러 가지 물음에 대답하는 역할을 하는 문장성분을 보어라 한다. 즉, 술어를 보태여 주면서 문장에서 이야기하려는 내용을 보다 구체적으로 나타내는 중요한 구실을 한다. 대체로 용언술어와 맞물리는 체언 성분으로서 주어를 제외한 것은 모두 보어이다. 보어는 직접보어와 간접보어로 나뉜다. 다음 첫 문장의 '책을'이 직접보어이다.

혁이는 동생에게 책을 주었다.
우리는 래일 만경대로 간다.
그는 학습문제를 놓고 동무들과 진지하게 토론하였다.

(4) 상황어

문장 안에서 술어와 맞물리면서 "어떻게? 얼마나?" 등의 물음에 대답하는 역할을 하는 문장성분을 상황어라 한다. 즉, 술어의 행동이나 상태를 꾸며 주는 문장성분이다. 상황어는 흔히 '매우, 무척, 몹시, 유유히, 높이, 출렁출렁' 등 부사와 함께 꾸미기도 하고, 용언에 '게, 도록, 듯' 등 상황토를 붙여 꾸미기도 하고, 부사적으로 쓰이는 명사와 함께 꾸미기도 한다.

삼지연의 물은 매우 맑았다.
우리는 행복하게 살고 있다.
학습은 자각적으로 하여야 한다.

(5) 규정어

체언 성분들은 주어, 보어, 체언술어 등과 맞물리면서 그에 대하여 "어떤? 어느? 무엇의(누구의)?"라는 물음에 대답하는 역할을 하는 문장성분을 규정어라 한다. 즉, 대상의 특성을 규정하거나 소속 관계를 나타내는 문장성분이다. 규정어는 규정토 '는(은), ㄴ, ㄹ, 던'과 속격토 '의'를 붙여 꾸미기도 하고, '온갖, 새, 모든' 등 관형사와 함께 꾸미기도 하고, 체언에 토를 붙이지 않고 꾸미기도 하고, 뒤에 오는 단어와 같은 자격으로 쓰이는 단어와 함께 꾸미기도 한다.

싱그러운 바람이 불어오는 가을이였다. / 우리의 미래는 찬란하다.
우리는 새 교복에 새 책가방을 선물로 받았다.
세 소년이 왔다.
우리는 오늘 혁명사적지 포평을 견학하였다.

(6) 부름말

말하는 사람이 상대편을 부르는 말이 이루는 문장성분이다.

영남아, 학교로 가자.
나의 조국이여!

(7) 느낌말

말하는 사람의 느낌을 직접 나타내는 말이 이루는 문장성분이다. 느낌말은 주로 감동사로 꾸며지는데, 또한 감동사처럼 쓰이는 다른 단어들로도 꾸며진다.

오, 철이로구나!
그렇다, 우리는 조선소년단원이다.

(8) 끼움말

문장의 앞이나 가운데에 이야기되는 내용의 출처나 그에 대한 보충 설명을 나타내기 위하여 끼워 넣는 말이 이루는 문장성분이다.

일기예보에 의하면, 래일은 개이겠다누나.

틀림없이 3학년 2반도 최우등학급으로 될거야.

(9) 이음말

단어와 단어를 이어 주거나 문장과 문장을 이어 주는 말이 이루는 문장성분이다.

영수, 영호, 그리고 철호가 왔다.
네 말이 옳다. 그러나 자만하여서는 안된다.

6. 문장 구성 연구

『조선어문장론』에서 이루어진 다양한 기준에 의한 문장의 유형을 검토하고, 문장 구성의 확대, 전환에 대해 살펴보기로 한다.

1) 문장의 기능 유형

(1) 서술문, 물음문, 명령문, 권유문, 약속문, 느낌문

우리말에서 단어의 맺음형이나 맺음의 어조는 문장이 끝났음을 나타냄으로써 문장 자체의 표식이 되는 이외에 또한 말하는 사람과 말을 듣는 사람 사이의 상호 관계에 따라 구별되는 개별적인 문장들의 성격까지 규정해 주는데, 그리하여 말하는 사람이 상대방에게 취하는 의도가 여러 가지 맺음형과 어조에 따라 구별되면서 서술문, 물음문, 명령문, 권유문, 약속문, 느낌문 등 여러 문장 유형이 이루어진다고 하였다.

(2) 긍정문과 부정문

우리말에서는 술어로 된 단어와 다른 단어와 결합 유형에 따라 긍정문과

부정문이 구별되는데, “부정은 문장에서 단어들의 문법적련계에 따라 이루어진 것이기에 긍정과 대립해서 문장론적범주를 이룬다.”라고 하였다.

(3) 주동문, 사역문, 피동문, 중동문

우리말에서 술어의 형태와 관련되는 문장 유형 가운데는 “상범주”에 따라 구별되는 문장 유형이 있는데, 주동, 사역, 피동, 중동 등의 관계는 “기본적으로 형태론적 범주로서의 형태로 표현되는 한편 일부 단어의 어휘적의미나 동사의 자동, 타동부류와도 관계되면서 문장의 기능적 및 구조적류형을 결정한다.”라고 하였다.

이 가운데 “중동문”은 주어가 일정한 객관적 조건에 의해서 어떤 행동이나 상태를 수동적으로 실현함을 나타내는 문장이라 하였다.

눈이 날린다.
문이 열린다.
얼굴이 붉어진다.

중동은 어떤 행동이나 상태를 스스로 실현하지 않는다는 점에서는 피동과 공통점을 가지면서도 행동을 일으킨 주체가 문장에 간접보어로 나타날 만큼 뚜렷하지 않아서 피동적 관계가 아니라 어떤 자연성, 가능성, 일반성을 의미하게 된다. 그리고 그 문장 구조는 간접보어가 없다는 점에서 자동사 술어의 주동문과 일맥상통한다.

2) 문장의 단순구조 유형

『조선어문장론』에서 문장의 단순구조 유형에는 무주어문과 불완전문, 그리고 독립성분문장 등을 설정하여 제시하였다. 문장 중에는 보편적 구성 원리에 따라 이루어진 일반적 문장 유형 외에 특수한 문장 유형으로서 술어를 중심으로 하는 근간성분을 제대로 갖추지 못한 무주어문과 불완전문을 들었다.

(1) 무주어문

언어 표현은 언제나 논리적 구성과 기계적으로 일치하는 것은 아니어서 비록 논리적으로 주제(주어)가 있음에 틀림없을지라도 언어적으로는 그것이 나타나지 않을 수 있다. 이를 무주어문이라 하고 무주어문이 이루어지는 경우를 다음과 같이 기술하였다.

a. 누구에게나 타당한 사실을 말할 때: 속담, 일반적지침, 관습, 계산
b. 시기와 환경을 말할 때: 시기, 분위기, 자연현상
c. 어떤 상태를 평가할 때
d. 대화의 주제가 명백할 때: 일반대화, 인사
e. 주어의 반복을 피할 때
f. 행동의 주체가 일반적일 때
g. 집단적 주체가 보어로 나타났을 때

특히 (g)의 경우는 다음과 같은 문장이 해당하는데, 이 경우 밑줄 친 부분을, 북한 문법에서는 무주어문의 보어로, 남한 문법에서 단체를 나타내는 주어로 기술하는 것이다.

<u>우리 학교에서</u> 축구에 1등을 했다.
<u>당조직에서는</u> 그에게 이 임무를 주었다.

(2) 불완전문

문장이 정상적인 문장으로 되기에 필요한 성분이 빠지면 구조상 불완전한 감을 주는 문장으로 되는데 이러한 문장을 불완전문으로 기술한다. 불완전문은 다시 생략문과 중단문으로 나누어 고찰하였다.

생략문이란 직접보어나 간접보어 가운데 반드시 있어야 할 성분, 즉 필수성분이 빠진 문장을 말한다.

이 책을 읽으시오. 그리고 다음 주일에 (책을) 돌려주시오.

생략문 가운데는 술어를 생략한 문장도 있다. 문장의 기본표식을 집중적으로 나타내는 것이 술어여서 일상적으로 술어 없는 문장은 없으나 일부 경우에는 다른 성분들만 내세우고 술어는 내놓지 않아도 의사소통이 될 수 있다고 하였다.

제가 해보겠습니다.
동무가?

다음으로 중단문이란 언어행위 과정에서 말을 한 문장으로 끝맺지 못하고 중지하는 일이 있는데 이런 문장을 말한다.

어서 바른대로 말하시오.
사실은 저 ……

(3) 독립성분 문장

문장의 독립성분들은 맺음의 어조를 동반해서 단독으로 쓰이는 경우 그 자체로서 하나의 문장을 이룬다. 이러한 문장이 독립성분 문장이다. 다음과 같이 느낌문, 부름말, 보임문의 세 유형을 들었다.

쉿! (느낌문)
뒤동산에서 노래하는 꾀꼴새야! (부름말)
영원히 높이 솟아 위용떨치는 백두산. (보임문)

독립성분 문장은 그 기능면에서도 다른 유형의 문장이 가지지 않는 독자적 특성을 가지고 있어서, 느낌문이 가지는 직감적 형상적 기능과 부름말이 가지는 호소성, 보임문이 가지는 함축된 정서의 표현과 같은 것은 어느 다른 문장도 이를 대신할 수 없는 것이라 하였다.

3) 문장 구성의 확대

『조선어문장론』에서 문장은 중간에 일정한 매듭을 지으면서 사슬식으로 연결되거나, 일정한 단위들이 나무가지식으로 단계를 이루거나, 더 나아가서 층차적으로 중첩하여 문장 구성을 확대시킬 수 있다고 하였다.

중간에 일정한 매듭을 지으면서 사슬식으로 연결되는 문장 구조를 문장의 "단계적구조"라 하고, 일정한 단위들이 나무가지식으로 단계를 이루는 문장 구조를 "련쇄적구조"라 한다. 다음 (a)가 단계적 구조이고, (b)가 연쇄적 구조이다.

a. 찬
|
바람이-부는　아주-먼　몹시
|　|　|
그들은 날에　- 길을-서둘러-떠났다.

b. 비가-오고 ∽ 바람이-불고 ∽ 길이-질었다.

『조선어문장론』에서 우리말은 비교적 복잡한 문장을 구성하려고 할 때 일반적으로 사슬식의 연쇄적 구조보다는 나무가지식의 단계적 구조를 택하는 경우가 많으며 그러한 구조가 아주 다양하고 풍부하게 발달한 언어임을 지적하였다. 그러면서, 문장의 단계적 구조를 이루는 단위에는 "부"와 "구"를, 연쇄적 구조를 이루는 단위에는 "절"을 설정하였다. 이제 이러한 문장 구성의 확대와 관련하여 부, 구, 절에 대해 살펴본다.

(1) 부

문장에서 대상적 성분(즉, 체언)을 중심해서 뻗어간 곁가지구조의 단위를 "부"라 한다.

나와 그는 도서관 열람실에서 재미있는 책을 읽었다.
| | | | | |
련접어 피련접어 규정어 피규정어 규정어 피규정어 술어
주어 간접보어 직접보어
| | |
주어부 간접보어부 직접보어부

(2) 구

문장에서 서술적 성분(즉, 용언)을 중심으로 집결된 곁가지구조의 단위를 "구"라 한다. 구의 종류는 그 중심성분이 구 밖의 문장성분에 대해서 어떤 성분으로 되는가에 따라 규정어구, 이음말구, 상황어구, 술어구, 주어구, 보어구 등으로 나뉘는데, 그중 전형적인 구는 규정어구이다.

우리는 오곡이 무르익은 농장벌에 나섰다.
규정어구

(3) 절

문장에서 구획되는 단어결합 가운데 연쇄적 구조로 된 단어결합을 "절"이다. 절은 문장에서 이음말까지를 일단락으로 해서 사슬식으로 연결되어 있는 앞뒤의 단어결합을 말한다. 여기서 이음말을 중심으로 하는 앞의 절은 뒤의 절에 연결되도록 되어 있어 의존절이라 하고, 뒤의 절은 따로 떨어져서도 문장이 될 수 있도록 되어 있어 자립절이라 한다.

날이 밝으면서 눈이 내렸다.
의존절　　　　자립절

그러나 자립절 역시 문장의 한 부분으로 존재하는 한 문장 속의 문장일 수 없고 문장보다 작은 일종의 단어결합인 절일 뿐이다.

이상에서 살펴본 “부, 구, 절”의 개념을 정리하면 다음과 같다. 부는 대상적 성분(즉, 체언)을 중심으로 뻗은 단계적인 곁가지 단어결합이며, 구는 서술적 성분(즉, 용언)을 중심으로 하는 단계적인 곁가지 단어결합이며, 절은 서술적 성분을 중심으로 하면서 서로 사슬처럼 연결된 연쇄적 단어결합이다.

(4) 문장성분의 층차적 중첩

문장성분의 층차적 중첩에는 주어 중첩, 직접보어 중첩, 간접보어 중첩을 들어 기술한다. “노루는 꼬리가 짧다.”는 주어 중첩으로서, [꼬리가 짧다]가 술어구가 되어 [노루는]이라는 주어와 다시 결합된 것으로 보고 있다. 이것은 “꼬리가 짧은 노루”와 같이 규정어구를 내포한 부로 바꾸어 보면 [꼬리가 짧다]가 먼저 술어구가 되어 [노루는]이라는 주어와 결합된다는 성격이 뚜렷해진다.

“나무를 가지를 자른다.”는 직접보어 중첩으로서, [나무]는 1차적 문장의 보어, [가지]는 2차적 문장의 보어이다. “집에는 웃방에 할아버지가 계신다.”, “이웃집과는 아들과 친하다.” 등은 간접보어 중첩이다.

4) 문장의 구조 유형

『조선어문장론』에 따르면, “문장은 일반적으로 그 최초의 구조적단위인 단어들이 성분화되여 구성되며 그 조직적중심을 이루는 성분은 술어이다. 그러므로 문장의 구조적류형은 한편으로는 술어의 류형에 따라 그리고 다른 한편으로는 술어와 직접, 간접으로 련결되는 각종 단어결합이 있는가 없는가에 따라 분류할수 있다."라고 하였다.

(1) 용언술어 문장과 체언술어 문장

문장을 서술적인 용언술어 문장과 대상적인 체언술어 문장으로 유형화한 것이다. 다음에서 첫째 문장이 용언술어 문장이고, 둘째 문장이 체언술어 문장이다.

로동자들은 떨쳐나서 생산과제를 기한전에 훌륭히 완수했다.
그는 벌써 기사이다.

(2) 단순문과 확대문

술어와 직접, 간접으로 연결되는 각종 단어결합이 있는가 없는가에 따라 유형화한 것이 "단순문"과 "확대문"이다. 단순문이란 부, 구, 절 등의 단어결합이 없는 문장이며, 확대문은 부, 구, 절 등의 단어결합이 있는 문장이다. 확대문은 다시 부를 가진 문장인 "전개문", 구를 가진 문장인 "내포문", 절을 가진 문장인 "복합문"으로 나뉜다. 다음 문장 각각은 주어부/보어부/보어부를 가진 전개문, 이음말구/상황어구를 가진 내포문, 의존절/자립절을 가진 복합문이다.

공장의 로동자들은 떨쳐나서 맡은 생산과제를 제시된 기한전에 훌륭히 완수했다.
공장에서는 로동자들이 과감히 떨쳐나서 생산과제를 기한전에 아주 훌륭히 완수했다.
로동자들은 과감히 떨쳐나섰으며 모두가 생산과제를 기한전에 훌륭히 완수했다.

(3) 문장 구조의 전환

『조선어문장론』에서 단순문 구조는 확대문 구조로 전환될 수 있는데, 이를 "생성"이라고 기술한다. 전개문으로 전환하는 것을 소개하면 다음과 같다. 부를 가지는 문장이 전개문이라 하였으니, 주어부, 보어부, 술어부 등을 생성하는 것이 전개문으로의 전환이다. 다음 문장이 주어부를 생성하여 전개문으로 전환된 예이다.

세월은 빨라서 또 한해가 저물어갔다.
→ 빠른 세월은 또 한해가 저물어갔다
작업은 오후 다섯시에 끝났다.
→ 작업이 끝난것은 오후 다섯시였다.

구를 가지는 문장이 내포문이라 하였으니, 주어구, 보어구, 상황어구, 규정어구, 이음말구, 술어구 등을 생성하는 것이 내포문으로의 전환이다. 다음 문장이 규정어구를 생성하여 내포문으로 전환된 예이다.

물이 얼음으로 되었다.
→ 물이 얼음이 되었다.

절을 가지는 문장이 복합문이라 하였으니, 의존절, 자립절을 생성하는 것이 복합문으로의 전환이다. 첫째 문장이 의존절을, 둘째 문장이 자립절을 생성하여 복합문으로 전환된 예이다.

나는 아파서 가지 못했다.
→ 몸이 아파서 나는 가지 못했다.
황무지가 변해서 옥토로 되였다.
→ 황무지가 변해서 옥토가 되였다.

(4) "단일문"과 "복합문"에 대한 다른 견해

『조선어문장론』에서 "단일문"과 "복합문"에 대한 여러 다른 견해를 소개하였다. 이를 옮겨 소개한다.

"근래에 이르러 일부 문법책과 규범문법, 학교문법에서는 절은 문장속의 문장을 이루는 "진술단위"가 될수 있고 구는 그러한 "진술단위"로 될수 없는 하나의 "확대된 성분"에 지나지 않는다는 전제밑에 "진술단위"(절)가 둘이상인 문장은 "복합문", 하나뿐인 문장은 "단일문"이라 부르고, "확대된 성분"(구)을 가진 문장은 "확대문", 못 가진 문장은 "단순문"이라 해서 "복합문"과 "단일문", "확대문"과 "단순문"을 서로 구별하고 있다. 여기서 절을 가진 문장과 구를 가진 문장을 서로 다른 문장류형으로 구별한것은 타당하다. 그러나 구와 같은 단어결합에 대해서 이를 통채로 하나의 문장성분("확대된 성분")이라고 하는것은 일반언어리론의 견지에서나 문장의 단계적구조가 발달한 조선어현실의 견지에서나 타당하다고 보기 어렵다."

제6장

의미 – 어휘 연구

1. 의미–어휘 연구 개관

『조선어학전서』에서 의미에 대한 연구는 'IV. 의미론'에 들어 있는 『조선어어휘의미론』(조춘옥, 2005.1.20., 247쪽), 『조선어의미구조론』(문영호, 2005.1.20., 271쪽), 『조선말력사의미론』(김인호, 2005.2.15., 287쪽) 등 세 권에 담겨 있다. 특히 『조선어의미구조론』은 어휘 의미 외에 문장 의미와 발화 의미를 적극적으로 기술하였다는 점에서 주목할 만하다. 위의 조춘옥, 문영호의 저서의 차례를 통해 북한 의미 연구의 대상을 살펴보자.

(1) 조선어어휘의미론

1. 어휘의미론의 연구대상

2. 의미에 대한 리해

의미와 말소리 / 의미와 지시대상 / 의미와 개념 / 의미의 감정성과 감동성 / 고유명칭의 의미론적 특성 문제 / 단어의미의 정의

3. 의미의 류형

현실과의 상관성 / 유연성의 성격 / 결합성의 정도 / 기능실현의 특성 / 사회화 수준

4. 의미의 단위

의미의 기본단위 의미소 / 의미소의 표현단위 어휘소 / 의미소와 의미특징

5. 의미구조

포함구조 / 겹침구조 / 상반구조 / 련접구조 / 다의구조

6. 의미구조분석

단의구조분석 / 다의구조분석

7. 의미마당

의미마당에 대한 리해 / 마당안에서의 의미소들의 호상관계 / 의미마당의 계층구조 / 의미마당의 차원구조

8. 의미의 변화발전

의미의 변화발전에 대한 리해 / 의미의 변화발전의 요인 / 의미변화발전의 형태 / 의미변화결과 / 의미변화발전의 일반적움직임

(2) 조선어의미구조론

제1장 의미와 의미구조

의미 / 의미성분 / 의미소 / 의미마당

제2장 어휘의미구조

어휘의미의 본질과 표식 / 구조와 류형 / 분석 원리

제3장 문장의미구조

문장의 의미와 기능 / 문장의미의 성질 / 정보론적분석 / 성분화분석 / 류형화분석

제4장 구문의미해석의 원리와 방법

구문의미 해석의 일반적 원리 / 변형생성문법의 구문해석 / 직접구성성분과 구구조 분석 / 격구조

제5장 문맥의미구조

문맥의미에 대한 일반적리해 / 문맥의미의 구조 / 문맥의미구조의 분석원리 / 담화문의 분석

2. 의미의 종류

『조선어어휘의미론』에서 "어휘의미란 인간의 자주적의식과 창조적능력에 의하여 언어형식에 고착된 대상론리적상관성 또는 감정정서성을 지닌 어휘적내용"이라고 규정한다. 이러한 의미의 유형을 현실성과의 상관성, 유연성, 결합성, 기능실현, 사회화수준 등으로 유형을 제시하였다. 이제 이를 중심으로 의미의 종류를 살펴본다.

(1) 직접적인 의미, 간접적인 의미

명명을 통한 어떤 뜻이 현실과 직접적으로 연결되어 있는 뜻을 직접적인 의미라고 기술한다. '무우, 배추, 남새, 공, 제기, 집짐승, 진펄, 신선로, 누에, 제자, 표시, 표범' 등 수많은 단의적인 단어의 뜻은 직접적 의미이다. 그러나 명명을 통한 단어의 의미가 대상과 간접적으로 연결되어 있는 뜻을 간접적인 뜻이라 한다. 예를 들어 '곰'에 대하여 "나는 오늘 동물원에 가서 곰을 보았다."는 직접적 의미로 쓰인 것이며, "그 사람은 곰이야."라고 하는 것은 우둔하다는 간접적 의미이다.

(2) 구체적인 의미와 추상적인 의미

단어의 구체적인 의미는 현실적으로 존재하며 물질적으로 직접 확정될 수 있는 사물현상을 반영하여 나타나는 의미를 말하며, 추상적인 의미는 물질적으로 포착할 수 없는 지각을 통하여 인식되는 사물현상을 반영하여 나타내는 의미를 말한다. 예를 들어 '애'에 대하여 '창자, 간'은 구체적인 의미이며, '마음속'은 추상적인 의미이다.

직접적인 의미와 간접적인 의미, 구체적인 의미와 추상적인 의미는 다같이 현실과의 상관성의 측면의 의미 유형이라고 기술하였다.

(3) 유연적 의미와 무연적 의미

이는 의미론적 유연성의 성격에 따라 나눈 의미이다. 의미론적 유연성이란 단어의 어음적 형식 곧 명칭과 뜻이 어떻게 생겨나서 관계되게 되었는가를 특징짓는 범주를 말한다. 현대인의 언어 의식으로 어떤 단어의 뜻이 어떻게 해당 단어의 언어 형식 속에 고착되었는지가 뚜렷이 밝혀지는 것이 유연적 의미이다. '개구리, 뻐꾸기, 발걸음, 소년단, 교육자, 미지수, 암소, 찾아 가다, 휘감다, 급히' 등이 그 예이다.

그러나 어떤 단어의 뜻이 어떻게 생겼는지 어떻게 해당 단어의 언어 형식 속에 고착되게 되었는지 하는 것을 알 수 없는 단어, 예를 들면 '나무, 겨울, 고기, 말, 맛, 빠지, 장마, 가다, 오다, 살다, 가깝다, 좋다, 아주, 자꾸' 등은 무연적 의미이다.

(4) 자유로운 의미, 자유롭지 못한 의미

어떤 단어들은 그 단어가 가지고 있는 뜻을 특성으로 하여 많은 단어들과 자유롭게 결합할 수 있는데, 이런 경우를 자유로운 의미라 하고, 그렇지 않은 것을 자유롭지 못한 의미라 하였다. '살'이 나타내는 '보기 좋게 하거나 완성하기 위하여 더 보충하는 부분'이란 뜻은 '붙이다'와 결합할 때만 실현된다. 이것이 자유롭지 못한 의미이다.

(5) 기본의미, 갈라진 의미

단어의 여러 뜻들 가운데서 가장 많이 쓰이며 그 단어에 대하여 생각할 때 제일 먼저 머리에 떠오르는 뜻을 기본의미라고 하며 그 밖에 다른 뜻들을 갈라진 의미라고 기술한다. 그 단어를 내용적으로 대표하는 뜻으로서 여러 뜻 가운데서 가장 적극적으로 쓰이면서 갈라진 뜻의 기초에 놓이는 뜻이 기본의미이다. 단어 '요람'의 기본의미는 '무엇이 처음으로 시작되거나 자라난 곳'이며 이는 '어린애를 올려놓고 흔들도록 되여 있는 그네모양의 물건'에서 갈라진 의미이다.

(6) 본뜻, 밑뜻, 바탕뜻, 기둥뜻

기본의미와 본뜻은 서로 다르다고 기술한다. 예컨대 단어 '령감'에서 현재 쓰이는 의미 '나이 많은 남자로인'이 기본의미이지만, 본뜻은 이 단어가 생겨날 때 가지고 쓰인 뜻인 '봉건사회에서 벼슬이름의 한 가지'이다.

이러한 기본의미 혹은 본뜻과 비슷한 개념이지만, 구분되는 의미로 '바탕뜻'과 '기둥뜻'을 따로 세우고 있다.

바탕뜻은 단어에 뜻이 여럿이 있는 경우 다른 뜻이 갈라져 나오는 기초로 되는 뜻을 말한다. 예를 들어 '길'의 경우, '지나서 다닐수 있게 길게 터 놓은 곳'이 바탕뜻이며, '방법', '도리', '방향', '원인' 등은 갈라진 의미이다.

"여러개의 뜻을 가진 단어의 뜻분석에서 의미적통일성과 호상관계에 기초하여 나누어지는 뜻들의 큰 갈래를 뜻계렬이라 하고 이 계렬을 대표하는 뜻"을 기둥뜻이라고 기술한다. 기둥뜻은 하나의 뜻계열 안에 들어 있는 갈라진뜻을 통일하고 대표하는 뜻으로서 해당 뜻계열의 기초로 된다.

(7) 문맥적 의미

많은 단어들은 그가 쓰이는 특수한 조건으로 말미암아 단어의 의미론적 구조에 들어가지 않는 그러한 의미적 내용을 일정한 문맥 가운데서 얻게 된다. 이러한 의미적 내용은 바로 그 문맥 속에서 발생한 것으로서 일시적이며 개인적인 성격을 띠고 오직 해당 정황에서 기능이 가능하다. 이러한 뜻을 의미적 사용이라고 하며 쓰임뜻 또는 문맥적 의미라고 한다.

예를 들어 "만리 창공에서 백발을 휘날리며 거연히 솟아 세기를 굽어 보는 백두산아 말하라."에서 '백발'은 '흰눈이 덮여 거연히 솟아 있는 백두의 장엄한 기상'이라는 문맥적 의미를 나타낸다.

(8) 반뜻

반뜻이란 "어휘적의미자립성이 부족하여 독자적인 뜻으로까지 발전하지 못한 뜻"을 말한다. 의미의 발전적인 견지에서 보면, 분화의 경향을 밟고 있는 의미이다. 예를 들어, 단어 '적'의 뜻은 "리해관계의 근본적인 대립에 기초하여 맞서 싸우거나 서로 해치려는 상대자"를 말한다. "적을 쏘아눕히다."에서의 '적'은 '적병'을 말하면서 '적'의 기본뜻보다 뜻폭이 좁아졌다. 이와 같은 반뜻은 "옹근뜻"에 포괄되면서도 일정한 차이점을 가지고 있는 불완전한 뜻이다.

3. 단어의 의미 구조 연구

1) 단어 간의 의미 관계

(1) 뜻같은말

뜻같은말의 설명은 다음과 같다. '길'과 '도로'를 비교해 보면 이 단어들은 뜻이 비슷하기 때문에 통하여 서로 쓸 수 있다. 예를 들어 "이 길로 가면 평양까지 간다." 대신 "이 도로로 가면 평양까지 간다."라고 해도 뜻이 크게 달라지지 않는다. 이와 같이 뜻이 같거나 비슷한 단어들을 뜻같은말이라고 한다. 뜻같은말 가운데서 뜻이 완전히 꼭 같은 뜻같은 말은 극히 드물고 어딘가 조금씩 차이나는 데가 있는 뜻같은말이 절대다수를 차지한다. "꽤-아주-무척-매우-몹시-대단히, 모두-다-전부-모조리-죄다-깡그리" 등을 예로 들었다.

두 개의 단어 사이에 감정적 측면에서나 사용 분야의 측면에서 커다란 차이가 있다 하더라도 그들이 동일한 대상 또는 현상을 나타낼 때를 뜻같은말이라고 할 수 있다고 하였다. '얼굴'(중립적인 단어), '신관'(옛스러운 맛과 함께 남의 얼굴에 대한 존경의 뜻), '낯바닥, 상판'(경멸의 의미)은 뜻같은말이다. 이러한 뜻같은말을 다음과 같이 나누었다.

첫째는 부분적 뜻같은말이다. 일정한 단어들과의 결합 속에서만 뜻같은말로 될 수 있고 다른 단어들과의 결합 속에는 뜻같은말로 될 수 없는 뜻같은말이다. 예를 들면, 형용사 '새빨간'은 '거짓말'과 결합하여서만 '완전한, 진짜'와 뜻같은말로 되며 '시퍼렇게'는 '살아있다'와 결합하는 경우에만 '온전하게, 멀쩡하게'와 뜻같은말이 된다.

둘째는 문체론적 뜻같은말이다. 동일한 개념을 나타내면서 그 차이가 단지 감정적 또는 기능적인 것에 지나지 않는 뜻같은말이다. '안해'는 중립적인 단어이며, '령부인, 부인'은 남을 높여 그의 부인을 이르는 말이다. '마나님, 마님, 로친네, 마누라, 녀편네, 계집, 내자' 등도 모두 '아내'와 문체론적 뜻같은말이다.

셋째는 의미분화적 뜻같은말이다. 대상, 현상들이 가지는 여러 측면들을 더욱 새롭게 밝혀내려는 방향에서 인간 사유가 발달하여 가면서 더욱 풍부해지고 확대되어 가는 뜻같은말이다. 예를 들면 '새경'(머슴에게 한 해의 노력의 대가로 주던 지불금), '삯, 삯돈, 품삯, 품값'(자유노동자에 대한 지불금), '로임, 임금, 봉급, 생활비'(오늘날 노동자, 사무원, 군인에 대한 지불금), '(문화로력)보수'(과학자, 작가, 예술인들의 창작품에 대한 지불금) 등이 의미분화적 뜻같은말이다.

우리말에는 모음바꿈법, 자음바꿈법, 뒤붙이, 앞붙이의 첨가에 의하여 미세한 "뜻빛갈"을 분화시키는 방법이 매우 발달되어 있음을 지적하고 있다. '고소하다'(참기름과 같은 맛이나 냄새가 나다)와 '구수하다'(잘 끓은 숭늉과 같은 맛이 나다)가 그 예이다.

(2) 반대말

'동쪽'과 '서쪽', '안'과 '밖', '아침'과 '저녁', '오다'와 '가다', '살다'와 '죽다', '곱다'와 '밉다'는 뜻이 반대되는 단어다. 이와 같이 뜻이 반대되는 단어들을 반대말이라고 한다.

첫째, 서로 배제하며 동시에 존재할 수 없는 자연 현상 또는 사회 현상들을 가리키는 반의어. (예) 전쟁–평화, 운동–정지, 있다–없다, 살다–죽다 둘째, 공간적으로 서로 반대되는 방향으로 향해진 것, 서로 대립되는 위치를 차지하는 반의어. (예) 동–서, 우–아래, 앞–뒤, 가다–오다, 멀다–가깝다

셋째, 질적 또는 양적 대립을 나타내는 반의어. (예) 친우–원쑤, 공격–방어, 사랑–미움, 춥다–덥다, 희다–검다

넷째, 불상용적인 집단 또는 현상을 나타내는 반의어. (예) 귀족–평민, 자본가–로동자, 사회주의–자본주의, 량반–상놈

(3) 소리같은말과 다의어

'말을 탄다'고 할 때의 '말'과 '말을 잘한다'고 할 때의 '말'은 소리는 같지만 뜻이 전혀 다른 딴 단어들이다. 이와 같이 소리는 같지만 뜻이 다른 단어들을 소리같은말이라고 기술한다. 소리같은말에는 여러 가지가 있다.

첫째, 글을 쓰는 것까지도 꼭 같은 소리같은말. 위에서 예를 든 '말을 탄다'고 할 때의 '말'과 '말을 잘한다'고 할 때의 '말'이 그러하다.

둘째, 말할 때에만 소리가 같고 쓸 때에는 다른 소리같은말. 풀을 베는 도구인 '낫'과 밤의 반대말인 '낮' 그리고 '얼굴'과 뜻같은말인 '낯'이 그러하다.

셋째, 소리가 어떤 토를 붙였을 때에만 달라지고 다른 토를 붙였을 때에는 같아지는 소리같은말. '땅을 파고'의 '파고'와 '물건을 팔고'의 '팔고', '땅을 파면'의 '파면'과 '물건을 팔면'의 '팔면'은 소리가 다른데 '땅을 판다'의 '판다'와 '물건을 판다'의 '판다', '땅을 파네'의 '파네'와 '물건을 파네'의 '파네'는 소리가 같은 것을 들 수 있다.

그리고 언어 안에 소리같은말이 좀 있어도 말을 할 때에는 앞뒤의 문맥에 의하여 구별할 수 있기 때문에 크게 혼란이나 지장이 없음을 지적하였다.

『조선어어휘의미론』에서는 다의구조를 구체적으로 분석한 바 있는데, 하나의 어휘소가 여러 의미소를 가지는 단어를 다의어라고 정의하였다.

2) 단어의 "뜻빛갈"

북한 의미론에서는 단어의 "뜻빛갈"을 강조한다. 단어 '어머니, 어머님, 에미, 엄마'를 비교해 보면 모두 '자기를 낳아 키운 녀자'를 의미한다는 점에서는 기본적으로 뜻이 같으나 '어머님, 에미, 엄마'에는 '어머니'에 없는 뜻이 더 들어 있다. 즉, '어머님'에는 '어머니'의 뜻과 함께 존경의 뜻이 더 들어 있고 '에미'는 멸시의 뜻의 더 들어 있으며 '엄마'에는 친근하고 사랑스러운 뜻이 더 들어있다. 이와 같이 단어가 자기의 기본뜻 외에 더 가지고 있는 뜻을 뜻빛갈이라고 기술한다. 뜻빛갈은 감정적 뜻빛갈과 문체적 뜻빛갈로 갈라 볼 수 있다.

감정적 뜻빛갈이란 사람이나 물건, 행동, 상태, 모양에 대한 사람의 감정적 또는 정서적인 평가가 덧붙어서 표현되는 뜻이다. 감정적 뜻빛갈에는 존경의 뜻빛갈, 증오와 멸시의 뜻빛갈, 친밀의 뜻빛갈 등이 있는데 이에 따라 단어들을 존경의 뜻빛갈을 가지고 있는 단어, 증오와 멸시의 뜻빛갈을 가지고 있는 단어, 친밀의 뜻빛갈을 가지고 있는 단어 등으로 가를 수 있다.

문체적 뜻빛갈이란 단어가 일정한 말과 글에 자주 쓰여 표현되는 뜻을 말한다. 절대 다수의 단어들은 말을 할 때에도 쓰이고 글을 쓸 때에도 쓰이나 어떤 단어들은 말을 할 때에만 쓰이거나 글을 쓸 때에만 쓰인다. 문체적 뜻빛갈에는 입말체의 뜻빛갈, 글말체의 뜻빛갈, 시문체의 뜻빛갈이 있는데 이에 따라 단어들을 입말체의 뜻빛갈을 가지고 있는 단어, 글말체의 뜻빛갈을 가지고 있는 단어, 시문체의 뜻빛갈을 가지고 있는 단어 등으로 가른다.

4. 문장의 의미 구조 연구

북한의 의미론 연구는 단어의 의미가 중심이었다. 문장의 의미에 대한 연구는 그간 거의 이루어진 바가 없었다. 그러나 『조선어학전서』의 제20권인 『조선어의미구조론』에서 본격적으로 이루어졌다. 저자는 북한 사회과학원 언어학연구소 소장인 문영호이다.

이 책은 우리말의 본성을 바탕으로 하고, 일반언어학 이론을 적극 수용하였다는 점에서, 특히 북한의 언어학 연구에 변형생성문법 이론을 제시하고 비판적으로 풀이하였다는 점에서 주목된다. 문영호 박사는 일찍이 어휘론을 연구하였으며 컴퓨터언어학을 중심으로 하는 응용언어학의 이론을 수립한, 북한을 대표하는 언어학자이다. 주요 저서에는 『계산기언어학개론』, 『응용언어학』, 『조선어어휘통계학』 등이 있다. 최근 남북 언어에 대한 학술회의를 여러 차례 주관하여 우리말 발전에 힘쓰고 있으며, 남북 공동의 겨레말큰사전 편찬의 책임을 맡아 일하고 있다. 이제 이 책의 내용을 통해 북한의 문장 의미에 대한 연구의 일단을 살펴본다.

저자는 이 책의 저술 목표를 다음과 같이 세웠다. 첫째, 현대 의미론의 연구성과를 분석하여 우리말 의미론 수립의 기초를 마련한다. 둘째, 지금까지 어휘 의미 분석에 머무르던 틀에서 벗어나 문장 의미와 문맥 의미까지 해석함으로써 우리말의 의미 이론을 체계화한다.

사진 3 사회과학원 언어학연구소 문영호 소장 (자료: 국립국어원)

이와 같은 목표는 이론 언어학의 목표를 분명하게 제시하였다는 점에서 앞 시대와는 사뭇 다르다. 나아가서 현대 의미론은 언어과학 자체의 발전과 정보과학 기술 발전에 능동적으로 이바지할 수 있어야 한다고 강조하였다.

이 책의 내용을 통해 볼 때, 이 책은 의미의 영역을 어휘 의미, 문장 의미, 그리고 문맥 의미로 넓혀 설정할 것을 분명히 했음을 확인할 수 있다. 특히 "둘레뜻"(함의), "초점", "구정보-신정보" 이론을 도입하여 문맥 의미를 폭넓게 해석하고자 시도하였다.

이 책에서는 의미의 본질에 대해 다음과 같이 논의하고 있다. 언어의 의미는 자주성, 창조성, 의식성을 가진 인간이 인식과 사유 과정에 얻어지는 개념과 지식을 음성이나 문자로 형식화하여 표현할 때 거기에 담겨진 정보로 나타나며, 그러한 의미는 반드시 민족의 공동 인식과 규범성을 지닐 때 제대로 형성된다고 천명하였다. 또한 언어의 의미는 정보전달 내용과 사상 감정을 표현하는 데 작용하는 상황, 문맥 등 언어외적인 제약 속에서 형성되기 때문에, 그 폭은 대단히 넓으며 그 본질은 매우 추상화되고 일반화되는 철학적 깊이를 가진다고 밝혔다.

1) 문맥의미의 개념과 표식

문맥의미란 "구조적체계로서의 단어나 문법적수단, 수법들이 구체적인 언어환경과 장면의 제약속에서 적중하고 론리성있게 선택리용될 때 형성전달되는 정보적내용"이라고 하였다. "언어행위 의미", 담화, 화행, 화용, 실용적 의미처럼 의미의 확대한 개념으로 보았다. 문맥의미를 언어행위 의미로 보는 것은, 말과 글을 통한 인간교제 과정에 실현되는 정보 내용으로 분석하려면 반드시 언어 환경과 장면을 포함한 문맥에 대한 해석이 진행되어야 하기 때문이라 설명한다. 예를 들어 "여기는 벌써 아침이다."라는 문장이 충분한 교제 목적을 실현하려면 언어 장면과 환경의 도움을 받아야 한다는 것이다. 즉 '여기'가 어디인가, '벌써'란 어디에 대비한 것인가, '…이다'는 말하는 사람과 듣는 사람의 관계가 어떠한가에 대한 대답이 주어져야 한다는 것이다.

현대 언어학 특히 1960년대 말 촘스키 문법을 보강하거나 반박하려는 해석의미론, 생성의미론, 격문법이 전개되면서, 문맥의미 연구는 활발해져 일정한 체계로 정립되고 언어교제 환경에 따르는 담화문법, 화용론, "본문언어학"(텍스트언어학의 북한 용어)과 같은 분과들이 분화되었지만, 문맥의미의 개념을 정립하고 문맥의미에 대한 연구를 체계화하지는 못하였다고 지적한다. 왜냐하면 문맥의미의 개념을 과학적으로 해명하려면 반드시 인간의 언어활동의 본질을 주체의 방법론에 기초하여 밝혀서 사회 현상으로서의 언어교제 과정에 표현 전달되는 언어적 의미가 무엇인가를 찾아내야 하기 때문이라고 주장한다. 자주성, 창조성, 의식성을 가진 사회적 존재로서의 인간의 모든 활동과 사회적 관계는 언어를 통한 교제과정을 거쳐 실현된다고 보는 관점과 일치하는 것이다.

문맥의미는 어휘의미, 문장의미와 구별되는 측면이 있는데 그 표식을 다음과 같이 제시하였다. 이것은 문맥의미가 단순히 언어 체계와 구조에 내재하는 의미가 아니라 구체적인 정황 속에서 언어수단을 이용하여 표현하고 전달하는 사상, 감정, 지식의 총화라는 것을 보여 주는 것이다.

첫째, 문맥의미는 순수한 언어적 수단만이 아니라 언어외적 요인과 결합하여 이루어지는 의미이다.

둘째, 문맥의미는 언어 체계에 내재한 의미 즉 사전적 어휘의미나 문장 구조의 의미와 달리 언어교제 과정에 전달로써 실현되는 의미이다.

셋째, 문맥의미는 언어단위의 한계를 벗어난 초문장론적 단위의 의미이다.

2) 문맥의미의 구성과 실현

『조선어의미구조론』에서 문맥의미의 구성요소로 화자와 청자, 환경과 장면, 화제와 주제를 들었는데, 이들이 유기적으로 통일하여 문맥의미가 실현된다고 하였다. 이때 어느 구성요소라도 빠지면 문맥의미는 실현되지 않으며,

그 가운데서 문맥의미의 중심은 교제환경과 담화장면이라 하고, 환경과 장면을 통칭해서 담화정황이라고 하였다. 그리고 문맥의미는 문법적 맞물림관계와 정황적 맞물림관계로 실현된다고 하였다. 이제 이들로 실현되는 문맥의미에 대해 살펴보기로 하겠다.

(1) 문법적 맞물림관계로 실현

문법적 맞물림관계는 표면화된 언어 요소인 "이음수단, 단어반복, 대용어 사용, 끼움말과 같은 문장련결사" 등으로 실현된다고 하였다.

A : 늦었구만?
B : 뻐스가 고장났습니다. 그래서 …… (이음말)
A : 그랬댔구만. 다시는 늦지 않도록 하시오. (대용어)
B : 예, 알았습니다.

위 예문에서 보는 바와 같이 두 개의 문장군들은 각각 이음말 '그래서', 대용어 '그랬댔구만'과 같은 문법적 맞물림관계로 의미적 연관관계가 실현된다.

(2) 정황적 맞물림관계로 실현

언어정황이 주어지지 않는 담화란 있을 수 없으며 언어정황에 의거하지 않는 담화란 무의미한 것이라고 하면서, 언어정황이야말로 담화의 의미 내용과 문장 기능에 영향을 주는 필수 조건이라 하였다. 즉, 표면화된 언어 요소가 없어도 정황적 맞물림관계로 문맥의미가 실현된다고 하였다.

A : 동무도 갔댔소?
B : 갔댔소.
A : 어떻던가? 재미있던가?
B : 예, 교양적의의도 크고 ……

이것은 영화 구경하러 갔다온 B에게 A가 물음을 제기한데 대한 반응을 나타내는 담화로, 영화 관람이라는 언어정황 없이는 이 담화의 내용도, 구조도 이해할 수 없다. 따라서 언어정황은 문맥의미를 규정하는 결정적 요인으로 된다고 하였다.

A : 전화가 와요.	That's the telephone.
B : 나 목욕중이요.	I'm in the bath.
C : 그래요.	OK.

이 담화 역시 문법적 맞물림관계는 전혀 없이, 다만 '부탁(요청) – 설명(거부) – 승인(이해)' 구조로 된 언어교제의 묶음이다. 그러므로 언어정황에 의해서만 앞뒤 문장의 의미 관련을 추정해야 하는, 언어정황의 맞물림관계로 헤아려야만 한다는 것이다. 즉, 청소 중인 부인과 목욕 중인 남편 사이의 정황으로 보아 첫 발언(부인의 말)에서는 "어서 전화를 받으세요."로, 두 번째 발언(남편의 말)에서는 "나는 지금 목욕을 하고 있기 때문에 전화를 받을수 없소. 당신이 받소."로, 세 번째 발언(부인의 말)에서는 "예, 내가 전화를 받지요."로 헤아릴 수 있다고 풀이하였다.

3) 문맥의미의 구조

문맥의미의 구조로는 세 가지 즉, 진실성과 논리 구조, 방향성과 정보 구조, 선택성과 결합 구조를 제시하였다. 이제 이들에 대하여 하나씩 살펴보겠다.

(1) 진실성과 논리 구조

언어교제의 주된 목적은 말하는 사람이 말듣는 사람에게 자신의 의도와 사상, 체험한 사실과 사건에 대하여 정확히 전달하는 데 있으며, 이때 제기되는 기본 요구를 진실성이라고 하였다. 내용의 진실/허위는 오직 문맥의미 구조에서만 판별된다고 하였다.

선희 선생은 뜨거운 얼음을 삼켰다.
선희 선생은 뜨거운 눈물을 삼켰다.

위 문장은 언어규범으로서는 진실이며 정확하지만, 언어교제에서 첫 번째 문장은 성립될 수 없다. 아무리 비유적으로 쓰이는 경우라고 하여도 얼음을 뜨겁다고 하지는 않기 때문이라 풀이하였다. 그러나 두 번째 문장은 눈물이라는 단어가 눈물 자체만이 아니라 사람의 감정을 표현하는 비유적 의미로 쓰이기 때문에 성립될 수 있다고 설명한다. 이처럼 언어규범으로 정확한 문장이 언어교제에서 진실/허위의 진리치를 얻기 위해서는 논리적 분석이 요구된다고 하였다.

(2) 방향성과 정보 구조

문맥의미는 시간 방향으로 흐르는데, 이러한 특성을 문맥의미의 방향성이라고 하고, 문맥의미의 방향성은 언어행위 자체의 특성에서 오는 것이라 하였다.

문맥의미의 방향성이 정보 구조를 가지게 하며, 정보란 바로 모르던 것을 새로이 알게 될 때 얻는 지식을 말한다고 하였다. 문맥의미의 정보 구조는 주로 구정보와 신정보의 의미 구조로 이루어진다. 구정보는 앞의 문장을 통하여 소개되었거나 이미 알고 있는 사실이 새 문장에서 나올 때에 신정보에 상대하여 제시한 개념이다. 따라서 언제나 구정보와 신정보는 시간적 차원에서 상대적 개념이며 언어교제가 진행되는데 따라 신정보가 구정보로 바뀐다.

(3) 선택성과 결합 구조

문맥의미에서 선택성이란 해당 문맥 조건에서 오직 하나밖에 없는 가장 적중한 어휘, 표현들과 그것들의 결합 가능성에 대한 성질이라고 하였다. 말하는 사람과 듣는 사람의 협력에 의하여 목적한 의미 정보를 발생, 전달, 접수, 인식하는 데서 선택성은 구체적인 결합 구조의 제약을 받는다. 이때 결합 구조란 언어규범과 언어관습에 따라 선택 이용되는 언어적 수단이 해당 문맥 조건에서만 이루어지는 의미 구조를 말한다.

4) 문맥의미의 분석

(1) 둘레뜻에 의한 의미 분석

둘레뜻은 우리 용어로 '함의'를 말하는데, 가장 가까운 거리에 있는 연관된 의미 단위들을 포괄적으로 나타내는 의미이며, 둘레뜻에 대한 개념은 주로 의미가 현실과의 관계에서 진실인가 허위인가 하는 것에서 많이 쓰인다고 하였다. 둘레뜻에 의한 의미 분석은 그 자체에 목적이 있는 것이 아니라 의미적으로 관련된 다른 문장들과의 관계 속에서 문맥의미가 진실인가 허위인가를 식별함으로써 문맥의미의 초점을 밝히려는 데 있다고 하였다.

"새가 노래한다."의 의미가 진실인가 아닌가 하는 것은 '노래한다'의 의미가 '가사를 선율에 담아 소리를 내다'면 허위이고 '노래한다'의 의미에 둘레뜻 '날짐승이 듣기 좋은 소리로 울다'가 보충되면 그것은 진실이라고 분석하였다.

(2) 초점에 의한 의미 분석

둘레뜻 구조에 의하여 전제와 초점이 구분되는데, 초점이 부정되어도 전제는 부정되지 않는다고 하였다. 이것은 초점이 물음에 대한 확정적 대답이 되는 동시에 정밀하고 단정적인 의미 구조를 가지고 있다는 것을 말하여 준다. 다시 말하여 둘레뜻 구조 안에 초점이 있으며 초점의 의미 구조는 의미성분으로 보다 좁고 단순하다는 것을 말하여 준다고 하였다.

(3) 신정보에 의한 의미 분석

문맥 속에서 문장들이 서로 잇달아 있는데 여기에 작용하는 정보 규칙은 구정보와 신정보의 맞물림과 교체라고 한다. 구정보가 대화 장면에서 이미 알려져 있는 사실이라면 신정보는 이야기를 듣는 사람이 제기하는 질문에 대한 확정적인 대답이거나 이야기하는 사람이 강조하려고 하는 부분이다. 따라서 언어교제에 대한 종합적 고찰은 구정보와 신정보, 전제와 초점, 주제와 설명을 다 같이 분석해 보아야 한다고 하였다. "봄비가 나무의 움을 트게 하였다." 라는 문장을 통해 살펴보자.

1. 무엇이 나무의 움을 트게 하였는가?

봄비가	나무의 움을 트게 하였다.
초점	전제
신정보	구정보
주제	설명

2. 봄비는 무엇의 움을 트게 하였는가?

봄비는	나무의 움을	트게 하였다.
전제	초점	전제
구정보	신정보	구정보
주제	설명	

3. 봄비는 나무의 움을 어떻게 하였는가?

봄비는	나무의 움을	트게 하였다.
전제	전제	초점
구정보	구정보	신정보
주제	설명	

5. 담화의 의미 구조 연구

1) 담화문의 형식

담화문이란 입말체 형식의 "본문"(텍스트의 북한 용어)으로, 담화문은 구체적이며 일정한 언어정황 속에서 이루어지는 대화 형식을 기본으로 하고 있음을 전제하였다. 담화문은 언어마다 고유한 형식을 가지는데, 이것은 민족어마다 역사적으로 형성, 발전된 형식이 있기 때문이라 하였다. 북한 언어학에서 제시하는 담화문의 형식은 다음과 같다.

< 담화문의 형식 >

1. 문답 형식

   A : 몇시입니까?

   B : 9시입니다.

   A : 늦지 않았습니까?

   B : 아니, 아직 40분은 여유가 있습니다.

2. 말하는쪽 형식

   A : 안색을 보니 건강이 좋아진 모양입니다.

   B : (웃음)

   A : 그만해도 다행입니다.

   B : (웃음)

   A : 아무쪼록 몸조리 잘하십시오.

   B : (머리로 긍정)

3. 말듣는쪽 형식

   B : 아니, 왜 놀랍니까?

   A : (눈짓)

B : 아하, 제 옷차람이요.

A : (웃음)

B : 어때요. 다시 장가라도 들만 하지요. 실은 오늘 저에게 큰 경사가 있습니다.

A : (놀람)

B : 오늘 제 학위론문을 발표심의합니다.

4. 혼자말 형식

A : 뭐, 순애가 나를 따라 앞서겠다구. 그것도 남자애들 있는데서 큰 소리로 말했다면서, 안될걸, 왜 안되느냐구? 그것도 몰라? 요 이악쟁이 순애야, 너는 머리도 좋구 악발이지만 그대신 너는 게으름뱅이야, 나를 따라 오려면 아직 멀었어. 학급에서 최우등 첫 자리는 언제나 양보하지 않을걸. 그래 …… 그래 두고 보자.

한편, 담화문의 기본 표식은 "대화성"이며, 대화 쌍방이 쉽게 이해하고 받아들이도록 문장 구조를 짜는 것이 특징이며, 담화문은 그 자체가 완결성을 가지는 만큼 한차례의 담화에서도 상대적인 끝맺음이 있게 된다고 설명하였다.

2) 담화문의 유형

담화문의 구조를 구획하는 기본 단위를 "대화바꿈"이라 하였다. 다시 말하여 담화문의 의미 내용을 구획짓는 기본 단위는 한 번씩의 대화바꿈이라 하였다. 대화바꿈은 문답 형식에서는 "물음 – 대답"의 1회분 대화이며, 한쪽 말형식에는 "필자 – 숨은 독자" 간의 1회분 대화이며, 혼잣말 형식에는 "필자 – 필자에 의한 독자"의 1회분 대화라고 보아야 한다고 하였다. 이렇게 보면 담화문의 유형은 "필자 – 독자" 1회분 대화가 문장 연결 관점에서 어떻게 이루어지는가 하는 데 따라 갈라진다고 설명한다. 이러한 관점에서 설정한 담화문의 유형은 다음과 같다.

(1) 연쇄 구조를 가진 담화

'물음(자극) – 대답(반응)'의 대화바꿈이 한 번이 아니라 여러 번 연쇄되어 (반복되어) 진행되는 담화 짜임새를 말한다.

A : 박동무는 어디에 갔소?
B : 도서관에 책보러 갔습니다.
A : 우리 박동무가 신문에 소개됐다면서?
B : 그래요!
A : 박동무의 지도교원은 누구랬다던가?
B : 저, 제가 박동무의 론문을 지도했답니다.

이에는 삽입 구조의 담화와 곁가지 구조의 담화가 있는데, 삽입 구조의 담화란 연쇄 구조로 진행되던 담화에 다른 화제를 끼우는 구조의 담화를 말한다.

A : 박동무의 집주소를 알고있소?
B : 저는 잘 모릅니다.
A : 그러면 누가 알고있는가?
C : 저, 김동무의 집근처라 하던데요.
A : 김동무는 어느 동 몇반에서 사는가?
D : 전우동 35반에서 삽니다.
C : 그럼 됐구만. 전우동에 가서 물으면 되겠구만.
D : 예, 그렇게 하면 됩니다.

곁가지 구조의 담화란 담화 도중에 이상 정황이 생겨 그것부터 해결할 목적에서 보충적인 질문을 제기하여 곁가지가 생기는 담화 구조를 말한다. 곁가지가 해결되면 다시 본래의 담화로 돌아가는 형식이다.

A : 이번주안으로 원산에 현지실습을 떠나려네.
B : 뭐, 은산?
A : 응, 원산.
B : 아니 원산인가, 은산인가, 발음을 똑바로 해.
A : 이거 미안하네. 원 – 산 – 이야.
B : 원산으로 또 실습을 나가나?
A : 그래, 그래서 이번주에 만나지 못하겠어.

(2) 의미 연결을 가진 구조

의미 연결을 가진 구조란 화제의 의미에 관계되는 여러 가지 내용들을 논리적으로 맞물려나가는 담화 짜임새를 말한다.

A1 : 보기 힘듭니다.
B1 : 한주일나마 출장 갔댔습니다.
A2 : 전화하니 출장중이라 그러두만. 설계심의때문에 그러는데 무슨 출장이 그리 많소.
B2 : 내 일이라는게 출장이 기본이지. 부지답사가 또 제기됐다네. 아직 시작에 불과해.
A3 : 심의실기사가 현장답사까지 무슨 대상건설이 그리 많이 제기되는가? 좌우간 우리 시공설계심의를 언제 해주겠나?

이 담화문에서 화제는 '설계심의'이며 '출장'은 그저 인사말로 오른데 불과한데 대화의 A2 차례에서 불필요한 "…… 무슨 출장이 그리 많소."로부터 논리적 맞물림이 어긋나게 되었다. A2가 '설계심의' 문제를 먼저 상정시켜 놓고도 불필요하게 '출장'에 대해 말거리를 던짐으로써 대화바꿈이 화제에서 벗어나도록 하였다. 따라서 이 담화문이 의미 연결 구조로서 논리성을 갖추자면 A1 차례에서 인사말(비화제)을 매듭짓고 화제에로 대화바꿈이 이루어져야 한다고 하였다.

(3) 생략 구조

담화 내용을 논리 구조나 의미 구조에 맞게 간결하고 명료하게 표현하기 위해서는 언어단위들을 생략, 함축, 대치하는 것은 매우 일반적 현상이라고 하면서, 생략 구조가 완비되지 않으면 언어교제에서 혼란이 온다고 지적하였다.

예를 들어, 식당, 회의실, 버스 같은 공공장소에서 빈자리를 찾는 사람과 이미 앉아 있는 사람 사이의 대화를 예로 들었다.

A: 있습니까?
B: 없습니다.

위 예문에서 첫째, 생략 부분이 '사람이'와 '빈자리가' 중 어느 하나일 수 있다. 그러므로 위와 같은 생략 구조로서는 답의 50%는 맞지 않는다. 즉 사람이 없으면 앉아도 되지만 빈자리가 없으면 앉을 수 없다. 둘째, '자리가' 또는 '자리에 사람이'가 생략되었다면 '자리가'가 생략된 때에는 앉을 수 없지만 '자리에 사람이'가 생략되었을 때에는 앉을 수 있다. 역시 이 경우에도 50%의 정확도를 상실한 언어교제이다. 이러한 생략 구조의 모호성을 없애려면 생략을 피하거나 대치 표현을 써야 한다. 다음 (A)의 경우는 생략을 피한 것이기 때문에 생산적이 못되며, (B)의 경우는 생략 수법의 하나로서 표현 대치를 한 것으로 정보 전달이 명백하다.

A-1 사람이 있습니까?
없습니다.
-2 빈자리가 있습니까?

있습니다.

-3　자리가 있습니까?

있습니다.

-4　자리에 사람이 있습니까?

없습니다.

B-1　누가 있습니까?

없습니다.

-2　앉아도 됩니까?

어서 앉으십시오.

(4) 중심되풀이 구조

담화문에서 일반적으로 어휘 표현의 되풀이는 피한다. 즉 어느 쪽에서든 먼저 쓴 어휘 표현은 되도록 피하면서 생략하거나 접속사, 대명사로 대치한다. 그러나 특정 지시대상, 현상에 대하여서는 반드시 그것을 되풀이해야 교제목적과 교제정황에 맞는 경우가 있음을 지적하고서 이러한 담화 구조를 중심되풀이 구조라고 하였다. 중심 표현 단위를 되풀이하는 구조를 말한다.

실례로 백두산, 만경대, 주체사상이라든가 독도, 리순신장군, 단군과 같은 특정의 대상이 화제중심으로 되었을 때 담화문은 그 산, 그 사상, 그 섬, 그 사람으로 대치하거나 생략하는 구조가 잘 성립되지 않는다고 서술하였다. 다음 문장처럼 기자와의 문답에서 '독도'를 '그 섬', '그 땅'으로 표현하지 않고 '독도'를 되풀이한다고 서술하였다.

A : 일본놈들이 또다시 독도를 제 땅이라고 생억지를 쓰고있지 않습니까? 이와 관련해서 이야기를 나누려고 선생님과 자리를 같이 했습니다.

B : 예. 알고 계시겠지만 독도가 우리 나라 섬이라는것은 력사가 증명하고 세계가 공인하는것입니다.

A : 왜놈들이 독도문제를 끈질기게 들고나오는데는 더러운 흉심이 있지 않

습니까?

B : 그렇습니다. 놈들이 독도에 눈독을 들이는데는 음흉한 정치군사적목적이 있습니다.

3) 담화문의 분석

담화문의 의미 분석의 주된 목적은 물음에 대한 대답이 진실인가 아닌가, 화제의 의미 내용이 정보 전달의 요구에 맞게 구체적이고 명료한가 아닌가, 대화 결과에 얻어지는 정보량이 큰가 작은가를 밝히는 데 있다고 보고, 이를 바탕으로 담화문을 분석해야 한다고 하였다.

(1) 담화문의 둘레뜻 분석

담화문 분석에서 둘레뜻 분석 방법을 적용하는 주요한 목적은 대화바꿈에서 얻어지는 대답이 진실인가 허위인가를 식별하려는 데 있다고 하였다.

A : 오래간만입니다. 한동안 보이지 않습니다.

B : 예, 한달나마 해외출장 나가 있었습니다.

A : 그래요, 어디 멀리?

B : 예, 저 아프리카쪽에 ……

이 대화에서 얻은 정보는 '해외출장'이다. 왜 보이지 않았는가에 대한 대답이 화제의 전부이기 때문이며 그에 대한 결속대답은 '출장'이다. 이러한 대화는 인사말에 불과한, 결국 보이지 않은 이유만 대강 아는 것으로 담화의 목적은 이루어진다. 그러나 대화바꿈에 의해 실질적 대답을 요구하는 화제로 넘어가며 담화 목적이 구체화되며 따라서 진실성 있는 대답이 얻어져야 한다고 하였다.

위의 대화에서 아프리카 쪽에 출장갔다고 한 것은 대화의 본질적 화제에서 벗어난 말치레에 불과한 것이다. 왜냐하면 위 대화의 화제는 보이지 않는 이유 외에 다른 대답은 담화 목적이 아니기 때문이다. 그러나 다음 대화에서는 대화바꿈이 한 차례 이루어져 담화 목적이 달라졌다. 즉 탄자니아에 체류하였는가 하는 새로운 담화 목적에 따르는 대답이 요구된 것이다.

A : 아프리카쪽에요. 더운데 가서 수고가 많았겠습니다. 참 탄자니아에도 들렀댔습니까?

B : 그럼요. 탄자니아, 우간다, 기네까지 세곳이나 체류했던걸요. 탄자니아에 누가 있습니까?

A : 예, 그 나라 대사관에 우리 딸애가 나가있지 않습니까?

B : 그래요, 알았으면 만나 인사나 전하고 오는걸.

여기서 관심을 가질 문제는 두 대화가 다 같이 담화 목적이 순조롭게 진행된다는 것인데, 이 대화과정을 보면 물음과 대답이 다 진실이라는 것, 허위로 인식되지 않는다는 것을 쉽게 인정하게 된다. 그러나 순조롭고 진실한 담화문이 이루어지도록 한 정보 요인은 다름 아닌 바로 문맥의미의 둘레뜻에 기인된다. 단어 '해외출장'은 '아프리카'와 '탄자니아, 우간다, 기네' 등의 둘레뜻을 가진다. 즉 뒤의 세 나라의 둘레뜻 단어는 '아프리카'이고 이 모든 단어의 둘레뜻은 '해외출장'이 가진다.

(2) 담화문의 초점 분석

대화에서 화제의 중심은 문맥상에서 초점을 이룬다. 다시 말하여 대화에서 확정적인 대답으로 되는 부분을 초점이라고 하는데 이것은 주로 화제를 대화문으로 전개할 때에 전제에 상응한 개념으로 쓰인다. 문답 형식을 비롯한 모든 담화문을 분석하는 데서 초점 분석을 떠나면 문맥의미를 해석할 수 없다. 초점은 전제에 상응한 개념이기 때문에 대화에서 전제가 부정되지 않아도 초점은 부정될 수 있기 때문에 언제나 초점 분석에 주의를 돌려야 한다고 하였다.

다음 대화에서 전제는 '출퇴근길에 보이지 않은 것'이고 초점은 '이사'이다.

A : 요즘 출퇴근길에서 볼수가 없습니다. 어데 출장 갔댔습니까?

B : 아니요.

A : 그럼 입원이라도 했댔습니까?

B : 아니요.

A : 그래요.

다음 대화에서 전제는 '이사'이고 초점은 '통일거리 새집들이'이다.

A : 이사했다구요?

B : 예, 새집들이를 했답니다.

A : 어데루요.

B : 통일거리에.

A : 그래요.

담화문에서 초점을 바르게 분석하는 것의 기본 문제는 전제에 대한 정확하고 구체적인 대답을 찾아내는 것이다. 위의 대화의 화제가 단순히 보이지 않는 원인 그 자체라면 '이사'가 초점으로 충족된다. 그러나 언어 환경에 따르면 친한 대화자들 사이에는 '이사'만으로 초점이 될 수 없다. 적어도 보이지 않은데 대하여 매우 궁금하게 생각할 정도의 인간관계라면 그것은 어디로 어떻게 이사하였다는 내용이 초점으로 되지 않을 수 없다. 즉 두 대화에서는 두 차례 대화바꿈 대신 다음 대화 하나면 될 것이라고 하였다.

A : 요즘 출퇴근길에서 볼수가 없습니다.

B : 예, 통일거리에 새집들이로 이사했습니다.

이러한 방식을 살리는 것은 정보 전달의 경제성, 실리성, 효과성의 견지에서 담화문의 필수적 요구라고 하였다. 담화문에서 선택된 정보가 초점으로 될 수 있는가 하는 것은 그것을 부정하여도 전제가 긍정되면 된다는 것이다. 따라서 논리 의미적으로 앞의 것이 긍정되면 뒤의 것을 부정하고 또 뒤의 것이 긍정되면 그 뒤의 것을 부정하는 식으로 담화문에 상정된 사건과 사실을 차례대로 대조하여 보는 방법이다. 위의 대화에서 보는 것처럼 "이사하지 않았으나 보이지 않았다." "(입원, 출장 등의 이유로) 통일거리로 이사하지 않았으나 이사하였다." "(광복거리, 천리마거리로 이사할 수 있으므로) 새집들이하지 않았으나 통일거리로 이사하였다(쓰던 집에 이사하였으므로)"로 해석할 수 있다. 그리고 "통일거리 새집들이" 이상 더 다른 사건, 사실이 담화문에 나타난 것이 없으므로 바로 그 마지막 것이 초점으로 된다. 가령 통일거리 승리1동 1반으로 새집들이하였다는 사실이 대화문에 노출되었으면 역시 그것이 초점으로 될 수 있다. 왜냐하면 "승리1동 1반에 이사하지 않았으나 통일거리로 이사하였다."가 성립되기 때문이다.

다음 담화문에서의 정보 분석 방법은 문맥 환경에 따라 담화문이 생략되어도 마지막까지 남는 표현 또는 어휘 부분이 초점으로 된다. 마지막 물음에는 세, 네 단계를 뛰어넘어 마지막 대답 '메기'가 놓일 수 있으며 그것이 초점으로 된다.

A : 군에서 양어장을 새로 건설하였다지요?
B : 온천물을 리용하여 새로 양어장을 건설하였답니다.
A : 무슨 물고기를 기본으로 기릅니까?
B : 새로 건설한 양어장에서는 메기를 기본으로 기른답니다.
B : 이 양어장에서는 메기를 기본으로 기른답니다.
B : 메기를 기본으로 기른답니다.
B : 메기.

6. 변형생성문법 연구

북한에서 본격적으로 그리고 적극적으로 변형생성문법 이론을 소개하고 또한 이를 언어 연구에 적용한 것은 아마도 『조선어의미구조론』이 처음일 것이다. 북한의 언어학 저서에서 변형생성문법 이론을 이렇게 구체적으로 서술한 것은 지극히 드문 일이다. 이 책은 우리말 본성을 바탕으로 하고, 일반언어학 이론을 적극 수용하였다는 점에서, 특히 북한의 언어학 연구에서 변형생성문법 이론을 제시하고 비판적으로 풀이하였다는 점에서 주목된다.

『조선어의미구조론』은 현대 의미론에서 변형생성문법 이론을 폭넓게 도입하였다는 점에서 주목할 가치가 있다. 특히 주목되는 것은 일반언어학 이론으로 변형생성문법을 제시하고 비판한 것이다. 1957년 "촘스끼"의 저서 『문장구조』에서 제시한 초기 이론부터 1990년대 "장벽리론"과 "최소리론"에 이르는 이론의 내용과 변천 과정을 "분석나무"를 그려가면서 자세히 논의하였다. 의미 해석과 관련해서는 해석의미론, 생성의미론의 분석 방법도 제시하였다.

변형생성문법은 구조주의 언어학에 환멸을 느낀 부르주아 언어학계가 이를 극복하고 언어의 보편성을 발견할 강력한 이론 모델을 마련하려는 데서 출현했다고 설명한다. 그리고 변형생성문법은 지난 40년 동안 계속해서 이론적 모순에 봉착하면서 끊임없이 수정을 진행해 왔으며 이 과정에 수많은 새로운 이론과 방법을 내놓았다고 평가한다. 그리고 이러한 수정 과정을 이론 자체의 모순으로 파악한다. 왜냐하면 변형생성문법은 최종 목표를 언어 구조의 실질 모습을 밝혀 인간의 언어능력을 낳는 정신적 힘을 해명하는 것이라 했는데, 이러한 목표는 이상적인 구호만을 제시할 뿐 구체적이고 전략적인 방법은 제시하지 못하고 있기 때문이라고 한다.

그러나 자연언어 문장을 해석하는 데에 변형생성문법을 도입, 응용하는 것은 현대 의미론의 핵심이라 하였다. 구조주의 언어학은 주로 문장 구조의 성분화 원리를 위주로 관계 구조를 분석 대상으로 하였다면 현대 의미론은 이와는 달리 문장의미 해석을 목표로 내세우는데, 이것은 바로 변형생성문법에서 시작되었다고 평가하였다. 변형생성문법 자체가 구조주의의 제약성을 극복하고 언어 분석의 범위 밖에 놓던 의미를 언어 해석의 중심에 놓으려는 의도라고 높이 평가하였다. 특히 심층구조와 표층구조라는 착상과 원리는 유익하고 효율적이며 다분히 응용 실천에 도입되고 있다고 평가하며, 컴퓨터에 의한 의미 분석과 문장 구조 해석에서 그 효과성은 상당히 높다고 보았다.

그러나 변형생성문법이 내세운 심층구조와 표층구조에 대한 방법론상 착오는 똑똑히 알아야 한다고 경고한다. 변형생성문법은 언어 현상을 해명할 수 없는 미지의 심리적 대상으로 간주하여, 이를 근거로 심층구조를 객관적 언어 체계와 동떨어진 정신적, 심리적 실체로 생각하는데, 그것이 아니라 저자는 언어란 인간 본성이 발현되는 사회관계 속에서 형성되는 인간의 자주적 능력, 창조력의 산물이라고 주장한다. 즉, 언어의 본성은 사회적 현상으로서의 언어 현상에 있는 것이지 인간의 천성적인 본능 속에 내재하는 것이 아니라고 주장한다.

또한 언어 연구는 구체적인 개별언어를 토대로 해야 함을 강조한다. 변형생성문법이 개별언어를 보조적이며 부차적인 연구 대상으로 보고 전인류적 언어인 보편문법을 주요 연구 대상으로 삼고 있는 것도 큰 오류라고 주장한다. 언어의 실질 존재는 개별언어이며 그것들을 통솔하는 그 어떤 전인류적 언어도 있을 수 없다고 단언한다. 민족어를 떠나 세계적 언어를 연구하거나 또 개별언어를 대상으로 하는 경우에도 민족적 특성을 무시하고 전인류 언어의 보조적 대상으로밖에 보지 않는다면 언어의 본질에 파고들어갈 수 없다고 주장한다. 왜냐하면 언어는 민족이 주요 표징인 동시에 민족공동체의 창조물이기 때문이라고 한다.

제7장

언어사 연구

1. 언어사 연구 개관

『조선어학전서』에서 언어사에 해당하는 부분은 두 부류로 나뉘어 있다. 첫째는 'II. 어학사'에서 제4권부터 제13권까지에 해당하는 부분이다. 둘째는 각 분야마다 언어사에 해당하는 부분이 따로 있다. 언어사 분야를 따로 독립해 두고서 또 분야별로 언어사를 중복적으로 다룬 것에 대한 설명은 따로 없다.

먼저 'II. 어학사'에서 제4권부터 제13권까지에 해당하는 부분을 제시하면 다음과 같다.

4. 조선말력사 (류렬, 2005.5.15., 423쪽)
5. 조선말력사 2 (류렬, 2005.7.15., 671쪽)
6. 조선말력사 3 (김인호, 2005.5.15., 335쪽)
7. 조선말력사 4 (김인호, 2005.1.20., 367쪽
8. 조선말력사 5 (류렬, 2005.5.15., 359쪽)
9. 조선말력사 6 (김인호, 2005.5.15., 255쪽)
10. 조선말력사 7 (백운혁, 2005.5.15., 279쪽)

11. 조선인민의 글자생활사 (김인호, 2005.4.20,. 271쪽)
12. 조선어학설사 (안경상, 2005.2.15., 287쪽)
13. 향가연구 (류렬, 2005.9.25., 478쪽)

다음으로 각 분야별로 있는 언어사 부분이다. 의미, 어음, 그리고 지명에 대한 역사이다.

21. 조선말력사의미론 (김인호, 2005.2.15., 287쪽)
25. 조선어력사어음론 (최정후, 2005.4.15., 303쪽)
36. 조선지명변천에 대한 력사문헌학적연구 (정순기, 2005.7.15., 303쪽)

'II. 어학사' 가운데 제4권부터 제10권까지는 『조선말력사』라 하여 일곱 권에 걸쳐 우리말의 역사에 대한 것을 시대별로 기술하고 있다. 첫째 권인 『조선말력사』와 둘째 권인 『조선말력사 2』의 저자는 류렬이다. 북한을 대표하는 언어학자이다. 2000년 서울을 방문한 적이 있으며, 2004년 봄에 별세하였다. 첫째 권 『조선말력사』의 제1판은 1990년에, 둘째 권 『조선말력사 2』의 제1판은 1992년에 간행하였는데, 그 이후 순차적으로 간행하였으며, 『조선어학전서』로서는 2005년에 모두 발간하였다.

첫째 권 맨 앞에 '『조선말력사』를 내면서'라는 글을 통해 이 저서들의 저술의 목적을 제시한 바 있다. 그 일부를 옮기면 다음과 같다.

"그동안에 조선말력사에 대한 연구분야에서는 적지 않은 성과들이 이루어졌다. 조선말의 형성기원문제와 그 발전의 구체적인 력사적단계 및 계승관계문제, 고조선시기와 발해-후기신라시기 등 국가분립시기의 그 국가들사이에서의 조선말의 발전 및 단일민족어적공통성문제, 조선말의 구조분야에 따르는 발전과정문제, 리두표기자료의 과학적해독문제, 훈민정음의 창제문제를 비롯한 우리 나라에서의 글자의 발생, 발전문제 등의 해명에서 거둔 성과들은 그 주되는것으로 된다.”

북한에서 우리말의 역사를 보는 태도는 단순히 “변화”라는 관점보다는 “변화”와 “발전”이라는 관점을 강조하는 것이 한 특징이다. 이제 이러한 관점의 북한의 우리말 역사 기술을 한 눈에 살펴보기 위하여 위의 일곱 권의 차례를 간추려 제시한다.

(1) 조선말력사 (류렬)

제1편 고대조선말(B.C. 30세기초~B.C. 3세기)

제1장 조선말의 형성, 발전과 고대조선종족들사이의 언어관계 및 노예소유국가들의 분립, 발전과 고대조선말의 발전

제2장 고대조선말과 그 주요특징

제3장 고대시기의 글자

제2편 중세 전기 조선말 (B.C. 3세기~A.D. 10세기초)

제1장 봉건국가들의 발생, 발전과 중세 전기 조선말의 발전

제2장 중세 전기 조선말의 주요특징

(2) 조선말력사 2 (류렬)

제1장 통일적봉건국가의 성립, 발전과 조선말의 통일적발전

제1절 고려봉건국가의 성립, 발전과 조선말의 발전

제2절 리조봉건국가의 의한 봉건통치체제의 재편성 및 봉건적경제, 문화의 발전과 조선말, 조선글의 발전

제2장 10세기초~14세기(고려시기)의 조선말과 주요특징

제1절 10세기초~14세기(고려시기) 조선말의 말소리와 주요특징

제2절 10세기초~14세기(고려시기) 조선말의 어휘와 주요특징

제3절 10세기초~14세기(고려시기) 조선말의 문법구조와 주요특징

제4절 10세기초~14세기(고려시기) 조선말의 문체의 발전과 기능문체의

분화

제5절 10세기초~14세기(고려시기)의 글자

제3장 15~16세기의 조선말과 주요특징

제1절 15~16세기의 조선말의 말소리와 주요특징

제2절 15~16세기의 조선말의 어휘와 주요특징

제3절 15~16세기의 조선말의 문법구조와 주요특징

제4절 15~16세기의 조선말의 문체발전과 글말문체의 확립 및 새로운 발전

제4장 15~16세기의 글자

제1절 민족글자 훈민정음의 창제와 그 우수성 및 력사적의의

제2절 민족글자 훈민정음의 보급과 한자, 한문 및 리두사용의 강요에 의한 3중적글자생활의 혼란

(3) 조선말력사 3 (김인호)

제1편 17~19세기 중엽의 사회력사적환경과 우리 말

제1장 17~19세기 중엽의 사회력사적환경

제2장 17~19세기 중엽 우리 말의 주요특징과 자료

제2편 말소리와 그 변화발전

제1장 말소리체계와 그 발전

제2장 말소리현상에 의한 말소리들의 변화

제3편 어휘와 그 변화발전

제1장 어휘구성과 그 변화발전

제2장 단어들의 말소리변화와 형태구성의 변화

제3장 단어들의 뜻과 그 변화발전

제4장 단어조성과 그 특징

(4) 조선말력사 4 (김인호)

제1편 형태론적측면에서의 변화발전

제1장 단어의 구성형태들과 그 특징

제2장 체언토

제3장 용언토

제4장 두루토

제2편 문장구조의 변화발전

제1장 단어들의 결합과 그 변화

제2장 문장성분들과 그 특성

제3장 문장의 류형들과 특징

제4장 옮김법과 그 특징

제3편 문체와 그 변화발전

제1장 특수문체와 그 주요특징

제2장 기능문체와 그 주요특징

제4편 규범과 그 변화

제1장 글자와 그 규범 및 변화

제2장 맞춤법과 그 변화

제3장 한자음과 리두 및 그 규범

(5) 조선말력사 5 (류렬)

제1장 19세기 후반기~주체14(1925)년에 민족의 자주권과 나라의 근대화, 나라의 독립과 자유를 위한 우리 인민의 투쟁속에서 발전하여온 근대조선말

제1절 민족의 자주권과 나라의 근대화, 나라의 독립과 자유를 위한 우리 인민의 투쟁 속에서 이룩한 조선말의 발전

제2절 애국문화운동과 조선말의 발전

제3절 19세기 후반기~주체14(1925)년에 근대 조선말로 발전하여온 우

리 민족어

제2장 근대조선말의 구조적발전과 특징

제1절 근대조선말의 말소리와 체계 및 말소리현상

제2절 근대조선말의 어휘발전과 그 주요특징

제3절 근대조선말의 문법구조의 발전과 그 주요특징

제3장 근대조선말에서의 언어규범의 실태와 새로운 언어규범화의 지향과 시도 및 특징

제1절 말에서의 규범실태

제2절 글에서의 규범실태

제3절 새로운 언어규범을 세울데 대한 지향과 그 실현을 위한 규범화의 시도 및 그 특징

제4장 말과 글의 일치의 실현과 그에 기초한 근대적인 대중적언어생활기품의 수립 및 문체의 발전

제1절 말과 글의 일치의 실현과 그에 기초한 근대적인 대중적언어생활기품의 수립

제2절 국한문체와 그 보급 및 의의

제3절 근대적기능문체의 형성, 분화와 그 발전

제5장 국문으로서의 민족글자의 보급과 발전

제1절 국문으로서의 민족글자의 보급

제2절 자모(낱글자)의 수와 이름 및 차례

제3절 글자생활의 개선과 민족글자의 발전을 위한 새로운 시도

(6) 조선말력사 6 (김인호)

제I편 주체15(1926)~주체34(1945)년 시기의 사회정치적 환경과 조선말의 발전

제1장 항일혁명투쟁에 의한 우리 말의 고수와 발전

제2장 전반적인 조선혁명의 일대 앙양과 조선말의 발전

제II편 주체15(1926)~주체34(1945)년 시기 조선말구조의 발전과 그 특징
제1장 말소리와 그 변화
제2장 어휘구성과 그 변화발전
제3장 단어조성과 의미의 변화발전
제4장 문법적형태들의 변화발전
제III편 문풍, 문체와 글자, 맞춤법의 변화발전
제1장 문풍, 문체의 변화발전
제2장 글자와 맞춤법의 변화발전

(7) 조선말력사 7 (백운혁)
제1장 어휘와 의미의 변화발전
제1절 어휘구성의 변화발전
제2절 의미의 변화발전
제2장 문법의 변화발전
제1절 형태론적변화발전
제2절 문장론적변화발전
제3장 언어규범의 변화발전
제1절 글말규범의 변화발전
제2절 발음규범의 변화발전
제3절 문법규범의 변화발전
제4장 문체의 변화발전
제1절 문체론적수단과 수법의 변화발전
제2절 문화어기능문체의 변화발전

2. 언어사의 시대구분

북한에서는 우리말의 역사를 B.C. 30세기 초부터 시작한다. 그로부터 시작하여 20세기에 이르기까지 우리말의 역사를 다음과 같이 시대구분하여 기술한다.

1) 고대

"고조선시기이래의 고대시기 노예소유자국가시기로부터 시작하여 B.C. 3세기 고대노예소유자국가들이 허물어지고 고구려, 백제, 신라 등의 봉건국가들이 형성, 발전한 세나라시기에 들어설 때까지의 조선말(고조선, 부여, 고구려, 진국에서 쓰인 조선말)"이 이 시기에 해당한다.

2) 중세 전기

"B.C. 3세기부터 A.D. 10세기초에 이르는 시기(첫 봉건국가인 고구려가 형성되여 중세사회의 첫 시기가 시작된 때로부터 첫 통일국가인 고려가 형성되여 우리의 말과 글이 통일적발전의 단계에 들어설 때까지)의 조선말 곧 고구려, 백제, 신라(가야를 포함함)의 세나라와 그뒤를 이은 발해, 후기신라의 두 나라에서 쓰인 조선말"이 이 시기에 해당한다.

3) 중세 중기

10세기 초부터 16세기까지의 우리말을 가리킨다. 여러 가지 점에서 아주 중요한 의의를 가지는 시기라고 보았다. "이 시기는 조선말의 발전력사에서 고조선시기이래로 발해-후기신라시기에 이르기까지 오래 계속된 동족국가분립시기가 끝장나고 조선인민의 력사에서 처음으로 통일국가, 민족통일의 력사적과제가 실현되어 비로소 국가도, 민족도, 말과 글도 전국가적, 전민족적, 전인민적범위에서 통일적발전의 새로운 길에 들어선 력사적시기로 되기 때문이다."

이 시기는 다시 그 구체적인 발전 실태에 관한 고찰과 서술에서 10세기 초~14세기(고려시기)와 15~16세기(조선 전기)를 각각 따로 가른다. 그것은 언어 자체의 구조적 발전에서 어떤 차이를 고려해서가 아니라 전적으로 민족 글자 훈민정음의 창제와 그 보급으로 인한 그 두 시기의 사료적 특성의 차이를 고려해서라고 하였다.

4) 중세 후기

임진란 직후인 16세기 초부터 1860년대까지의 시기이다. 이 시기는 우리말이 여러 가지 측면에서 전환적인 발전을 이룩한 것과 관련된다고 하였다. 이 시기는 우리말이 아직 중세적인 특징들을 가지면서 말소리, 어휘, 문법, 문장 등 언어 구조면에서, 문체, 규범 등에서 일련의 중요한 발전을 이룩하면서 벌써 근대 우리말의 기초적인 구조를 적지 않게 갖춘 시기라 하였다.

한편 지금까지 우리말 역사 연구에서 15~16세기의 역사는 우리 글자로 된 책들이 처음 나온 것과 관련하여 작은 문제에 이르기까지 여러 모로 연구 분석되었으며, 19세기 이후의 역사는 현대말과의 관계가 밀접하다는 측면에서 현대말의 연구와 결부되면서 단편적으로나마 많은 문제들을 대상으로 하여 연구되었음을 지적하면서, 그러나 그 사이 시기인 17~19세기 중엽의 우리말 역사 연구는 매우 홀대되어왔음을 지적하였다.

17~19세기 중엽의 우리말 역사 연구의 의의에 대하여 다음과 같이 평가하고 있다. "빠른 속도로 발전하는 우리 말의 력사에서 이 시기 말의 면모와 특징, 지위를 밝히며 앞으로는 중세중기 말력사와의 계승관계, 뒤로는 근대시기 말력사와의 계승관계를 밝히는것으로 된다."

5) 근대

우리나라의 근대사회 시기이다. 미국 셔먼호의 침입 시기인 1866년부터 김일성의 조선공산주의 운동과 조선혁명 선언 시기인 1926년 이전까지를 말한다.

비록 반세기밖에 안 되는 길지 않은 동안이지만 이 시기는 지난 시기의 중세 단계를 끝낸 새로운 발전 단계를 개척한 점에서 의의가 있다고 하였다. "그리하여 이 력사적시기는 우리 말이 그 사회적기능과 구조에서, 그 규범화와 문풍, 문체에서 나아가서는 민족글자의 기능을 강화하고 체계를 정비하는 등에서 현재조선말의 토대를 마련함으로써 조선말발전의 로정에 하나의 뜻깊은 리정표를 세운 중요한 단계로 된다."라고 평가하였다.

6) 현대 전반기

1926년~1945년 시기이다. 이 시기는 우리말이 근대말에서 현대말로 넘어간 전환의 시기라 하였다. 이 시기는 고대로부터 현시기까지 단일성을 고수하면서 줄기차게 발전하여 온 우리말의 유구한 역사에서 매우 중요한 의의를 가진다고 평가하였다. 특히 주체사상에 입각한 언어 발전을 강조하고 있다.

7) 광복 이후

광복 이후 반세기 기간이다. 이 시기에 진행된 언어 분야의 변천 과정은 어휘와 의미, 문법과 글말규범, 문체 분야에서 뚜렷한 차이를 보인다고 하였다.

3. 언어사의 연구 대상

북한에서 이루어진 언어사의 연구 대상을 이해하기 위하여 다음과 같이 몇 분야로 나누어 그 주요 대상을 제시하고자 한다.

1) 말소리의 변화 발전

말소리의 변화 발전을 기술하기 위해서는 말소리 체계와 말소리 현상, 두 분야를 대상으로 하였다.

(1) 말소리 체계

말소리 체계에 대해서는 해당 시기의 공시적인 체계를 제시하고 이를 바탕으로 변화 발전을 기술하였다. 자음의 경우, “자음과 그 체계 및 주요특징”을 기술하고 이어서 “자음체계의 발전”을 기술하였다. 모음의 경우도 마찬가지이다. “모음과 그 체계 및 주요특징”, “모음체계의 발전”이 그러하다.

(2) 말소리 현상

말소리 현상에 대해서도 그 주요 특징을 제시하고 말소리 발음의 변화를 기술하였다. 주요 대상은 다음과 같다.

1. 자음들의 변화 현상: 입천장소리되기와 입천장소리 피하기, 자음덧나기, 자음약화 및 약화자음의 빠지기, 자음의 통용 현상
2. 모음들의 변화 현상: 모음-모음의 결합 변화, 자음-모음의 결합에 의한 모음 변화, 모음약화 및 약화모음의 빠지기, 모음의 통용 현상
3. 받침소리 변화 현상: 홑받침, 겹받침
4. 말소리 교체 변화 현상: 말소리 없어짐과 관련한 말소리 교체, 자음약화 및 빠지기와 관련된 말소리 교체, 모음겹침 피하기와 관련된 말소리 교체

5. 소리마디 짜임 변화

6. 소리마루 변화

2) 어휘의 변화 발전

어휘의 변화 발전을 기술하기 위해서는 다음과 같은 분야를 대상으로 하였다.

(1) 어휘 구성의 변화 발전

기원의 측면에서 본 어휘 구성의 변화 발전을 다루었다. 고유말의 발전, 한자말의 증가, 외래말의 증가 등이 그 대상이다. 그리고 역사적으로 생겨나며 없어지는 측면에서 어휘 구성의 변화 발전도 대상으로 하여, 낡은 어휘와 새 어휘를 다루었다.

사용 범위라는 측면에서도 어휘 구성의 변화 발전을 다루었다. 현대적인 사회 정치 어휘들의 형성과 발전, 현대적인 학술용어들의 형성과 발전, 일반 어휘들의 사용과 발전, 그리고 어휘 구성의 주체적 발전, 어휘 구성의 풍부화 등을 대상으로 하였다.

(2) 단어의 말소리 변화와 형태 구성의 변화 발전

단어의 말소리 측면과 형태 측면의 변화를 다루었다. 단어의 형태 구성의 변화에서는 형태 구성의 재분할, 형태 구성의 확대, 형태 구성의 단일화, 구성 요소들 가운데 어떤 요소의 어원이 없어지는 변화 등을 대상으로 하였으며, 단어들의 분화와 통합도 대상으로 삼았다.

(3) 단어 의미의 변화 발전

의미의 확대, 축소, 전환을 비롯하여, 의미적 변화 방법, 뜻의 움직임을 통한 어휘의 풍부화, 단어 의미의 정밀화, "뜻빛갈"에서의 변화, 단어 의미의 다양화 등을 대상으로 하였다.

(4) 단어조성의 변화 발전

단어조성의 합성법, 파생법, 합성줄임법 등을 대상으로 하였는데, 구체적으로는 명사의 단어조성, 동사-형용사의 단어조성, 관형사의 단어조성 등을 다루었다. 명사의 경우, 명사와 명사의 합성, 동사-형용사와 명사의 합성을, 동사-형용사의 경우, 동사-형용사끼리의 합성, 동사, 부사의 말뿌리와 동사-형용사, 명사, 부사, 동사, 형용사의 말뿌리와 'ᄒᆞ다' 등을 대상으로 하였다.

3) 형태론적 측면의 변화 발전

형태론적 측면의 변화 발전에는 다음과 같은 내용을 대상으로 삼았다. 그 가운데서도 "토의 소멸과 소극화, 토의 신생과 적극화, 토의 기능의 정밀화"를 중심으로 하였다. 이에 대해서는 '4. 문법의 변화 발전 연구'에서 구체적으로 살펴보기로 한다.

(1) 단어 구성형태의 변화 발전

말뿌리, 덧붙이, 결합소, 토

(2) 체언토의 변화 발전

격토, 복수를 나타내는 토

(3) 용언토의 변화 발전

맺음토, 이음토, 규정토, 꾸밈토, 상토, 존경토, 시태토

(4) 두루토의 변화 발전

도움토, 바꿈토

4) 문장 구조의 변화 발전

문장 구조의 변화 발전에는 단어결합, 문장성분, 문장 유형, 옮김법 등의 변화 발전을 대상으로 삼았다. 이에 대해서는 '4. 문법의 변화 발전 연구'에서 구체적으로 살펴보기로 한다.

5) 문체의 변화 발전

문체의 변화 발전에는 언해체, 우리 말 저술체, 국한문체, 국문체, 글체, 말체와 같은 특수문체와 문학예술문체와 같은 기능문체 등의 변화 발전을 대상으로 삼았다. 이에 대해서는 '5. 문체의 변화 발전 연구'에서 구체적으로 살펴보기로 한다.

6) 언어규범의 변화 발전

언어규범의 변화 발전에는 글자와 그 규범, 맞춤법, 한자음과 이두의 규범 등의 변화 발전을 대상으로 삼았다. 이에 대해서는 제10장에서 구체적으로 다시 살펴보기로 한다.

4. 문법의 변화 발전 연구

문법의 변화 발전에 대한 기술 가운데 주요 내용을 살펴보기로 한다. 형태론적인 측면과 문장 구조에 대한 것이다. 시기적으로는 15세기에서 19세기까지이다.

1) 형태론적 측면의 변화 발전

15세기에서 19세기에 이르는 동안 나타난 우리말의 형태론적 측면의 변화의 특징을 다음과 같이 제시하였다.

1. 우리말의 교착어의 특징이 부분적으로 더욱 강화되는 방향으로 변화한 것이다. 동사, 형용사의 말뿌리가 고립적으로 문장성분을 이루면서 쓰이는 현상이 훨씬 적어지고 대부분의 동사, 형용사의 말뿌리가 교착어 성격인 토와 결합하여서만 쓰이게 되었다. 또한 토의 수도 대폭 늘어나고 덧붙은 범위와 기능도 넓어졌다.

2. 일부 단어들에서 문법적 형태들이 붙는 기둥말인 말뿌리와 덧붙이(앞붙이, 뒤붙이), 토의 형태들이 점차 통일되어 가며 단어 안에서의 구획 한계가 더 명확해진 것이다. 우리말의 말뿌리, 덧붙이, 토들은 18세기 중엽까지는 많은 형태의 변종이 있었으나 18세기말~19세기초부터는 점차 형태 통일을 이루어 갔다. 여러 갈래의 말소리 통용, 말소리 변화와 관련된 변종만이 아니라 규칙적인 모음조화와 관련된 변종, 결합자음과 관련된 변종도 통일되어 갔다.

3. 일부 문법범주의 내용이 변화되어 범주 내부의 체계가 확대되거나 축소되는 것과 같은 변화들이 있다. 시태범주는 과거, 현재, 미래의 시칭을 주로 나타내는 보다 새로운 시태범주로 되어 갔으며 말차림범주에서는 '-해요'의 말차림이 새로 생겼다. 존경범주에서는 겸손토, 정중토가 소극화되고 존칭토 '-시-'를 위주로 하는 단일한 체계로 변화하였다.

(1) 말뿌리, 덧붙이, 결합소의 변화

1. 많은 단어의 말뿌리들이 형태상으로 더욱 완결되면서 자립성이 커졌다. 형용사, 동사의 말뿌리들이 토 없이 독립적으로 쓰이던 특성이 거의 없어지게 되었다.

2. 앞붙이들은 순수 단어조성의 어휘적 기능을 수행했지만 뒤붙이들은 어

휘적 기능을 수행하는 것 외에도 품사를 바꾸는 역할을 하면서 문법적 기능을 수행하게 되었다.

3. 결합자음은 앞시기까지 쓰인 'ㄹ, ㄱ, ㅇ'들은 대부분이 쓰이지 않게 되고 'ㆆ'이 부분적으로 쓰였으나, 17세기 이후에는 앞시기에 비하여 쓰임이 매우 적어졌으며, 18세기말부터는 거의 없어졌다. 사잇소리 'ㅅ'도 단어 내부에 끼이는 결합소로 작용을 하였지만, 18세기 이후 쓰임이 대폭 축소되었다.

4. 결합모음은 용언 줄기의 끝모음이 약화되어 닫힌소리마디가 형성되면서 이루어진 것으로서 18세기말까지는 계속 약화모음인 밝은모음의 'ᄋᆞ'와 어두운모음의 '으'가 쓰여 왔다. 그러나 17세기 이후 'ᄋᆞ' 소릿값의 흔들림, 모음조화의 파괴로 'ᄋᆞ → 으'로 변화하여 갔다.

(2) 토의 일반적인 변화

1. 토는 여러 가지 형태상 변종을 계속 가지고 내려오면서도 점차 형태들이 통일되었다. 모음조화에 의한 변종은 어두운모음의 토로 통일되는 방향으로 나갔다. 'ㆆ' 결합자음을 가진 변종의 토도 없어지면서 결합자음이 없는 토로 통일되어 갔다. 그밖에 입천장소리로 된 변종, 모음조화의 변종들도 많이 정리되어 갔다.

2. 토들은 말뿌리를 출발점으로 하여 연이어 붙어나가는 교착적인 덧붙이로서의 특성이 점차 더 많아졌다. 모든 토들이 단어 속에서 규정된 자리에 놓이면서도 격토, 도움토, 이음토, 맺음토와 같은 토들은 17세기 이후 합성토를 이루는 경우가 앞시기보다 더 많아졌다.

3. 일부 토들은 말뿌리에 붙는 차례가 바뀌는 특성이 있었다. 일부 토는 다음 토와의 관계에서 볼 때 앞에도 붙고 뒤에도 붙는 현상이 있었다. 특히 존칭토 '-시-'와 시태토 '-앗/얏-, -엇/엿-', '-더-', '-거-', '-ᄂᆞ-'들이 차례가 많이 바뀌었으며 존칭토 '-시-'와 겸손토 '-ᄋᆸ-'의 차례로 많이 바뀌었다. 곧 '-시엿/엿시-', '-시더/더시-', '-시거/거시-', '-시ᄋᆸ/ᄋᆸ시-'와 같은 통용이 있었다. 그러나 19세기 초부터 현대말과 같이 '-시엿-', '-시더-', '-시거-'와 같은 순

서로만 결합하게 되었다.

(3) 격토 변화

1. 속격과 여격이 독자적인 격들로 완전히 분화되었다. 18세기 이후부터 '-의/ᄋᆡ'가 소속을 위주로 한 속격의 의미로 쓰이고 '-애/에'가 장소를 위주로 한 여격의 의미로 쓰였다. 물론 입말에서는 20세기까지도 속격토와 여격토가 통용되었다.

2. 여위격토가 여격토와 위격토로 분화되었다. 17세기 이후 여위격토에 '이시다'에서 온 '-이셔, -셔'가 붙어 단일한 형태로 되면서 주로 장소, 행동수행의 이탈점을 나타내게 되어 여격과 위격이 분화되었다.

3. 주격토는 '-이'와 '-ㅣ'였으나, '-ㅣ'는 새로 발생한 '-가'와 함께 쓰이다가 19세기부터 쓰이지 않게 되었다.

(4) 용언토의 변화

1. 맺음토 '-ㄴ뎌(-신뎌, -손뎌)', '-ㄹ져, -ㄹ씨니라, -ㅅ다(-놋다, -닷다, -샷다, -랏다), -ㄴ고야, -ᄯᅩ녀' 등과 같은 많은 앞시기의 맺음토들이 소극화되거나 쓰이지 않게 되었으며 그 대신 '-ㅂ니다, -ㅂ시다, -요, -네, -새, -세, -쟈/자, -게, -ᄂᆞ이다, -소이다' 등과 같은 맺음토들이 많이 쓰였다. 그리고 일부 맺음토는 '-ㅣ오 → 요, -니아 → 냐' 등과 같은 형식으로 형태 변화를 입었다.

2. 말차림의 문법범주가 더욱 뚜렷이 나타나게 되었다. 특히 높임말차림과 낮춤말차림을 나타내는 새로운 형의 토들이 더 나타나 적극 쓰이게 됨에 따라 우리말의 '높임/같음/낮춤'의 말차림 체계가 더욱 확고해졌다. 그리고 '습니다'형, '해요'형이 새롭게 형성되었으며 '하오'형, '하게'형, '해라'형, 반말형의 말차림토가 더욱 튼튼히 자리 잡게 되었다. 우리말의 맺음토가 역사적으로 주로 '높임차림/기초차림/낮춤차림'의 세 가지 갈래로 말차림을 나타냈기 때문에 같음의 말차림을 나타내는 토는 '기초차림'을 나타내는 토에 토대하여 상대적

으로 뒤시기에 이루어졌다. 이 시기부터 특히 '-니'형, '-네, -새/세'형, '-가/고'형, '-리, -랴'형 등 같은말 차림토들이 많이 쓰이기 시작하였다.

3. 이음토의 경우, 앞시기에 있던 '-과댜, -관대, -ㄴ마ᄅᆞᆫ, -ᄂᆞ로, -련마ᄅᆞᆫ, -ㄹᄉᆞᆫ, -ㄹ션졍' 등과 같은 토들이 소극화되다가 없어졌고 '-되, -든지, -던들, -면셔, -매, -지만, -ㄴ즉, -ㄴ고로' 등과 같은 많은 이음토가 새롭게 나타났다. 그리고 '-ᄃᆡ/되, -ㄴᄃᆞᆯ/ㄴ들' 등과 같은 일부 이음토가 새로운 형태의 말소리 변종으로 나타났다.

4. 규정토에는 '-ㄴ(-ᄋᆞᆫ/은)', '-ㄹ(-ᄋᆞᆯ/을)', '-ᄂᆞᆫ/는/논', '-던'이 있었고 앞시기에 일부 쓰이던 '-간/건'은 없어졌다. 그리고 중세 후기에는 꾸밈토가 매우 풍부하였으나 오히려 현대어로 넘어오면서 없어진 것이 많았다. 18세기 이후 '-소이, -이, -디록, -ᄃᆞ로, -ᄉᆞ록, -에' 등이 없어지고 일부는 '-디 → -지', '-ᄃᆞ로기 → -ᄃᆞ록', '-ᄀᆡ/긔 → -게'와 같은 형태 변화를 입었으며 일부는 '-ᄃᆞᆺ/듯 → -듯', '-ᄃᆞ록/도록/디록 → -도록' 등과 같은 형태의 통일을 이루었다.

(5) 도움토

앞시기에 쓰이던 '-ᄇᆞᆺ/밧', '-손ᄃᆡ', '-라와', '-ᄯᆞ녀, -도곤/두곤, -ㄹᄉᆞᆫ/ㄹ손, -마/맛, -곳/옷'과 같은 도움토가 없어지거나 소극화되었으며 '-보다, -다가, -나마, -한틔, -조차, -그려'와 같은 도움토가 새롭게 나타났다. 그리고 일부 도움토는 '-ᅀᅡ → 사/아/야', '-브터 → 부터', '마곰 → 마콤', '텨로 → 쳐로', 'ᄃᆡ로 → 대로'와 같이 형태가 변화하였다.

2) 문장 구조의 변화 발전

15세기에서 19세기에 이르는 동안 나타난 우리말 문장 구조 변화의 특징을 다음과 같이 제시하였다. 우리말 문장 구조는 15~16세기나 그 이후 시기인 근대 시기와 크게 차이나지 않으나 단어들의 결합 특성, 문장성분들의 표현과 차례, 문장의 길이와 유형 등 부분적인 점에 있어서는 변화가 있었다고 하였다. 즉 문장 구조는 15~16세기의 특성을 대부분 보존하고 있으면서 18세기 이후 국문, 국한문으로 쓰인 말체의 새로운 문장이 대폭 늘어나게 되었다고 하였다.

1. 문장 유형으로 볼 때 15~16세기의 글말 문장의 기본 유형은 긴 복합문이었으나 18세기 이후 단일문과 짧은 복합문이 쓰이기 시작하였다.

2. 입말의 문장 구조가 글말에 흘러들며 한문 번역식의 문장 구조가 사라져 갔다. 17세기 이후 국문소설과 국문시가를 비롯한 문예작품들에 쓰인 글말들에 입말의 알기 쉬운 단어결합과 표현, 대화체의 간단한 문장, 입말투의 문장성분이 다양하게 쓰이게 되었다.

3. 문장론적인 수단과 단위가 점차 정리되고 풍부화되었다. 오래전부터 내려오던 어려운 단어결합과 문장성분, 낡은 이음토와 맺음토가 일부 없어지고 보다 알기 쉬운 것이 더 많이 쓰였다. 문장론적 수단과 단위는 또한 점차 풍부해지고 다양해졌다. 어휘, 토, 어조와 같은 문장론적 수단이 입말에 기초해서 풍부해졌으며 끼움말, 느낌말, 보임말과 같은 문장성분이 더 많이 쓰였으며 명명문, 단어문장, 겹침복합문과 같은 문장 유형들도 더 많이 늘어났다.

구체적으로 문장 구조의 변화에 대해 항목별로 기술하였는데 몇몇을 소개하면 다음과 같다.

1. 15~16세기 이래 접속법에서 구격토 '-와/과'의 쓰임이 많았으며 특히 단어들이 '-와/과'에 의하여 접속될 때 접속되는 마지막 단어에도 '-와/과'가 붙었으나, 점차 사라져 갔다.

2. 일정한 상황어를 이루는 토 '-이'를 요구하여 쓰였으나 이것은 점차 '-게'를 요구하여 쓰이는 데로 변화하였다.

3. 옮김을 나타내는 토를 붙이지 않고 직접 옮겨지는 말의 뒤에 'ᄒᆞ다'를 붙였으나, 나중에 토 '-고, -라고, -라'가 발달하였다.

5. 문체의 변화 발전 연구

1) 문체의 변화의 특징

북한의 언어사에서 문체 변화를 비중 있게 다루고 있다. 위에서 살펴본 바와 같이 말소리, 어휘, 문법과 함께 문체, 언어규범을 주요 분야로 다루고 있어 이를 확인할 수 있다. 우선 앞에서 제시한 저서들에 나타난 15세기에서 19세기까지의 우리말 문체의 특징을 소개하면 다음과 같다.

먼저 15세기~16세기의 문체 특징을 다음과 같이 제시하였다. "이 시기의 조선말의 문체는 자기의 민족글자에 의한 글말문체가 확립되였다는 점에서 그 앞시기까지의 경우와는 근본적으로 구별된다. 따라서 이 시기의 문체의 발전은 우리 글자에 의한 다양하고 풍부한 자료를 통하여 구체적모습을 생동하게 보여준다는 점에서 앞시기까지의 경우와는 뚜렷이 구별된다." 구체적으로는 다음과 같은 문제를 논의하였다.

1. 고유한 민족 글자 훈민정음 창제에 따르는 우리말 글말의 확립
2. 우리 글자로만 쓰는 국문체와 우리 글자와 한자가 섞여 쓰는 국한문체의 형성
3. 고유한 민족 글자 훈민정음에 의한 글말의 확립에 기초한 우리말 기능문체의 새로운 발견

다음은 17세기~19세기 중엽 시기로, 우리말의 문체가 분화되면서 여러 측면에서 발전하여 높은 수준에 이른 시기라 하면서, 문체 발전에서 볼 수 있는 주요 특징을 다음과 같이 제시하였다.

1. "간결성, 정확성, 명료성, 통속성을 앞시기보다 더 잘 보장하는 방향에서

표현성이 더욱 높아진것이다. 17세기이후 한문직역체, 고답적인 글체의 어려운 점, 지루한 점, 모호한 점들이 많이 극복되고 모든 부류의 문체들에서 앞시기보다 간결하고 알기 쉽고 대상을 더 적중하게 나타내는 문체론적수단과 수법들이 씌여지게 되였다."

2. "문체의 류형들이 새로 생겨나거나 분화되면서 더욱 다양해진것이다. 이 시기에 우리 말 문체가 분화되고 다양해진것은 말과 글의 사용목적과 요구에 맞게 사람들의 서사생활분야가 다양해지면서 매 분야에 따르는 문체론적수단과 수법, 글의 구성방식이 형성된것과 관련되여있었다."

3. "문체론적수단과 수법이 더욱 발전한것이다. 어휘와 토, 문장류형 등에서 고유말요소, 입말체의 요소들이 살려지게 되였으며 뜻같은말, 소리같은말들이 발전되여 각이한 표현적차이를 더 잘 나타내게 되였다. 문체론적수법에서도 오래전부터 전통적으로 쓰이던 비유법, 대비법, 대구법, 반복법의 범위를 훨씬 벗어나서 앞시기에는 그리 많이 쓰이지 않던 감정정서적물음법, 감탄법, 강조법 등도 다양하게 씌여지게 되였다."

문체의 변화 발전을 특수문체와 기능문체로 나누어, 특수문체는 언해체와 우리말 저술체, 국한문체와 국문체, 글체와 말체에 대하여, 기능문체는 문학예술문체에 대하여 서술하였는데 이들에 대해 살펴본다.

2) 언해체와 우리말 저술체

언해체는 "15세기에 우리 글자가 창제된 때로부터 생겨서 존재하는 특수한 류형의 번역체로서 한문이나 다른 나라의 말과 글을 우리 말과 글로 번역하여 옮긴 문체"라 하였고, 이와 상대되는 개념으로 우리말로 된 고유한 저술체를 들었는데, 우리말 저술체는 이미 우리글이 창제된 직후부터 존재하였다고 하였다.

한문이라도 우리말과 글로 번역할 때에는 철저히 우리말 어휘와 표현, 문장 구조에 맞게 옮겨야겠으나 당시 적지 않은 사람들이 한자와 한문을 숭상하며 그것을 쓰는 데 버릇이 되어 있고 언어의식과 언어지식에서 많은 제한성이 있었던 관계로 번역과 관련된 글이 독특한 번역식 문체인 언해체를 이루게 되었다는 것이다.

언해체는 17~18세기에는 국가적인 공문서의 글, 과학 기술의 글만 아니라 문학예술작품의 글, 교재, 수필에까지 침투되어 널리 유행되었으며 19세기 말에 이르러 없어졌다고 하였다. 18세기 이후부터는 언해체의 격식적인 틀이 점차 파괴되게 되었고 우리말의 고유한 표현 수단을 받아들이는 방향으로 변화하여 이미 우리말 저술체처럼 되었음을 지적하였다.

18세기 이후 우리말 저술체에 접근하게 된 것은 첫째, 국문소설, 국문시가를 비롯한 우리말 저술체가 널리 보급되어 다른 문체에 영향을 주게 되고 둘째, 언해체보다 통속적인 말체를 반영한 <청어로걸대>, <몽어로걸대> 등과 같은 글이 늘어나고 셋째, 언해체의 글을 점차 평범한 중류 계층의 일반 사람들이 많이 이용하게 된 것과 관련된다고 하였다.

우리말 저술체는 언해체에 비하여 우리말의 고유한 문체론적 방법을 잘 반영하고 있어서, 어휘와 표현에서 어려운 한자말이 더 적게 쓰였으며 또한 어순도 우리말 어순이 쓰였다고 하였다.

3) 국한문체와 국문체

적는 글자를 따라 우리말 문체는 원래 한문체, 국한문체, 국문체의 세 가지가 있는데, 국한문체는 어휘와 토, 어순에서 한문식 글체의 요소를 가지고 있는 문체이며 국문체는 우리말 요소를 가지고 있는 문체라 하였다. 이에 대한 기술은 다음과 같다.

국한문체는 일찍이 우리 글자가 창제되던 당시부터 형성된 문체로 15세기부터 18세기까지 언해체의 거의 대부분, 저술체의 일부 글이 다 국한문체이다. 쉬운 우리 글자가 창제된 뒤에 오랜 기간 국문체로 쓰지 못하고 대부분 국한문체로 쓴 것은 당시 통치계급층이 한자, 한문에 대한 사대주의에 물젖어 한자, 한문을 쓰지 않으면 글자생활을 할 수 없는 것처럼 생각하였기 때문이었다.

국문체는 국한문체와 함께 15세기에 우리 글자가 창제되면서 생겨난 문체로 16세기 후반기부터 소설과 시가들이 국문으로 많이 창작되어 간행됨에 따라 독자적인 문체를 이루고 널리 발전하게 되었다. 국문체는 한자말 어휘와 표현 대신 고유 어휘와 표현을 많이 담았다.

4) 글체와 말체

우리말에서 글체와 말체의 불일치가 계속 유지되게 된 것을 다음과 같은 두 가지 이유를 들어 설명하였다.

첫째, 글체가 과학, 문학 등의 분야에 적게 쓰이고 여전히 불교, 유교 등 종교 경전, 법률, 공문 등의 문서에 많이 쓰이면서 이전의 형식을 고수하였으나 말체는 사람들의 실지 생활에 쓰이면서 끊임없이 다양해진 것과 관련되었다.

둘째, 글체가 한자로 많이 기록되고 한문식의 표현을 더 많이 담으면서 입말, 고유말을 잘 담지 못하는 데 비하여 말체는 주로 입말, 고유말을 담으면서 자꾸 변화 발전한 것과 관련되었다.

(1) 글체의 특징

우리말 글체는 역사적으로 한문체와 이두체로 쓰여 격식적인 틀이 심하였으며 15세기 이후 우리 글자로 쓰이면서도 그 틀이 많이 유지되었다. 18세기 이전에는 어디에서나 글체를 많이 썼으나, 18세기 이후의 국문소설, 잡가, 민요 등에서는 말체를 많이 썼다. 이 시기 글체의 특징을 다음과 같이 들었다.

1. 어휘: 낡은 한자말, 한문투의 어휘, 봉건사회의 제도, 문물과 관련된 어휘, 일부 옛말투의 고유말 등이 많이 쓰였다.

2. 많이 쓰인 토: 20세기 이후에는 '-다' 형의 토가 더 많이 쓰였지만 19세기까지는 '-라' 형의 토가 더 많이 쓰였다.
3. 문장: 글체의 문장은 한결같이 긴 복합문이었다.

(2) 말체의 특징

17세기 이후에는 점차 보통 사람들이 일상적으로 주고받는 말체가 많이 글말화되었으며 입말의 대화를 기본으로 하는 많은 외국말 교재들이 말체로 간행되었다. 이 시기 말체의 특징을 다음과 같이 들었다.

1. 어휘: 말체에는 글체에 비하여 생활 어휘와 고유 어휘가 많이 쓰였으며 중성적인 어휘와 함께 감정정서적인 "뜻빛갈"을 가진 어휘가 많이 쓰였다.
2. 많이 쓰인 토: 말차림과 예의 관계가 구체적으로 드러나는 토가 더 많이 쓰였고, 특히 순수한 입말형의 토가 많이 쓰였다.
3. 문장: 직관적이고 간결한 문장이 많이 쓰였다.

5) 문학예술문체

문학예술문체는 다음과 같은 방향으로 발전하게 되었다고 하였다.

첫째, 형상성을 보장하기 위한 형상적 묘사가 더욱 발전하였다. 18세기 이후의 소설과 시에서는 보다 생동한 형상어와 개성적이며 다양한 표현을 쓰면서 내면세계까지 파고 들어갔다.

둘째, 원래 문학예술문체는 글체의 틀에 많이 매여 한문투의 옛스러운 문체 수단을 많이 가지고 있었다.

셋째, 문학예술문체가 더욱 분화되고 다양해졌다. 운문소설체, 수필식의 소설체, 잡가체, 민요체 등이 생기고 별곡체가 없어졌다. 점차 국문체가 발생하기 시작하였다.

6) 그 밖에 기능문체

문체와 관련하여 그 밖에 다음과 같은 대상도 다루어 기술하였다.

첫째, 공식사무문체이다. 17세기 이후 국한문체와 국문체가 늘어남에 따라 우리글로 쓰인 공식사무문체의 글이 일부 나왔다. 이 시기의 공식사무문체는 내용에서 관료식 사고방식이 그대로 반영되어 있었으며 구성 체계와 형식에 있어서 격식과 틀에 얽매여 있었다. 공식사무문체의 특성인 공식성, 엄격성, 정중성은 있었으나 아직 간결성, 정확성은 부족하였다.

둘째, 경전문체이다. 경전문체는 옛 교리와 규범을 전달하면서 설교와 훈시를 전면으로 내세우는 문체였다. 따라서 시킴토, 추김토보다 '-니라, -더라'와 같은 알림토가 많이 쓰였다.

셋째, 과학기술문체이다. 우리글로 된 과학기술문체는 일찍이 <훈민정음> 등에서 형성되었다. 17~18세기의 과학기술문체는 당시 우리 문인들과 일부 관리들에 의하여 저술되었거나 번역된 과학 기술 분야의 문체였다. 어휘 측면에서는 주로 한자말이 사용되었으나, 말체의 어휘도 적지 않게 사용되었다. 문장 측면에서는 서술의 논리 전개를 위하여 전개문, 복합문들이 많이 쓰이면서도 통속적이며 간편한 서술을 위한 짧은 문장, 명명문과 뜻풀이식의 단일문들이 많이 쓰였다.

넷째, 생활문체이다. 생활문체란 편지, 일기, 잡기, 수필, 순수한 역사기록 등 일상생활에서 공식적인 성격을 띠지 않고 쓰이는 글의 문체이다. 이 가운데 행장체(行狀體)가 있는데, 이는 어떤 인물이 지내온 일을 역사기록식으로 서술하는 독특한 문체이다. 수필체와 다른 점은 주로 통치계급의 역사 사실을 기록했던 만큼 격식적인 글체의 특성이 많으며 표현 형식이 자유롭지 못하였다.

제8장

방언 연구

1. 방언 연구 개관

『조선어학전서』에서 제시한 분야 중, "IX. 방언학"에 포함된 책은 제38권 『조선어방언학』 한 권으로 2005년 2월 15일 발행, 255쪽이다. 저자는 김성근인데 사회과학원 언어학연구소의 원로 연구원이다.

이 책 '머리말'에서 우리나라 방언 연구의 흐름을 언급하고 있다. 먼저 그 주요 내용을 간추리면 다음과 같다.

1. "우리 나라 학자들은 오래전부터 방언학에 관심을 돌리고 연구를 진행하였다. 황윤석을 비롯한 실학파학자들은 일정한 정도 방언연구를 진행하여 성과를 거두었다. 그러나 시대적제한성으로 하여 방언연구가 심도 있게 전면적으로 진행되지 못하였다. 조국의 광복 전에도 적지 않은 학자들이 방언연구에 관심을 가졌으나 일제의 민족어말살책동에 의하여 방언연구가 원만히 진행되지 못하였다."

2. "우리 나라에서의 방언학연구는 조국광복이후에 본격적으로 진행되였다. 전국적범위에서 방언수집사업이 광범히 진행되였으며 그에 기초하여 단

행본을 비롯한 개별론문들이 적지 않게 나오고 언어지리학, 방언사전이 집필출판되였다. 조국광복후에 방언연구에서 특징적인것은 주체의 언어리론에 의해 지난 시기 방언연구의 부족점이 극복되고 새로운 방법론이 수립된 것이다."

3. "주체의 언어리론에서는 과거의 방언연구방향과는 완전히 다르게 민족어를 발전시키고 세련시켜나가도록 하는데로 방향을 전환시켰다. 주체적언어리론에 의해서만이 방언에서도 좋은 말을 찾아 그것을 더욱 세련시켜나감으로써 문화어를 풍부히 하고 민족성이 높이 발양된 언어로 발전시켜나가는 길이 밝혀졌다."

4. "다른 한편 일상생활에서 방언을 쓰지 말며 학교에서 문화어교육을 강화하도록 함으로써 방언을 점차 쓰지 않는 기풍이 서게 되였다. 이것은 방언연구에서 일어난 하나의 새로운 변혁이다. 광복후에 우리 말에서는 어음, 어휘, 문법 등 모든 측면에서 방언적현상들이 적지 않게 극복되였으며 우리 말이 사회주의민족어로서의 면모를 훌륭히 갖추게 되였다. 특히 지난날 방언으로 취급되던 수많은 좋은 어휘들이 문화어에 들어와 문화어어휘구성을 풍부히 하는데 이바지하였으며 단어의 발음과 문장억양에서도 지난 기간의 낡은 언어관습이 극복되고 현대의 요구에 맞는 단어발음과 문장억양의 규범이 세워졌다."

이를 통해 광복 후 북한의 방언에 대한 태도를 확인할 수 있다. 즉 문화어 중심으로 방언은 점차 쓰지 말아야 한다는 것과 방언에서 좋은 말을 찾아 문화어를 풍부하게 해야 한다는 것이다.

『조선어방언학』은 방언 일반에 대한 논의, 그리고 방언의 어음, 어휘, 문법 현상을 다루어 크게 다섯 장으로 구성되어 있다. 차례에 나타난 주요 내용은 다음과 같다.

제1장 조선어방언과 민족어

제1절 방언학의 연구대상과 연구목적

제2절 민족어와 방언, 문화어와 방언

제3절 조선어방언의 구획과 관련된 문제

제2장 공화국북반부에서의 방언움직임의 일반적특징

제1절 방언의 문화어에로의 접근의 전제조건조성

제2절 공화국북반부지역에서의 방언움직임의 일반적특징

제3장 조선어방언의 어음현상

제1절 조선어방언의 모음구성과 체계

제2절 조선어방언의 자음구성과 체계

제3절 조선어방언악센트

제4절 조선어방언억양

제4장 조선어방언의 어휘현상

제1절 광복후 조선어방언의 어휘구성과 의미의 변화

제2절 조선어방언어휘의 특징

제3절 같은 대상, 현상에 대한 서로 다른 이름

제4절 서로 뜻이 다르거나 특수하게 쓰이는 방언어휘

제5장 조선어방언의 문법현상

제1절 방언에서의 단어조성수법

제2절 조선어방언의 형태체계

2. 방언 일반에 대한 논의

1) 방언학의 연구 대상과 연구 목적

방언학의 연구 대상에 대하여 “지방인민들의 산 언어속에 존재하는 방언적인 현상"으로 "어음론적현상, 문법적현상, 어휘론적현상"을 포함한다고 규정하였다. 아울러 옛 문헌 자료는 역사적 방언 자료로서 현재 방언 현상을 고증하는 가치가 있다고 하였다.

방언학 연구의 목적은 문화어의 통일적 발전에 지장을 주는 방언의 사용을 제한하고 소극화시키며 사회의 언어생활에서 없애 버리는 것이라 하면서, 민족어의 발전 역사를 체계적으로 연구하는 데, 민족어의 단일성을 논증하는 데에도 연구의 목적이 있다고 하였다.

2) 방언, 민족어, 문화어

방언과 민족어, 방언과 문화어에 대하여 그 개념을 정리하여 제시하였다. 방언이란 옛날부터 일정한 지방에서 그곳 사람들에 의하여 쓰인 말로, 일정한 고유 체계를 가지며, 고유의 언어 법칙과 규칙에 의하여 변화 발전한다고 하였고, 넓은 의미에서 방언은 민족어에 포함되며, 민족어 안에서 규범적인 언어인가 아닌가에 따라서 방언과 표준적인 말이 갈라지게 된다고 하였다.

문화어는 평양을 중심지로 하고 평양말을 기준으로 하여 이루어진 말로서, 앞으로 문화어의 영향이 강화되고 세대가 바뀌면서 방언은 소멸되는 운명에 처하게 될 것이라고 언급하였다.

3) 방언 구획

지금까지의 우리나라 방언 구획의 이론을 제시하며 각 이론의 상호 관계에 대해 언급하였다. 먼저 "『조선언어지리학서고』의 저자는 방언구획을 크게 동부방언지구와 서부방언지구로 나누고 그안에서 동부방언지구에는 동북방언, 동남방언을 포함시키고 서부방언지구에는 서북방언, 중부방언, 서남방언, 제주방언을 포함시켰다." 다음으로 "『조선어동서방언비교연구』에서는 동부방언지구에 동북방언, 륙진방언, 동남방언, 중부방언의 강원도 동부지방을 포함시켰으며 서부방언지구에 서북방언, 중부방언, 서남방언을 포함시켰다."

위에 언급한 두 저서에서 동부방언지구에 포함되는 지역이 차이 나는 이유에 대해 다음과 같이 풀이하였다. "동북방언에서도 륙진지방의 방언이 특별히 차이나는데 있으며 중부방언 가운데서도 강원도 동부지방(대관령동쪽)의 방언이 중부방언에 가까운것이 아니라 동북방언이나 동남방언에 가까운데 있다고 보아진다."

이에 대해 저자는 육진방언을 동북방언에서 분리하여 하나의 독자적인 방언구역으로 설정하여야 한다고 하면서, 그 근거로 육진방언은 어음적 측면, 문법적 형태, 어휘적 측면에서 동북방언과 차이난다는 점을 밝혔다.

4) 방언에서 문화어로

북한에서는 그동안 문맹에서 벗어난 사람들은 문화어와 방언의 차이를 알게 되고 방언을 버리고 문화어로 말하고 글을 쓰는 기풍이 일어났는데, 이러한 현상의 특징을 다음과 같이 제시하였다.

첫째, 방언에 있던 우수한 언어 요소들이 끊임없이 문화어에 침투함으로써 언어의 질적 특성이 개선되고 민족적 특성이 더욱 높게 되었다.

둘째, 방언의 소극화 현상이 전반적 지역과 모든 계층 속에서 활발히 진행되었다.

셋째, 전국적으로 문화어 규범이 확립되고 방언의 소극화 과정은 언어의 모든 측면에서 진행되었다.

그러나 북한에서 문화어와 방언의 차이는 지방에 따라 정도가 다르다는 사실을 지적하였다. 황해남북도, 강원도, 평안남북도, 자강도 지방의 방언은 문화어와 차이가 그리 심하지 않으나, 함경남북도, 양강도 지방의 방언은 문화어와 차이가 심하다는 것이다.

3. 방언의 어음 연구

1) 모음

문화어의 모음은 홑모음 'ㅏ, ㅓ, ㅗ, ㅜ, ㅡ, ㅣ, ㅐ, ㅔ, ㅚ, ㅟ' 10개이고 겹모음 'ㅑ, ㅕ, ㅛ, ㅠ, ㅒ, ㅖ, ㅘ, ㅝ, ㅙ, ㅞ, ㅢ' 11개인데, 방언은 모음 체계, 발음에서 일정한 차이를 나타내고 있다고 하면서, 모음 하나하나에 대한 방언 현상을 기술하였다. 그 가운데 몇 모음의 예를 소개하면 다음과 같다.

(1) 모음 ㅚ

모음 'ㅚ'에 대한 방언 구획별 특징을 기술하였는데, 그 내용은 다음과 같다. 서북방언에서 'ㅚ'가 'ㅙ, ㅐ, ㅗ'로 대치되는데, 황해도방언에서는 말머리에 오는 'ㅚ'는 그대로 발음되고 자음 뒤에 오는 'ㅚ'는 'ㅙ'로 발음된다. 평안도방언에는 모음 체계에 'ㅚ'가 존재하지 않지만 황해도방언에는 엄연히 'ㅚ'가 존재한다. 'ㅚ'가 'ㅙ'나 'ㅗ'로 대응되는 현상은 육진방언에서도 나타난다. 동북방언에서 모음 체계에 'ㅚ'가 존재하지 않는 것은 서북방언과 같으나 그에 대응되는 모음이 다르다. 동북방언에서 모음 'ㅚ'는 'ㅐ'로 대응되는 것이 전형적인 현상이다. 동남방언에서 'ㅚ'가 'ㅐ'로 발음되는 것은 동북방언과 같으나 'ㅚ'가 'ㅐ'로 발음되는 것은 경상남도 지역뿐이고 경상북도에서는 'ㅚ'가 'ㅞ'로 발음되고 있다. 'ㅚ'가 'ㅞ'로 발음되는 현상은 경상북도뿐 아니라 제주방언에서도 적지 않게 나타난다. 이와 같이 우리나라 방언에서 'ㅚ'가 기본적으로 'ㅙ', 'ㅐ', 'ㅞ'로 나타나고 간혹 'ㅔ', 'ㅗ'로 나타나기도 한다. 'ㅚ'가 그대로 발음되는 방언은 중부방언과 서남방언뿐이다.

(2) 모음 ㅐ, ㅔ

모음 'ㅐ', 'ㅔ'에 대한 방언 구획별 대응의 특징을 기술하였는데, 그 내용은 다음과 같다. 대응의 예는 역사적 변화 현상과 관련된다는 점을 밝혔다. 15세기에는 홑모음으로서 ‘ㅐ, ㅔ, ㅚ, ㅟ’가 존재하지 않고 ‘ㅏ, ㅓ, ㅗ, ㅜ’에 ‘ㅣ’가 뒤따르는 ‘ㅏ͡ㅣ, ㅓ͡ㅣ, ㅗ͡ㅣ, ㅜ͡ㅣ’가 존재하였다 이러한 현상이 그 후 점차 홑모음으로 전환되면서 방언에 따라 홑모음화된 것이 있는가 하면 일부 단어에서 홑모음화되지 않고 옛 형태를 그대로 보존하고 있는 것이 있다. 지금 서북방언과 충청남북도 일부 지방에서 ‘ㅐ’가 ‘ㅏ͡ㅣ’로 대응되고 있다. ‘ㅐ’를 ‘ㅏㅣ’로 발음하는 것과 같은 현상은 ‘ㅔ’를 ‘ㅓㅣ’로 발음하는 데서도 나타난다. 이와 같은 현상은 ‘ㅚ’나 ‘ㅟ’에서도 마찬가지이다. ‘오이’가 줄어들어 ‘외’가 되었지만 현재 사회적으로 ‘오이’가 널리 쓰이기 때문에 문화어로 규범화하는 데까지 이르렀다.

(3) 겹모음 ㅑ, ㅕ, ㅛ, ㅠ, ㅒ, ㅖ

겹모음 ‘ㅑ, ㅕ, ㅛ, ㅠ, ㅒ, ㅖ’에 대한 방언 특성 기술은 다음과 같다. 반모음 ‘ㅣ’를 발음할 때 혓등이 입천장에 더 가까이 접근하는 것만은 사실이나 다른 나라 말의 j를 발음할 때와 같이 스침소리가 날 정도에까지 이르지는 않는다. 즉 우리말 반모음 ‘ㅣ’를 발음할 때에 모음 한계선을 벗어나지 않으며 스침소리가 나지 않는다. 반모음은 길이가 짧고 성절음을 이루지 못하는 것이 모음 ‘ㅣ’와 다를 뿐이다. 겹모음 ‘ㅑ, ㅕ, ㅛ, ㅠ’가 자음과 결합될 때 방언에 따라 이러저러한 변화를 가져온다. ‘ㅕ, ㅛ, ㅠ’가 자음 ‘ㄴ’과 결합할 때 다른 방언들에서는 다만 ‘ㄴ’을 빼고 발음하는 현상을 나타내나 서북방언에서는 ‘ㄴ’을 보존하면서 겹모음의 앞요소 ‘ㅣ’가 빠치고 ‘ㅓ, ㅗ, ㅜ’로 발음한다. 겹모음 ‘ㅑ, ㅕ, ㅛ, ㅠ’가 자음 ‘ㄷ’과 결합되는 경우에도 다른 방언에서는 입천장소리로 되어 ‘ㄷ → ㅈ’으로 변하지만 서북방언과 육진방언에서는 겹모음의 앞요소가 빠질 뿐 자음 ‘ㄷ’ 그대로 발음된다. 겹모음 ‘ㅕ, ㅛ’가 자음 ‘ㅁ, ㅂ, ㅍ’과 결합될 때 ‘ㅔ, ㅚ’ 등 방언에 따라 여러 가지로 변하게 된다. 황해도 방언에서는 모음 ‘ㅑ’가 ‘ㅕ’에 대응하고 ‘ㅕ’가 ‘ㅛ’에 대응되는 것이 특징이다. 동북방언에서는 반모음 ‘ㅣ’로 시작되는 겹모음이 말머리나 모음과 모음 사이에 놓일 때에는 제 소릿값을 제대로 나타내나 그것이 자음 뒤에 놓일 때에는 다양한 어음 변화를 일으킨다.

(4) 겹모음 ㅢ

겹모음 'ㅢ'에 대한 방언 특성 기술은 다음과 같다. 겹모음 'ㅢ'는 중부방언이나 제주방언에는 존재하나 서북방언, 동북방언, 동남방언, 서남방언에는 존재하지 않는다. 겹모음 'ㅢ'가 존재하지 않는 방언에서는 홑모음 'ㅡ' 또는 'ㅣ'로 대응시키고 있다. 일반적으로 'ㅢ'가 첫소리마디에 놓일 때에는 'ㅡ'로 발음되고 둘째 이하의 소리마디에 놓일 때에는 'ㅣ'로 발음된다. 황해도방언에서는 'ㅢ'가 첫소리마디에 오건 둘째 이하의 소리마디에 오건 관계없이 'ㅣ'로 발음하는 것이 일반적이다. 'ㅢ'가 속격토로 되는 경우에 동북방언을 제외하고 대부분의 방언들에서 'ㅔ'로 발음된다. 그러나 동북방언에서는 'ㅢ'가 속격토로 놓이는 경우에 'ㅡ'로도 대응되고 'ㅣ'로도 대응된다. 동북방언의 속격토 'ㅢ'인 경우에 'ㅣ'로 쓰이는 것보다 'ㅡ'로 쓰이는 경우가 많다.

2) 자음

자음과 관련한 방언 현상도 하나하나 기술하였다. 그 가운데 몇 예를 소개하면 다음과 같다.

(1) 순한소리의 된소리화, 거센소리화

자음의 순한소리, 된소리화, 거센소리 상호간의 방언 현상을 기술한 내용은 다음과 같다. 현재 문화어에는 된소리로 되어 있으나 방언의 일부 단어에는 순한소리로 대응되는 경우가 있다. 이와 같은 현상은 이 방언들에 된소리 자체가 정연하지 못해서가 아니다. 이 방언들에도 된소리가 체계정연하게 존재하며 그것이 순한소리, 거센소리와 상관관계를 이루고 있다. 오늘에 와서 된소리로 발음되어야 할 단어가 계속 순한소리로 존재하는 것은 개별 단어에 잔존하고 있는 옛 낱말의 흔적이다.

발생 시기로 보아 순한소리보다 거센소리가 후에 생겨났기 때문에 일부 방언의 단어들에서 오늘 거센소리로 발음할 곳에 순한소리가 남아 있는 경우가 있다. 이것은 옛날의 언어 흔적을 남긴 개별 단어에서 나타난다. 이와 반대로 서북방언, 동북방언, 동남방언, 서남방언, 제주방언의 개별 단어에서 문화어의 순한소리가 거센소리로 대응되는 현상이 있다. 순한소리를 거센소리로 발음하는 현상은 서북방언과 제주방언에서 특히 강하다.

(2) 입천장소리되기

입천장소리되기에 대한 방언 현상을 기술한 내용은 다음과 같다. 입천장소리되기 현상은 서북방언, 육진방언을 제외하고 나머지 방언들에서는 모두 진행되었다. 문화어에서는 'ㄷ, ㅌ > ㅈ, ㅊ'의 입천장소리되기를 규범으로 인정하고 있다. 그러나 서북방언과 육진방언에서는 입천장소리되기가 되지 않는 것이 다른 방언과 차이나는 점이다. 서북방언이 'ㄷ, ㅌ'의 입천장소리되기를 피한 원인은 기본모음의 변화에 있다고 생각된다. 서북방언에서는 '댜, 뎌, 됴, 듀', '탸, 텨, 툐, 튜'가 'ㄷ, ㅌ' 뒤에 이어진 반모음 'ㅣ'가 빠져 '다, 더, 도, 두', '타, 터, 토, 투'로 변화시키는 데 있으며 다른 한편으로는 '뎌, 톄'를 모음의 자리바꿈을 하여 '데, 테'로 넘어간 데 있다. 육진방언에서의 'ㄷ, ㅌ'은 함경도방언 영향으로 'ㅈ, ㅊ'으로 변해가고 있다.

'ㄱ, ㅋ'의 'ㅈ, ㅊ'으로의 입천장소리되기는 개별 단어에 따라 분포 지역이 넓은 것도 있고 좁은 것도 있다. 오늘날 문화어에서는 'ㄱ, ㅋ'의 'ㅈ, ㅊ'으로의 입천장소리되기를 규범으로 인정하지 않으며 앞으로 없애야 할 현상으로 간주하고 있다.

자음 'ㅎ, ㆅ'은 혀앞소리 'ㅣ'나 반모음 'ㅣ'의 영향에 의하여 혀앞스침소리나 혀뒤스침소리로 변하는 현상이 있다. 이러한 입천장소리되기 현상은 동북방언, 동남방언, 제주방언에서 보편적으로 나타나며 육진방언과 중부방언의 많은 지역에서도 나타난다. 'ㅎ > ㅅ'으로 입천장소리되기가 진행되지 않는 지역은 평안남북도 전체와 경기도 대부분 지역 그리고 황해북도 일부와 황해남도 일부 지역이다. 'ㅎ>ㅅ'의 입천장소리되기는 지리적으로 매우 넓은 지역을 포괄하고 있으나, 'ㆅ>ㅆ'의 입천장소리되기는 남부 지역에 국한되어 있는 것이 특징이다. 입천장소리되기에서 생겨난 'ㅆ' 가운데는 'ㅎ'에서 나온 것도 있고 'ㆅ'에서 나온 것도 있다. 'ㅎ, ㆅ'의 입천장소리되기는 서북방언과 경기도의 대부분 지역 및 황해남북도의 일부 지역에서 일어나지 않는다. 이 가운데서도 서북방언이 제일 철저하며 육진방언도 이와 비슷하다. 그러나 육진방언에서도 동북방언의 영향으로 입천장소리로 되는 현상이 있다. 'ㄱ, ㅋ'의 입천장소리되기와 마찬가지로 'ㅎ'의 입천장소리되기도 문화어의 규범으로 인정하지 않는다.

(3) 자음 'ㄱ, ㅂ, ㅅ'의 덧나기 현상

다음은 자음 덧나기 현상에 대한 기술이다. 일부 방언의 모음과 모음, 울림소리와 모음 사이에서 'ㄱ'이 나타나는 현상이 있다. 이러한 현상은 모든 방언에서 다 나타난다. 'ㄱ' 덧나기 현상의 포괄 범위가 넓은 곳은 동북, 동남, 육진방언이며 포괄 범위가 좁은 곳은 서북, 서남방언이며 이런 현상이 일어나지 않는 곳이 경기도방언과 제주방언이다.

동북, 육진, 동남방언에서는 말 가운데에서 'ㅂ'이 덧나고 있다. 이런 현상은 제한된 단어에서 일정한 조건 밑에서 대응된다. 즉 모음과 모음 사이 또는 울림소리와 모음 사이라는 조건이다. 15세기에 모음과 모음, 울림소리와 모음 사이에 존재하던 'ㅸ'가 한 쪽에서는 사라져 'ㅜ'로 변하고 다른 쪽에서는 'ㅂ'으로 남게 된 결과이다.

중세에 존재했던 'ㅿ'는 방언에 따라 'ㅅ'으로 나타나기도 하고 나타나지 않기도 하는데 문화어와 서북방언, 중부방언에서는 나타나지 않고 동북방언, 육진방언, 동남방언을 비롯하여 제주방언, 서남방언의 대부분 지역, 중부방언의 강원도지역과 충청북도의 일부 지역에서는 'ㅅ'으로 나타나고 있다. 말 가운데에서 'ㅅ'이 나타나는 것은 일부 제한된 조건 즉 모음과 모음 사이에서이다. 'ㅅ' 덧나기 현상에서 서북방언과 경기도방언에서는 이미 'ㅅ'이 없어지고 나머지 방언들에는 옛 잔재가 그냥 남아있다는 것이다.

(4) 자음 'ㄴ'의 보존과 변화

이른바 두음법칙과 관련한 방언 현상에 관한 내용인데, 구체적인 기술 내용은 다음과 같다. 말머리자음 'ㄴ'은 역사적으로 중세에는 모든 모음 앞에서 그대로 발음되었다. 그 후 역사적 과정에 방언에 따라 'ㄴ'이 빠진 형태와 그대로 남아 발음되는 형태가 있게 되었다. 오늘날 문화어를 비롯한 일부 방언들에서는 'ㅑ, ㅕ, ㅛ, ㅠ, ㅖ, ㅣ' 앞에서 말머리자음 'ㄴ'이 빠지고 모음만이 발음되고 있다. 고유어에서의 'ㄴ > ㅇ' 변화는 오늘날 문화어에서 규범으로 인정하고 있다. 'ㄴ'의 빠짐 현상은 동북방언, 동남방언, 서남방언, 중부방언에서만 일어나고 서북방언, 육진방언에서는 모음 'ㅣ'나 반모음 'ㅣ' 앞에서 'ㄴ' 그대로 발음되고 있다. 이때 문화어에서는 'ㄴ'의 빠짐 현상을 규범으로 인정하지 않는다. 문화어에서는 한자어에서의 말머리자음 'ㄴ'을 그대로 표기하기 때문에 발음에서도 글자 그대로 발음할 것을 요구하고 있다. 이것이 바로 문화어 규범의 특성이다.

말머리자음 'ㄴ'을 서북방언과 육진방언에서 보존한다는 측면에서는 다 같으나 그 구체적 내용에서는 차이가 있다. 서북방언에서도 'ㄴ' 뒤에 오는 반모음 'ㅣ'가 빠져 '냐, 녀, 뇨, 뉴'가 '나, 너, 노, 누'로 되거나 'ㅣ'의 자리바꿈에 의하여 '녀'는 '네'로 바뀌나 육진방언에서는 그러한 모음 변화가 일어나지 않고 말머리자음 'ㄴ'과 함께 모음이 그대로 유지되는가 하면 'ㄴ'이 빠지는 현상이 나타나고 있다. 황해도방언에서도 모음 'ㅣ', 반모음 'ㅣ' 앞에서 자음 'ㄴ'이 빠진다.

(5) 자음 'ㄹ'의 보존과 변화

역시 두음법칙과 관련한 방언 현상에 관한 내용인데, 구체적인 기술 내용은 다음과 같다. 말머리자음 'ㄹ'은 방언에 따라 모음 'ㅣ'와 반모음 'ㅣ' 앞에서 'ㄴ'으로 변하거나 빠지는 현상이 있다. 'ㄹ'이 빠지는 현상은 우리 나라의 모든 방언에서 일어나는 일반적인 현상이다. 15세기 훈민정음이 창제된 이후 한자어를 한글로 표기하면서 말머리에도 'ㄹ'이 <훈민정음언해>, <월인석보>, <용비어천가>, <훈몽자회> 등 문헌들에서 쓰이기 시작하였다. 물론 당시 말머리에서 표기는 'ㄹ'로 하였으나 발음이 그대로 되었는지는 의문이다. 일부 사람들은 당시 첫 소리 'ㄹ'은 'ㄴ'으로 발음되었거나 빠졌다고 하고 있다.

서북방언이나 육진방언에서는 모음 'ㅣ'와 반모음 'ㅣ'(ㅑ, ㅕ, ㅛ, ㅠ, ㅖ) 앞에 있는 'ㄹ'은 'ㄴ'으로 바뀌어 발음되고 있다. 오늘날 문화어의 영향이 강화됨에 따라 서북방언과 육진방언에서 말머리자음 'ㄹ'이 모음 'ㅣ', 반모음 'ㅣ' 앞에서 그대로 발음되거나 빠지는 현상이 급격히 늘어나고 있다.

말머리에서의 'ㄹ'의 보존 현상은 현재 어느 한 지방에 그치는 것이 아니라 전체 방언 체계를 흔들어 놓고 있다. 일부 단어의 발음에서는 'ㄹ'을 빼고 발음해야 됨에도 불구하고 'ㄹ' 그대로 발음하는 경향까지 있다.

3) 방언 악센트

방언 악센트에 대해서도 기술하였는데, 그 내용을 정리하면 다음과 같다. 우리말 단어 악센트는 단어의 소리마디 수와 형태부의 결합 관계에 따라 그 유형이 구별된다. 이와 같은 현상은 문화어 악센트뿐 아니라 방언 악센트에서도 마찬가지이다. 음향학적으로 한 소리마디 단어가 높은소리와 낮은소리에 의하여 갈라진다.

두 소리마디로 된 문화어 단어에서는 어느 한 소리마디에도 높이가 오지 않는 단어가 있는가 하면 뒤 소리마디에 높이가 오는 단어, 첫 소리마디가 높아지는 단어들이 있다.

일반적으로 세 소리마디 단어에서 문화어에서는 첫 소리마디의 높이가 끝 소리마디의 높이보다 높은 것이 특징이다. 함경도방언에서는 이와 반대 현상이 일어난다. 문화어에서 네 개의 소리마디로 된 단어는 기본적으로 앞으로부터 둘째 소리마디가 높아지거나 가운데 소리마디가 같이 높아진다. 문화어에서는 네 소리마디로 된 하나의 단어가 어느 한 소리마디에 높이가 오면서 그것을 위주로 하나의 전일체로 발음되지만 황해도방언에서는 셋째 소리마디에 굴곡이 생기면서 끝이 올라가는 형태를 취한다. 함경도방언에서는 굴곡이 생기되 황해도방언과 다른 특징을 나타낸다.

다섯 소리마디로 된 단어에서도 방언에서는 문화어 악센트와는 다른 특성을 나타낸다. 황해도방언에서 다섯 소리마디 단어를 발음하였을 때 끝 소리마디가 제일 높아지고 가운데 세 소리마디는 높이가 같으며 첫 소리마디가 제일 낮다. 함경도방언에서는 첫 소리마디에 악센트가 온다. 양강도, 함경북도 북부지방에서는 다섯 소리마디 가운데서 끝 소리마디가 높아지는 것이 일반적인 현상이나 동사, 형용사와 같은 단어 발음에서는 첫 소리마디가 낮고 다음 소리마디부터 높아지는 것은 같으나 넷째 소리마디가 제일 높고 끝 소리마디가 낮아지는 특징을 나타내고 있다.

4) 방언 억양

방언 억양에 대한 기술 내용을 정리하면 다음과 같다. 우리나라 북반부 방언 억양에서 두드러지게 나타나는 것은 함경도방언이다. 북반부의 다른 지역 억양은 그들 사이에 큰 차이가 없을 뿐 아니라 문화어 억양과 유사하다. 그러나 함경도방언 억양은 문화어의 발음규범과 어긋나는 방언 현상이 다분히 남아 있으며 이것이 사람들의 언어생활을 어지럽히고 언어의 문화성을 높이는데 지장이 되고 있다.

4. 방언의 어휘 연구

1) 방언 어휘의 특징

우리말 방언 어휘는 구조와 표현에서 다음과 같은 특징을 가지고 있다고 하였다. 첫째, 방언 어휘는 거의 모두가 고유어로 이루어져 있다. 둘째, 방언 어휘의 절대 다수는 기초 언어에서 출발한 어휘 변종이다. 셋째, 문화어의 영향에 의하여 방언 어휘의 소극화가 급속도로 진행되었다.

2) 방언의 어휘 현상

방언에 나타난 어휘 현상을 몇 가지로 나누어 제시하였다. 그 내용은 다음과 같다.

(1) 같은 대상, 현상에 대한 서로 다른 이름

첫째, 이름짓기 수단인 말뿌리가 달라서 다른 이름이 생겼다. 둘째, 단어의 뜻을 독특하게 이용하거나 변화시킨 결과로 다른 방언 단어들과 뜻같은말이 이루어지게 되었다. 셋째, 같은 대상에 대한 서로 다른 이름은 방언 사이에 말뿌리 차이에 의해서만이 아니라 덧붙이 차이에 의해서도 생겨났다.

(2) 뜻이 다르거나 반대되는 어휘

첫째, 방언에는 뜻다른말이 있다. 뜻다른말은 흔히 적지 않은 방언들은 본래의 뜻을 그대로 보존하는데 어느 한 방언은 단어의 뜻폭을 넓히거나 좁혀 쓰는 데서 나타난다. 둘째, 방언에는 반대의 뜻을 나타내는 어휘들이 있다. 이것은 뜻다른말의 일종이지만 단어의 뜻이 넓어지거나 좁아져서 생긴 것이 아니라 단어의 뜻이 변화 발전하는 과정에 뜻이 정반대로 변하여 생긴 것이다.

(3) 뜻이 다르면서 소리 같은 어휘

소리같은말에서 서로 다른 단어의 말소리가 변하여 생겨난 것만은 사실이나 그 계기는 여러 가지이다. 첫째, 말소리와 품사 소속이 같고 뜻이 다른 단어이다. 둘째, 말소리는 같으나 문법적 기능과 뜻이 다른 단어이다. 셋째, 말소리는 같으나 길고짧음이 다른 단어이다.

(4) 특수하게 쓰이는 방언 어휘

특수한 어휘는 첫째, 자연지리적 조건과 관련하여 생긴다. 둘째, 특수한 단어는 사람들의 경제생활의 특성에서 생긴다.

5. 방언의 문법 연구

1) 단어조성법

단어조성법의 유형별로 방언의 특성을 제시하였는데, 예를 들어 방언 단어조성에서의 동사+동사의 합침법은 매우 널리 쓰이는 수법의 하나라고 하였고, 명사+형용사의 합침법은 활발히 쓰이는 수법이 아니며 극히 제한된 단어에서만 쓰일 뿐이라 하였다. 방언 단어조성의 붙임법에서 뒤붙임법은 생산적인 수법이지만 앞붙이법은 뒤붙이법에 비해 소극적인 수법이라 하였다.

2) 격형태

방언에 나타나는 격형태의 다양성에 대해 구체적으로 기술하였다. 구체적인 내용을 격형태 별로 제시하면 다음과 같다.

(1) 주격토

방언의 주격토 사용의 특이한 현상은 '-이'와 '-가'의 겹쳐쓰기이다. 주격토의 겹쳐쓰기 현상은 모든 방언에 다 나타나는 것이 아니라 동북방언과 동남방언(주로 경상북도)에서 일어나는 현상이다. 이 현상은 자음으로 끝난 단어에 주격토 '-이' 뒤에 '-가'가 덧붙는다. 일부 강원도방언에서도 이러한 현상이 나타나기는 한다.

방언의 주격토에 '-래(레), -라, -리'가 있다. 이들은 모든 방언에서 다 쓰이는 것이 아니라 주로 서북방언에서 쓰이며 일부 중부방언(주로 황해도지방)에서 쓰인다.

(2) 속격토

서북방언과 중부방언에서는 속격토로 '-에'를 쓰고, 동북방언, 동남방언, 서남방언에서는 '-으'를 쓰고, 동북방언의 일부 지역에서는 '-으'와 함께 '-이'를 사용한다.

(3) 대격토

대격토 '-으', '-르'는 동북방언, 육진방언에서 쓰이는데 '-으'는 닫긴소리마디 뒤에, '-르'는 열린소리마디 뒤에 쓰인다. 열린소리마디로 끝난 말뿌리 뒤에 대격토 '-ㄹ'이 사용되는 현상은 모든 방언에 다 존재하나 특히 서북방언과 동북방언에 많이 쓰인다. 대격토 '-얼', '-럴'은 동남방언, 서남방언, 중부(황해도)방언, 제주방언에서 널리 쓰이고 있다.

조격토 '-로'가 대격토로 쓰이는 경우가 있는데 이러한 현상은 동남방언에서 나타난다. 이것은 동남방언에서 대격과 조격의 미분화 상태의 잔재로 볼 수도 있을 것이다.

(4) 여격토

동북방언에서는 '-에', '-에게'를 쓰는 한편 여격토로 '-끼'를 쓴다. 동북방언에서 쓰이는 여격토 '-끼'는 문화어토 '-에게'에 해당되며 활동체를 나타내는 대상에 붙어 쓰인다. 이때 말줄기가 닫긴소리마디이거나 열린소리마디에 관계없이 활동체 명사에 붙어 쓰이며 어떤 행동이나 상태가 작용하는 대상이 됨을 나타낸다.

(5) 위격토, 조격토, 구격토, 호격토

서북방언과 육진방언에서는 '-에서', '-에'에 대응하여 '-에셔', '-셔'가 쓰인다. 동북방언에서는 '-에서'에 대응되는 '-이서'가 쓰인다.

문화어 조격토 '-으로', '-로'에 대응하는 방언으로 '-으루', '-이루', '-루'가 쓰인다. 서북방언, 동북방언에서는 조격토 '-으루', '-루'가 쓰이는데 동북방언 일부 지역에서는 '-으루'의 변종으로서 '-을루', '-이루'가 쓰인다.

문화어 구격토 '-와', '-과'에 대해 방언에서는 '-꽈, -콰, -까, -강, -캉, -깡'과 '-왕, -광'이 쓰인다. 동북방언에서는 격체계로서 구격토가 존재하지 않으며 '-과'의 어음 변종으로서 '-가, -까'가 쓰인다. 이것은 본래 동북방언에서 '과' 발음을 못하고 '가'로 발음하는 것과 관련된다.

문화어 호격토 '-아, -야, -여, -이여'에 대해 서북방언과 동남방언에서 '-요'를 따로 써서 상대방을 높이며 동남방언에서는 '-요', '-예'를 쓰고 있다. 이와 같은 사실은 서북방언, 동남방언에서 호격토 '-요', '-예'가 말차림의 의미를 가지고 사용되고 있다는 것을 보여 주고 있다.

3) 도움토

방언의 도움토 표현은 서로 공통점이 많으나 차이점도 적지 않다고 하였는데, 이 차이 가운데는 어음 변종의 차이도 있고 변종이 아닌 차이도 있다고 설명하였는데, 그 내용은 다음과 같다.

우선 도움토 '-끼서'는 '-께서'의 어음 변종으로서 동북방언에서 쓰인다. 문화어 도움토 '-한테'의 방언토로서는 '-한데', '-안테'가 있는데 서북방언에서는 '-한데', 동남방언과 서남방언에서는 '-안테'로 쓰이고 있다.

문화어토 '-부터'에 대응되는 방언토 '-보탄', '-부텀', '-버텀'이 있다. 서북방언(평안북도)에서는 '-보탄', '-부텀'이라고 하고, 동북, 동남, 서남, 제주방언에서는 '-부텀', '-버텀'이라고 한다. '-부터'와 상대적 의미를 가지는 '-까지'는 서북방언, 동남방언에서는 '-꺼정'이라고 쓰이고 동북방언과 서북방언의 일부 지방, 서남방언, 제주방언에서는 '-꺼지'가 쓰인다.

문화어토 '-보다'에 대응되는 방언토로는 '-보구, -보담, -보돔'이 있다. 동북방언에서는 '-보구'가, 동남방언에서는 '-보담'이 쓰이고 서남방언 일부 지방에서는 '-보돔'이 쓰인다.

육진방언에서는 문화어토 '-은', '-는'에 대응하여 '-으느', '-느'를 씀과 함께 '-은', '-는'이 병용되고 있는 것이 특징이다. 문화어토와 같은 형태로 된 '-은', '-는'은 육진방언의 고유한 형태이고 '-으', '-으느' 형태는 동북방언의 영향에 의하여 생겨난 것이다. 육진방언에서는 두 가지 토가 병용되고 있지만 동북방언에서는 '-으', '-으느' 형태만이 쓰인다.

도움토 '-두'는 문화어토 '-도'와 대응되어 서북방언과 동북방언에서 쓰이는 방언토이다. 문화어토 '-야', '-이야'는 강조의 의미와 조건적 의미를 나타내는 도움토인데 동북, 동남, 서남, 제주방언에서는 그에 대응하는 토 '-사(-샤)', '-이사(-샤)'가 쓰인다.

도움토 '-조차'에 대응하는 방언토 '-조창', '-하부랑', '-아부라', '-암사라', '-암불라', '-암걸라' 등이 있다. 서북방언에서는 '-암블라'와 '-암걸라', 동남방언에서는 '-조창'과 '-하부랑', 동북방언과 육진방언에서는 '-아브라'와 '-암사라'가 쓰인다. 문화어의 도움토 '-커녕'에 대응하여 서북방언에서는 '-커넝', 동북방언에서는 '-커녀느', 동남방언에서는 '-켕이는'이 쓰인다. 방언 도움토는 전체적으로 볼 때 거의 문화어토의 어음 변종이며 '-조차'에 대응하는 '-하부랑/-암사라'처럼 어원이 다른 토는 극히 드물다.

4) 맺음형

맺음형의 방언적 특성을 알림법, 물음법, 시킴법, 추킴법으로 나누고, 각각을 높임, 같음, 낮춤으로 분류하여 기술하였다. 이 가운데 물음법의 예를 들어 제시하기로 한다.

(1) 높임

'-ㅂ네까'는 서북방언에서 널리 쓰이다가 문화어 토로 넘어온 물음토의 하나이다. 문화어의 '-습니까/-ㅂ니까'에 대응하여 동북방언과 육진방언에서는 '-슴까/-ㅂ까'가 쓰인다. 황해도방언을 비롯한 일부 방언들에서는 문화어의 '-습니까/-ㅂ니까'에 대응하여 '-슴니꺄/-ㅁ니꺄'가 쓰이고 있다.

'-ㅁ둥/-슴둥/-심둥'은 문화어의 '-ㅂ니까/-습니까'에 대응하여 쓰이는 방언토이다. 이 토는 동북방언에서 쓰이는데 명사, 동사, 형용사의 말줄기와 어울려 쓰이며 또 존경, 시간, 상의 뒤붙이와 결합하여 쓰인다. 서북방언, 육진방언에서는 높임의 말차림으로서 '-디오'가 널리 쓰인다.

(2) 같음과 낮춤

문화어 토에서는 같음과 낮춤을 나타내는 토가 비교적 뚜렷이 갈라지나 물음을 나타내는 방언토에서는 이 두 말차림토가 명확히 갈라지지 않는 것이 특징이다. 서북방언에서는 같음과 낮춤의 물음토로서 '-간'이 쓰인다.

5) 이음형

문화어에는 이음 형태가 발전되어 있으나 방언에서는 그리 발전되지 못하였다고 하면서 그 이유를 다음과 같은 언어 사용의 특성과 관련된다고 설명하였다. 방언은 입말로 존재하기 때문에 방언적인 언어행위 속에서 표현되는 문법 현상이 글말에서처럼 정밀하지 못하여 자주 생략되어 나타난다. 그리고 문장 구조에서 복합문이 그리 쓰이지 않고 대개가 단순문이 쓰인다. 이러한 관계로 이음토가 다양하지 못하다는 것이다.

6) 시간토

방언에서 일부 시간토들은 문화어 토와 차이 난다고 기술하는데 그 내용은 다음과 같다. '-ㄴ/는-'이 과거를 표시하는 것도 아니고 미래를 표시하는 것도 아닌 것으로 현재를 나타내는 토로 인정하지만 제주방언에서는 독특하게 현재를 나타내는 토가 존재한다. 제주방언에서 현재를 나타낼 때에 '-ㄴ다/-는다'를 사용하기도 하나 시간토 체계에 '-ㅁ-'이 사용되고 있다. 이 방언에서 '-ㅁ-'는 '-고 있다'와 같은 현재의 의미를 나타낸다.

문화어에서 과거 형태는 토 '-았-(었, 였)'이 맺음토 앞에 붙어 표현된다. 서북방언, 육진방언, 동남방언에서는 과거 형태를 '-앗/엇/엿-'에 의하여 나타내고 기타 방언에서는 문화어에서 쓰이는 과거 형태와 같다. 서북방언에서는 시간토로서 '-드랫-', '-댓-'이 쓰여 다른 방언과 구별된다. 그리고 서북방언에서는 토 '-앗/엇/엿-'의 사용과 함께 동사 말줄기에 'ㄴ'이 첨가되어 과거를 나타내는 경우가 있다. 이 방언들에서는 과거의 시간토와 'ㄴ'으로 시작되는 맺음토의 결합에 소리 닮기와 소리 줄이기가 적용되어 '-안/언/연-'으로 된다. 반대로 황해도방언에서는 과거 시간토 '-앗/엇/엿-'과 'ㄴ'으로 시작되면서 물음을 나타내는 맺음토와 결합에 소리 닮기와 소리 빠지기가 적용되어 '-아이/어이/여이-'로 발음된다.

문화어에서 미래는 '-겠-'에 의하여 표현된다. 서북방언에서는 '-겠-'에 대응하여 '-갓-'이 쓰인다. 과거의 경우와 마찬가지로 서북방언에서는 미래의 시간토가 'ㄴ'으로 시작되는 물음토와 결합될 때에 말소리 과정에 의하여 '-간', '-가이'와 같은 녹아붙은 형태가 이루어진다. 이 '-간', '-가이'는 미래의 시간범주, 낮춤의 말차림범주, 물음법범주를 함께 나타낸다. 서북방언에서 미래를 나타내는 토로서는 '-ㄹ래(-ㄹ레)'가 있다. 물론 '-ㄹ래(-ㄹ레)'형태가 서북방언에서만 쓰이는 것은 아니며 동북방언, 중부방언에서도 나타난다. 이 밖에 미래를 나타내는 형태로는 '-ㄹ테'도 있다. 이 형태는 맺음토 '-야', '-다', '-요' 등과 이어져 쓰이는데 억양에 따라 물음문과 알림문으로 각각 쓰인다.

제9장

언어공학 연구

1. 언어공학 연구 개관

제9장은 『조선어학전서』의 'X. 언어공학' 편을 대상으로 그간 북한에서 이루어진 언어공학 연구를 살펴보고자 한다. 먼저 여기에 속하는 각각 저서의 개요를 살펴보자.

(1) 조선어정보론

『조선어학전서』 제39권이다. 2005년 3월 15일 발행, 303쪽이다. 저자는 권종성인데 사회과학원 언어학연구소의 실장이다. 권종성 실장은 사회과학원 언어학연구소에서 문영호 소장, 최병수 실장과 함께 언어공학 연구를 주도하는 중심 학자이다. 1990년대 남북 언어정보화 회의에 여러 차례 참석한 바 있으며, 2003년 이후 남북 언어학자 모임에 자주 참석하였다. 최근 남북 학술회의에서 발표한 논문에는 다음과 같은 것이 있다. <조선어본문코퍼스의 개발원칙과 방향>(2003년), <균형 코퍼스에 대한 새로운 리해와 그 제작에서 나서는 몇가지 문제>(2004년), <우리 말 어휘빈도 조사방법 연구>(2005년), <우리 말 교과서 내용의 단일화에서 기본은 언어규범의 통일성 보

장>(2007년). 그리고 남북 공동의 겨레말큰사전 편찬회의에도 참가하고 있는데, 특히 남북 어문규범 단일화 작업에 크게 기여하고 있다.

이 책 '머리말'의 한 부분을 먼저 인용한다. "21세기를 특징짓는 정보산업은 철저하게 정보기술에 의하여 안받침되고있다. 정보기술에서 핵심적인 부분은 콤퓨터화이다. 콤퓨터화를 위하여서는 콤퓨터의 장치기술과 프로그람기술을 비롯하여 여러가지 기술을 발전시키는것과 함께 콤퓨터가 자연언어를 인식하여 사람과 자유로운 언어교제를 진행할수 있도록 하는 것이 중요하다. 곧 <사람-언어-콤퓨터>라는 모델을 실현시키는 것이다. 조선어정보론은 이러한 모델을 실현시키기 위한 연구를 진행한다. 이러한 모델실현을 위하여서는 조선어로 된 정보를 콤퓨터상에 어떤 식으로 그려내겠는가와 그려낸 조선어정보를 어떻게 분석하고 합성하겠는가 하는 문제들이 나서게 된다."

따라서 이 책은 우리말로 된 정보를 컴퓨터를 통해 어떻게 구현할 것인가와 구현한 정보를 어떻게 분석하고 합성할 것인가를 밝히는 것을 목표로 하고 있다.

저자는 언어를 사람과 컴퓨터와의 교제라는 관점에서 연구하는 것이 언어의 정보론적 연구이며, 우리말에 대한 정보론적 연구를 시도하는 것이 바로 조선어정보론이라 정의하였다. 아울러 조선어정보론은 여러 학문의 공동 연구를 진행할 것을 요구하여 언어심리학, 인지심리학, 기호논리학, 인지과학, 지식공학, 인공지능 등 여러 분야들과 깊은 관련을 가지고 있으며 또 이러한 여러 분야의 연구도 심화시킬 것을 요구하는데, 그러나 어디까지나 언어학을 전공하는 언어학자가 언어학의 관점에서 문제를 제기하고 그것을 언어학적으로 해결하여 나가야 한다고 하였다.

이 책은 크게 두 편으로 구성되어 있다. 제1편은 "조선어정보의 콤퓨터기록"이며, 제2편은 "조선어정보의 콤퓨터처리"이다. 제1편은 언어 정보를 컴퓨터에 어떻게 입력하고 출력하여 구현할 것인가에 대한 내용이다. 주요 내용은 다음과 같다.

제1장 조선글자의 특성

조선글자의 구성형태상특성 / 조선글자의 통계적특성

제2장 조선글자의 코드화

조선글자코드계의 완성형코드와 조합형코드 / 두벌식코드계와 세벌식코드계 / 현대글자와 옛 글자 / 조선글자코드계에서의 글자차례

제3장 조선글자의 콤퓨터입출력

조선글자의 콤퓨터입력 / 조선글자의 콤퓨터출력

제2편은 언어 정보를 컴퓨터에서 어떻게 분석하고 합성할 것인가에 대한 내용이다. 주요 내용은 다음과 같다.

제1장 형태론적분석

형태론적분석에 대한 일반적리해 / 조선어형태단어의 모형화 / 조선어형태론적분석수법 / 조선어형태론적분석에서 제기되는 문제점

제2장 문장론적분석

문장론적분석에 대한 일반적리해 / 조선어문장구조의 특성 / 문장분석을 위한 문법 / 문장론적분석수법

제3장 의미론적분석

의미론적분석에 대한 일반적리해 / 의미표현형식 / 의미론적분석수법

제4장 문장합성

문장합성의 일반적리해 / 문장합성법 / 조선어문장합성과 관련하여 제기되는 문제

(2) 조선어음성공학

『조선어학전서』 제40권이다. 2005년 4월 20일 발행, 287쪽이다. 저자는 홍석희인데 사회과학원 언어학연구소의 실장이다. 사회과학원 언어학연구소의 젊은 세대로서 방정호, 리승길 연구원과 함께 언어공학 연구를 주도하는

학자이다. 2003년 이후 남북 언어학자 모임에 자주 참석하였다. 최근 남북 학술회의에서 발표한 논문에는 다음과 같은 것이 있다. <조선어방언의 공동조사계획과 방법>(2003년), <동북방언의 어음론적특성에 대하여>(2004년), <방언의 록음자료의 보관관리에서 제기되는 기술적 문제>(2004년), <방언의 어조와 음가표기에서 나서는 리론실천적문제>(2004년), <콤퓨터에 의한 방언의 자료기지화에서 나서는 기술적 문제>(2005년), <방언을 비롯한 입말자료의 전사에서 나서는 언어학적 문제>(2007년).

저자는 '머리말'에서 먼저 음성공학을 다음과 같이 정의한다. "사람들의 언어생활과정에 발현되는 음성의 본질적특성을 밝혀 그것을 인민경제 여러 부문에 효과적으로 리용하기 위한 응용과학의 한 분야이다." "음성공학은 말소리형성과정에 대한 발음생리학적 및 물리음향학적인 고찰을 통하여 여러 분야에서 음성을 응용하기 위한 음성의 본질적특성에 리해를 깊이 주고 실험음성학적인 견지에서 어음론적구성단위들과 현상들을 분석평가하여 구체적인 자료를 마련하는것을 연구대상으로 한다. 또한 이에 토대하여 자연음성의 기계적처리를 위한 응용리론과 방법, 기술수법과 수단들을 확립하는 것을 자기의 연구대상으로 한다."라고 하였다.

이러한 취지에서 이 책은 먼저 "음성발생과정에 대한 발음생리학적 및 물리음향학적해석을 줌으로써 음성정보처리에서 기본으로 되는 음성특징인자들에 대한 일반적인 리해를 주며 음성정보처리의 기초자료로서 조선어에서의 어음론적인 구성단위들과 현상들에 대한 개념과 물리적인특징량들을 제시하는것과 함께 현실적으로 조선어정보처리에서 기본적인 몫을 차지하는 음성합성과 음성인식에서의 기술수법과 수단들을 서술하는 것을 목적으로 한다."라고 언급하였다. 음성합성에서는 음성합성의 분류, 홀소리마디합성, 연속음성합성 등을 다루었다. 홀소리마디합성 알고리듬과 이를 작성하기 위한 자료를 형식화하는 문제에 관심을 보였으며, 연속음성에서의 어음결합의 형태와 모형, 운율조종 등도 논의하였다. 음성인식에서는 음성인식 방법의 분류, 음소의 식별과 인식, 단어와 연속단어의 음성인식에 대해 구체적으로 논의하였다.

이 책은 모두 다섯 개 장으로 구성되어 있다. 구체적인 내용은 다음과 같다.

제1장 음성에 대한 물리음향학적리해

소리와 말소리 / 말소리조성과정 / 음성발생의 모형화수법

제2장 조선어의 어음론적현상

음운변이와 변종 / 자음의 유성화와 모음의 무성화현상 / 어음변화현상 / 단어의 소리마루 / 억양

제3장 음성정보의 전처리

음성의 특징정수결정 / 음성정보의 처리단위 / 음성단위의 정합 / 음성정보의 자료기지화

제4장 조선어음성합성

음성합성방법 / 홀소리마디합성 / 련속음성합성

제5장 조선어음성인식

음성인식의 일반적리해 / 우리 말 음소식별과 인식 / 우리 말 단어와 련속단어음성인식

(3) 조선글자공학

『조선어학전서』 제41권이다. 2005년 3월 15일 발행, 295쪽이다. 저자는 최병수인데 사회과학원 언어학연구소의 실장이다. 사회과학원 언어학연구소에서 문영호 소장, 권종성 실장과 함께 언어공학 연구를 주도하는 중심 학자이다. 1990년대 남북 언어정보화 회의에 여러 차례 참석한 바 있으며, 2003년 이후 남북 언어학자 모임에 자주 참석하였다. 최근 남북 학술회의에서 발표한 논문에는 다음과 같은 것이 있다. <방언소유자선택과 그에 따르는 문제에 대한 고찰>(2004년). 그리고 남북 공동의 겨레말큰사전 편찬회의에도 참가하고 있다.

이 책은 정보공학적 측면에서 한글의 특성을 고찰하고 글자열의 기억구조,

글자의 정렬, 탐색과 관련한 처리에 대하여 서술한 책이다. '머리말'에서 "정보산업시대에 들어선 오늘 우리앞에는 콤퓨터에 의한 조선어정보처리를 보다 높은 수준에서 연구완성하여야 할 과업이 나서고있다. 조선어정보처리는 글자와 문장, 본문, 음성자료를 비롯하여 화상자료도 포함한 방대한 자료를 사용자의 요구에 맞게 가공분석하여 필요한 정보를 얻어낼수 있도록 한다. 여기서 글자문제는 콤퓨터가 우리 글을 읽고 리해할수 있게 하는 글자의 입출력과 부호화, 글자렬의 기억을 어떻게 하는가 하는것이다."라고 하였다.

이를 바탕으로 이 책은 먼저 글자의 입력수단인 건반에서 글자수의 선정과 글자배치, 건반의 구조에 대하여 서술하였다. 그리고 한손건반에 대한 개념과 한손건반에 배치하는 글자의 건반배치에 대한 여러 가지 안에 대한 평가와 합리적인 건반배치에 대하여서도 서술하였다. 또한 글자의 코드화가 진행되어 온 과정과 코드화에서 한글의 특성을 살린 코드의 수정, 보완 문제에 대하여도 서술하였으며, 우리말을 높은 수준에서 입력하게 하는 글자 인식에 대하여 개념에서 실현까지 전 과정을 서술하였다.

이 책은 모두 네 개 장으로 구성되어 있다. 구체적인 내용은 다음과 같다.

제1장 조선글자의 특성과 글자처리

조선글자의 특성 / 글자렬의 기억방법 / 조선어글자렬의 실제적인 기억구조 / 글자렬의 정렬 및 탐색

제2장 조선글자의 건반

조선글자의 건반에 대한 일반적리해 / 조선글자건반류형 / 조선글자건반의 평가 / 전화기글자판

제3장 조선글자의 부호화

글자관련 국제표준과 조선글자부호화의 개념 / 조선글자의 부호화방법과 류형 / 조선글자부호화에서 글자의 선정 / 조선글자부호화에 반영하여야 할 글자이름, 글자수, 글자순서

제4장 글자인식

글자인식의 개념 / 글자인식의 예비처리 / 글자도형의 특징추출 / 인쇄체글자의 인식 / 필기체글자의 인식 / 글자인식의 후처리

(4) 조선어정보검색학

『조선어학전서』 제42권이다. 2005년 2월 15일 발행, 239쪽이다. 저자는 김길연인데 알려져 있지 않다. 사회과학원 언어학연구소 연구원일 것이다.

저자는 이 책 제1장 첫머리에서 조선어정보검색학을 "콤퓨터를 리용하여 조선어로 기록된 각종 정보를 검색하는 원리와 방법론에 대한 학문이다."라고 정의하면서, 언어정보 검색의 원리와 이론을 종합적으로 체계화하였다. 이 책에서는 정보검색학 연구와 정보검색이 실천적 문제들에서 제기되는 언어학적 문제, 색인이론, 지적 검색, 정보수요자지향 원리, 전문검색에 이르기까지 언어정보 검색원리들을 모두 설명하였다.

이 책은 모두 다섯 개 장으로 구성되어 있다. 구체적인 내용은 다음과 같다.

제1장 조선어정보검색학의 일반개념

조선어정보검색학의 연구대상과 연구방법 / 정보검색학의 발전력사 / 조선어정보검색학과 다른 학문과의 호상관계

제2장 조선어정보검색언어

조선어정보검색언어에 대한 일반리해 / 조선어정보검색언어의 어휘 / 조선어정보검색언어의 의미마당

제3장 색인리론

수동색인리론 / 자동색인리론

제4장 검색봉사

검색전문가검색봉사 / 정보수요자검색봉사

제5장 전문검색

전문검색의 본질 / 본문의 구조화 / 본문구조를 리용한 전문검색

(5) 조선어문법검사연구

『조선어학전서』 제43권이다. 2005년 7월 15일 발행, 255쪽이다. 저자는 리승길인데 사회과학원 언어학연구소의 실장이다. 사회과학원 언어학연구소의 젊은 세대로서 홍석희, 방정호 연구원과 함께 언어공학 연구에 참여하는 학자이다. 2003년 이후 남북 언어학자 모임에 자주 참석하였다. 다음은 최근 남북 학술회의에서 발표한 논문이다. <본문코퍼스구축을 위한 조선글입력환경>(2003년). 그리고 남북 공동의 겨레말큰사전 편찬회의에도 참가하고 있다.

이 책 '머리말'에서 "조선어문법검사기술에 대한 연구는 응용언어학의 분과들을 체계화하고 그 리론과 방법, 요소기술들을 발전시키고 풍부히 하는데서 중요한 의의를 가진다."라고 하여 문법검사 기술의 중요성을 강조하였다. 이 책에서 말하는 문법검사란 컴퓨터를 이용하여 문서 안의 오류 표현을 발견하여 수정하는 것이다.

구체적으로 이 책에서는 자연언어처리 기초기술로서의 형태단어 해석 방법과 이를 이용하여 오류를 검색하고 교정후보 제시와 같은 문법검사를 실현하는 원리적인 내용과 구체적인 처리기법을 상세히 소개하였다.

이 책은 모두 세 개 장으로 구성되어 있다. 구체적인 내용은 다음과 같다.

(6) 조선어전자사전연구

『조선어학전서』 제44권이다. 2005년 5월 15일 발행, 271쪽이다. 저자는 리승길·방정호인데 사회과학원 언어학연구소의 연구원이다. 사회과학원 언어학연구소의 젊은 세대로서 이들은 홍석희 실장과 함께 언어공학 연구에 참여하는 학자이다. 2003년 이후 남북 언어학자 모임에 자주 참석하였다. 최근 남북 학술회의에서 발표한 논문에는 다음과 같은 것이 있다. 방정호: <코퍼스자료의 론리정보언어와 부호 덧붙이기>(2003년), <조선어본문코퍼스의 개발환경>(2004년), <조선어본문코퍼스에 기초한 통계적연구>(2004년).

이 책이 지향하는 바와 목적에 대하여 '머리말'에 밝힌 내용을 인용하면 다음과 같다. "콤퓨터를 리용하여 자연언어를 자동적으로 처리하는 언어처리기술을 더욱 연구완성하며 그것을 실천에 도입응용하는 문제는 언어과학의 현대화를 다그치며 나라의 정보산업을 발전시켜나가는데서 중요한 의의를 가진다. 언어과학을 위해서도 정보처리기술을 위해서도 사전이 필수적인 요소이며 사전기술에 의해 그의 질적평가가 좌우되는것만큼 언어처리에서는 개발의 많은 몫을 여기에 집중하고있다.

콤퓨터기술이 빨리 발전함으로써 자연언어처리를 위한 장치적 및 프로그람적조건은 크게 개선되였다. 오늘 언어처리기술이 해결하여야 할 주요한 문제는 복잡한 프로그람이나 알고리듬이 아니라 언어자체에 대한 심오하고도 전면적인 파악을 하는것이다.

전자사전기술은 새롭게 개척된 분야로서 아직 이 부문에 대한 통일적인 명칭이 나온것은 없다. 종합적으로 보면 전자사전기술이라는 개념에는 콤퓨터로 읽을수 있는 사전(기계읽기사전)기술과 전자화된 단어사전(전자단어사전)기술의 전체 내용이 반영되여있다. 다시말하여 전자사전기술에서는 콤퓨터에 의한 자연언어처리의 각도로부터 출발하여 언어정보를 전면적으로 수집하고 그에 대한 효과적인 조직과 관리를 하는것이 기본이다. 지난 시기의 자연언어처리체계들은 모두 자체의 전자사전을 가지고있었다. 례를들어 기계번역체계나 자동검색체계에서 리용되는 전용화된 전자사전을 들수 있다. 여기에서의 전자사전들은 해당 언어처리체계의 한 구성부분으로 리용되였으므로 일반성이 높지 못하거나 각종 언어처리체계들이 기초하고있는 지식분야들사이의 중복성이 생기거나 하는것이다."

이 책은 크게 제1편 "리론편"(제1장~제3장)과 제2편 "실용편"(제4장~제7장)으로 구성되어 있다. 구체적인 내용은 다음과 같다.

제1장 전자사전에 대한 일반적리해

사전에 대한 일반적리해 / 새시대의 사전의 탄생 / 전자사전의 개념과 류형

제2장 조선어전자사전에서의 올림말작성

올림말의 선정과 배렬 / 올림말의 작성

제3장 조선어전자사전에서의 정보보장

형태론적정보 / 문장론적정보 / 의미론적정보

제4장 사전올림말탐색기술

2분탐색법 / B+나무탐색법 / 해쉬탐색법 / 트라이법 / 이중배렬을 리용한 숫자형탐색

제5장 전문탐색과 부분탐색

전문탐색 / 부분일치탐색 / 조선어음절글자분리의 특성을 리용한 탐색

제6장 사전정보의 유지관리기술

사전정보의 론리적구조 / 전자화사전을 위한 사전정보의 형식화 / 기계사전에서 사전정보의 형식화 / 종합적인 기계사전의 사전정보조직

제7장 전자사전구축을 위한 언어지식획득기술

언어학적전자사전의 리용 / 코퍼스를 리용한 어휘지식의 획득

(7) 조선어확률론

『조선어학전서』 제45권이다. 2005년 7월 30일 발행, 527쪽이다. 저자는 리정용인데 알려져 있지 않다. 사회과학원 언어학연구소의 연구원일 것이다.

언어확률론은 수리언어학의 한 분과이다. 이 책에서는 확률통계방법에 의한 언어와 텍스트의 다양한 연구방법이 서술되어 있다. 언어확률론은 언어의 구성과 체계, 언어사용에서 나타나는 언어학적 및 확률적 특성을 연구 대상으로 하고 주로 수량적인 연구 방법에 기초한다고 설명하였다.

이 책에서는 언어확률론을 포함하여 수리언어학에서 취급되는 수학의 기초개념에 대하여서도 서술하였으며, 또한 단어의 정보량 분포, 어휘의 증대 과정을 평가하는 수학적 모형, 언어연대학에 대한 연구 결과도 소개되어 있다.

이 책은 모두 7장으로 구성되어 있다. 구체적인 내용은 다음과 같다.

제1장 언어의 량적측면과 초등함수

언어적기호, 모임 및 수의 개념 / 언어적현상과 량 / 언어학에서의 함수

제2장 확률적모형에 의한 언어와 본문의 연구

언어적사건의 확률 / 반환 및 비반환표본에서 언어적단위들의 출현확률 / 큰수의 법칙과 언어현상 / 콤퓨터문서의 교정지원과 글자의 련접확률 / 언어의 모호성과 확률

제3장 통계렬구성과 본문의 1차적분석

언어집단과 통계적고찰 / 언어적표식들의 통계렬 / 언어적통계렬의 특성량들

제4장 언어단위들의 출현확률과 빈도수사전

언어빈도수사전과 그 발전 / 빈도수사전의 작성에서 제기되는 문제 / 빈도수사전의 평가에서 제기되는 문제

제5장 조선어어휘의 확률적특성

어휘조사의 기본방향과 분석대상 / 어휘분포의 문체별 특성 / 어휘분포의 품사별 특성 / 어휘의 의미-형태구조에 대한 통계적분석 / 소리마디길이에 따르는 어휘분포의 확률적특성

사진 4 국제학술대회에 참석한 사회과학원 언어학연구소의 학자들 (자료: 국립국어원)

가운데가 문영호 소장이며, 왼쪽부터 홍석희, 안경상, 권종성 실장이다.

2. 글자공학 연구

언어정보처리에서 글자 문제는 컴퓨터가 한글을 읽고 이해할 수 있도록 글자의 입출력과 코드화, 글자열의 배열을 어떻게 하는가 하는 것이다. 이러한 글자공학과 관련하여 앞에서 소개한 두 책, 『조선어정보론』과 『조선어글자공학』에 나타난 이론과 실제를 몇 가지 주제로 나누어 살펴본다.

1) 글자의 특성

『조선어정보론』에서는 한글의 형태 특성과 통계 특성을 제시하였다. 먼저 글자의 수를 자음 19자, 모음 21자, 모두 40자로 규정하였다.

자음글자: ㄱ, ㄴ, ㄷ, ㄹ, ㅁ, ㅂ, ㅅ, ㅇ, ㅈ, ㅊ, ㅋ, ㅌ, ㅍ, ㅎ, ㄲ, ㄸ, ㅃ, ㅆ, ㅉ

모음글자: ㅏ, ㅑ, ㅓ, ㅕ, ㅗ, ㅛ, ㅜ, ㅠ, ㅡ, ㅣ, ㅐ, ㅒ, ㅔ, ㅖ, ㅚ, ㅟ, ㅢ, ㅘ, ㅝ, ㅙ, ㅞ

이와 같은 40자는 북한에서 1954년에 편찬한 <조선어철자법>에서 규정한 것으로 글자와 음운과의 일대일 대응을 보장한 결과이다. 한편 이에 대하여 『조선어글자공학』에서는 받침글자도 음절을 구성하는 요소인 만큼 글자로 생각하고 다루어야 정보처리에서 편리할 것이라고 하였다.

이어서 『조선어정보론』에서 한글의 네모글자로서의 특성을 설명하였는데, 이는 초성-중성-종성이 결합한 글자이다. 네모글자의 수는 결합가능성으로 보면 1만 1,172자이다. 자음+모음의 결합자는 19자×21자=399자이고, 여기에 받침으로 쓰이는 27자(홑받침 16, 겹받침 11)를 붙이면 399자×27자=1만 733자가 된다. 받침 없는 글자와 받침 있는 글자를 모두 합하면 1만 1,172자가 된다. 그러나 실제로 소설에서는 3,600자, 신문통신에서는 2,200자, 일반 사무용으로는 1,400자 정도면 충분하다고 분석하였다.

『조선어정보론』에서는 사회과학원 언어학연구소 응용언어학연구실에서 <로동신문> 2000년 3월부터 2001년 9월까지를 자료로 연구한 것으로 글자의 통계 특성을 논의하였다. 예를 들어 <로동신문>의 자모 출현수와 비율을 보면, 순한소리글자 10자는 출현수가 4,247만 2,662자로서 93.403%이고, 거센소리글자 4자는 출현수가 180만 6,928자로서 3.974%이고, 된소리글자 5자는 출현수가 119만 2,630자로서 겨우 2.623%이다. 네모글자의 출현수와 비율을 보면, 자음의 순한소리글자와 홑모음글자로 이루어진 네모글자가 절대다수를 차지한다. 100개 글자 가운데서 첫소리글자가 된소리글자나 거센소리글자로 된 것은 '통, 께, 치' 3자뿐이며 그것도 순위 79번 아래에 있다.

2) 글자의 코드화

한글의 코드화에 제기되는 문제는, ① 코드계를 네모글자로 할 것인가 자모음글자로 할 것인가, ② 자모음글자로 하는 경우 두벌식으로 할 것인가 세벌식으로 할 것인가, ③ 현대글자와 함께 옛 글자를 어떻게 할 것인가, ④ 글자 차례를 어떻게 할 것인가 등이다. 이러한 문제와 관련해서 현재 서로 다른 여러 견해들이 제기되고 있음을 『조선어정보론』에서 지적하였다.

글자코드화에서 가장 중요한 문제는 코드계를 네모글자로 할 것인가 자모음글자로 할 것인가라는 완성형코드와 조합형코드의 문제이다. 『조선어정보론』에서 완성형코드계의 장점으로 이미 있는 프로그램을 많이 쓸 수 있다는 것과 보기 좋은 글씨체를 개발할 수 있다는 것을 들었으며 단점으로는 가나다순 배열이 총체적으로 되어 있지 못하여 정렬이 어렵고 품이 많이 든다는 것과 옛 글자를 원만히 지원할 수 없다는 것을 들었다. 이에 대해 조합형코드계의 장점으로 옛 글자까지를 포함하여 모든 글자를 다 지원할 수 있는 하나의 체계를 가진다는 것과 정보처리를 쉽게 할 수 있다는 것을 들었으며 단점으로는 완성형코드계에 비해 글씨체 개발이 어렵다는 것을 들었다.

『조선어글자공학』에서는 국제규격을 따른 코드화 규격을 다음과 같이 소개하고 있다. <정보기술용조선글자요소의 부호>(국규 9267-93)는 자료처리에서 한글을 풀어쓰기로 입력하는 경우(예를 들면 인쇄전신타자기, 컴퓨터, 국문타자기, 국문문서편집기 등)에 쓰는 한글의 코드부호 배정이다. 여기서는 전송부호로서 5비트부호, 7비트부호, 8비트부호를 설정하였다. <정보기술용조선글자의 부호>(국규 9566-93)는 2바이트부호를 규정하여 자료처리장치에서 한글을 표시할 수 있도록 한 부호배정이다. 여기서 현대글자 51자, 옛 글자 29자 모두 80자를 코드화의 대상으로 정하고 음절글자는 사용 가능성에 의해 4,163자를 코드화 대상으로 정하고 1수준과 2수준으로 나누어 1수준에 2,420자를 B0A1부터 C9FE까지의 부호값을 주고 2수준에 1,743자를 CAA1부터 DCFF까지의 부호값을 주었다. 음절글자의 순서는 각 수준에서 사전올림말 순서를 따랐다. <정보기술글자부호구조 및 확장법>(국규 9566-97)은 자료처리장치 및 체계에서 한글에 쓰이는 도형글자모임과 그의 2바이트부호에 적용하는 규격이다. 여기서도 현대글자는 역시 51자로 하고 옛 글자는 14자로 하여 모두 65자를 코드화의 대상으로 하였다. 음절글자는 4,163자에 있던 1수준과 2수준이라는 구역을 없애고 1수준의 글자 2,420자와 2수준에 있던 글자 가운데서 사용빈도가 높은 259자를 추가하여 모두 2,679자를 코드화의 대상으로 정하고 이것을 사전올림말 순서로 정하였다. 이 규격에서는 한자도 코드화 대상으로 정하고 한자 4,653자를 발음 순서에 따라 배열하였다.

국제표준 ISO 10646(유니코드)에는 글자의 이름과 각각 글자의 이름을 수록하게 되어 있는데, 『조선어글자공학』에서 이에 대하여 다음과 같이 언급하고 있다. "북남의 분렬은 같은 글자에 대하여서도 서로 다른 이름을 사용하는 비극을 초래하였다. 전민족적인 리익을 앞세워 여러차례에 걸쳐 론의하고 토론한 결과 북, 남, 해외의 학자들은 콤퓨터부호계에 등록한 우리글자의 이름을 <정음>이라고 부르기로 하였다."

3) 글자의 컴퓨터 입출력

『조선어정보론』에서는 자모음글자로 입력시키는 것에 대해서는 이견이 없으나 이 자모음글자를 몇 개로 하며 그 배열을 어떻게 하는가에 대해서는 여러 가지 의견이 있음을 지적하였다. 글자입력을 위한 글자수에 있어서 두벌식인 경우, 26자안, 31자안, 31자안(변종), 33자안, 51자안을 제시하였으며, 세벌식인 경우, 46자안, 45자안(옛 글자까지 포함)을 제시하였다.

그리고 글자입력을 위한 건반배열에는 조선국규 9566-97, 조선창덕건반,

1996년 북남합의안, 두벌식건반 KSX 5002 ← KSC 5715, 안마태 소리글판, 세벌식건반 등을 소개하였다. 아울러 글자 건반배열과 건반에 배치할 글자수를 정함에 있어 한글의 특성을 살리려면 당연히 세벌식 건반에서 논의되어야 한다고 하였다.

3. 문법공학 연구

『조선어정보론』에서 제시한 언어정보의 컴퓨터 처리와 『조선어문법검사연구』에서 제시한 문법검사를 통해 문법공학에 대해 살펴보기로 한다. 위 두 책에서는 컴퓨터언어학에서 최근 논의되는 다양한 이론과 문법의 일반이론을 두루 섭렵하여 우리말 용례를 바탕으로 하여 문법공학을 기술하였는데, 형태론적 분석, 문장론적 분석, 의미론적 분석, 문장합성, 그리고 문법검사가 그 중심 내용이다.

1) 형태론적 분석

『조선어정보론』에서 형태론적 분석이란 "문장을 사전올림말로 등록되여있는 형태부(단어로 분해하고 사전올림말에 등록되여있는 형태부)의 정보들을 분해된 형태부에 붙여주는 처리"라 하였다. 이러한 형태론적 분석이 우리말에서는 대단히 어려운 과제임을 언급하고서, 그 근거로 토의 특성, 글자의 특수성, 변격용언과 축약과 같은 형태 변이, 띄어쓰기 등을 들었다.

형태론적 분석에서 핵심은 형태론적 분석 방법이다. 이를 제시하면 다음과 같다.

첫째는 하나의 띄어쓰기 단위의 뒷글자로부터 한 자씩 떼어 내어 분석하는 방법이다. 예를 들어 문장 "아이들이 공부를 하느라고 밥을 먹는것도 잊었다."에서, 우선 이 문장을 분석하기 위하여 지시개 ↓를 첫 번째 형태단어 '아이들이'가 끝난 공백자리에 놓는다. 지시개 앞에 있는 글자열 '아이들이'를 말줄기사전에 보내여 탐색한다. 말줄기사전에는 '아이들이'가 없으므로 찾지 못하고 실패한다. 지시개는 하나 후퇴하여 '아이들이'의 제일 뒷글자에 간다. '이'를 취하여 토사전에서 탐색한다. 이 띄어쓰기의 한 단위가 체언의 절대격, 관형사, 부사가 아닌 이상은 제일 뒷글자가 반드시 토의 한 부분이거나 완전한 토이므로 탐색될 수 있다. 토사전에는 '이'가 있으므로 탐색이 성공하며 그것을 취한다. 다음 순서로 이 '이'를 제외한 나머지 부분을 말줄기사전에서 탐색하여 본다. 말줄기사전에는 '아이들'이 없으므로 탐색은 실패한다. 지시개를 한 글자 뒤로 후퇴시킨다. '들이'를 취하여 토사전에서 탐색하여 보니 없다. 이번에는 '들' 하나만을 취하여 토사전에서 탐색하여 본다. '들'은 복수토로서 토사전에 있다. 다음은 '들'과 '이'를 제외한 나머지 부분인 '아이'를 말줄기사전에서 탐색한다. '아이'는 명사로서 말줄기사전에 있다. 마지막으로 '아이', '들', '이' 등이 결합규칙에 맞는가를 검토하여 본다. '아이'는 명사 말줄기이며 그 뒤에 복수토와 격토를 가질 수 있다. 또한 복수토와 격토의 결합을 보면 복수토 뒤에 격토가 결합될 수 있으므로 결합규칙도 모두 만족시킨다. 이것으로써 첫 번째 공백까지의 분석은 끝난다.

둘째는 추적배열탐색법으로, 토와 말줄기의 합리적인 분리, 토 내부에서의 합리적인 처리를 진행할 수 있게 함으로써 분석의 속도와 질을 높일 수 있게 하는 방법이다.

셋째는 우선규칙을 도입한 분석 방법이다. 여러 가지 우선규칙이 제안되는데 공통 방법은 최장일치법, 토막수최소법, 수값최소법 등이다. 최장일치법은 형태단어의 분석 결과 가장 긴 것을 취한다는 것을 말한다. 토막수최소법은 한 개 띄어쓰기 단위를 분석하였을 때 여러 개의 토막이 갈라져 나오는데 그 토막의 수가 가장 적게 되는 분석 결과를 우선 취한다는 것을 말한다. 수값최소법은 형태론적 분석 결과 여러 토막들이 나오는데 그 토막들 사이에 연접선을 긋고 토막과 연접선에 적당한 값을 주어 그 값이 최소로 되는 것을 우선적인 것으로 선택하는 방법이다.

2) 문장론적 분석

『조선어정보론』에서 문장론적 분석이란 "문법규칙(제약)이나 여러가지 우선규칙에 의하여 입력문을 분석하고 그 입력문이 어떠한 구조를 가지고있는가를 밝혀내는 처리"라 하였다. "문장은 단어들이 일정한 문법규칙에 따라 라렬되여있는것만큼 그 라렬의 구조를 밝혀내자면 무엇보다 먼저 문법규칙을 작성하고 거기에 기초해서 분석을 진행하여야 한다."라고 하였다.

『조선어정보론』에서는 문장론적 분석을 위하여 다양한 문법 모형을 제시하였다. 우리말은 교착어에 속하는 언어로서 토가 매우 발달되어 있으며 이 토에 의하여 거의 모든 문법적 관계가 결정되는 까닭에 그동안 문맥자유문법인 구구조문법으로는 우리말을 분석하기가 매우 어렵다는 것이 판명되어 격문법이나 의존문법에 의한 연구가 많이 진행되었음을 언급한다. 그리고 최근에는 어휘 의미, 어휘 특성 정보를 중시하여 해석하는 GPSG, HPSG 등과 같은 이론을 도입하려는 시도들이 보인다고 언급하면서 이들 이론들을 소상히 소개하였다.

문장론적 분석에서도 역시 핵심은 문장론적 분석 방법이다. 이를 제시하면 다음과 같다.

첫째는 상승병행형(횡형상승형) 문장 분석으로, 분석나무를 아래서부터 위로 올려가면서 만들어 내는 방법이다. 그러면서 분석 도중에 분석가능성이 여러 개 있는 경우 가능한 모든 분석을 다 하면서 분석을 진행해 가는 방법이다.

둘째는 하강병행형(횡형하강형) 문장 분석으로, 가장 기본적인 것은 Earley법이다. 이 방법 역시 분석 도중에 모든 분석가능성을 다 분석하면서 진행한다. Earley법은 문장을 표현하는 비종단표식 S를 뿌리마디로 하는 가상적인 부분분석나무를 만들고 그것으로부터 시작하여 분석 도중에 문장의 부분분석나무로서 옳은 것을 선택한다. 이러한 조작을 반복 진행하는 것을 통하여 최종적인 문장의 분석나무를 만들어 낸다.

셋째는 상승병행형과 하강병행형 분석의 결합이다. 상승병행형 분석에서는 문장 전체의 분석에 아무런 공헌도 하지 않는 수많은 구조를 만들어 낼 수 있는 가능성이 있다. 그와 반면에 하강병행 분석은 특정의 입력문 분석에 대하여서는 아무런 역할도 하지 않는 구구조규칙을 적용해 버리는 일이 있으며 수많은 예측을 하게 된다. 이러한 약점은 두 가지 분석법을 결합함으로써 일정하게 해결할 수 있다.

3) 의미론적 분석

『조선어정보론』에서 의미론적 분석이란 "여러가지 의미표현형식으로 표현되는 의미구조를 일정한 분석절차에 의하여 추출하는 분석기술"을 말한다. 문장의 의미는 의미그물 형식, 격틀 형식, 개념의존표현 형식, 논리 형식 등 여러 가지 형식으로 표현할 수 있다. 입력되는 문장을 이러한 의미표현 형식으로 변환하여 그러한 의미표현 형식을 얻어내는 분석이 바로 의미론적 분석이다.

의미론적 분석에서도 역시 핵심은 의미론적 분석 방법이다. 이를 제시하면 다음과 같다. 첫째는 격틀 형식에 의한 분석 기술이다. 이는 문장론적 분석 결과 얻어진 분석나무와 사전항목의 틀에 의한 의미기술을 가지고 진행한다. 둘째는 용례-시소러스에 의한 분석 기술이다. 미리 컴퓨터에 넣어 둔 용례와 비교하는 방법을 통해 분석하는 기술이다. 셋째는 지시어 처리인데, 우리말에는 지시어가 대단히 많기 때문에 지시어의 정확한 처리가 진행되어야 문장 해석을 원만하게 할 수 있다.

4) 문장 합성

『조선어정보론』에서 다음과 같이 설명하고 있다. "문장을 합성하는 방법은 일반성을 띠는것들이 많으나 문장의 분석에서와 마찬가지로 조선어의 특성에 맞는 합성방법이 있으며 또한 조선어의 고유한 특성으로부터 구체적으로는 여러가지 문제들이 제기된다. 문장의 합성이란 분석된 문장구조나 의미구조 혹은 미리 준비한 문장들로부터 우리들이 일상적으로 쓰는 자연언어의 문장을 만들어내는 방법을 말한다."

문장 합성법으로 다음 두 가지를 소개하고 있다. 첫째는 구멍메꾸기에 의한 문장 합성법이다. 문장의 기본골격을 미리 만들어 놓고 그 안의 얼마간의 단어를 적절하게 결정하는 것에 의하여 요구하는 문장을 만드는 방법이다. 둘째는 의미구조를 사용한 문장 합성법이다. 문장 합성은 문장 이해에 의해 얻어진 의미구조로부터 자연언어 문장을 만들어 내는 것을 말한다.

5) 문법검사

문법검사에 대해서는 『조선어문법검사연구』의 내용을 소개하고자 한다. 문법검사는 컴퓨터를 이용하여 문서 안의 오류 표현들을 발견하여 수정하는 문서 교정 작업이다. 이러한 문법검사의 성격, 내용, 원리, 그리고 제기되는 언어공학적 과제 등에 대해 살펴보면 다음과 같다.

문법검사의 성격을 다음과 같이 기술하였다. 문법검사는 컴퓨터를 통하여 컴퓨터 문서 안의 오류 표현들을 자동적으로 검색해 준다. 오류 검색 방식에는 크게 두 가지가 있는데, 그 하나는 텍스트의 입력과정이나 열람과정에 텍스트 자료에 대한 문법검사가 동시에 이루어지는 직결방식이며 다른 하나는 텍스트 전체에 대한 문법검사를 통일적으로 요구하는 비직결방식이다.

문법검사의 내용은 원인의 측면과 유형의 측면으로 나누어 볼 수 있다. 오류 원인의 측면에는 논리적 오류와 기계적 오류가 있다. 논리적 오류는 문서 작성자가 언어규범에 대하여 잘 모르거나 혹은 잘못 이해한 데서 오는 오류 표현이고, 기계적 오류는 컴퓨터에 문서를 입력하는 사람이 실수하여 생기는 오류 표현이다. 오류 유형의 측면은 오류의 외적표현 형식에 따른 분류이다. 맞춤법 오류, 띄어쓰기 오류, 텍스트의 표현력 등이다.

그리고 문법검사를 위한 언어공학적 과제를 다음과 같이 제시하였다. 첫째,

형태론적 해석의 질적 수준을 높이고 더욱 완성시켜 나가야 한다. 형태론적 해석을 우리말의 모든 형태단어 표현들을 해석할 수 있는 완전한 것으로 만들고 다음으로 형태론적 해석을 통해 형태단어들에 대하여 정확한 해석이 이루어지도록 하여야 한다. 둘째, 형태단어 해석 기술을 문법적 오류의 검사를 위한 방향으로 부단히 접근시켜야 한다. 또한 형태단어 해석을 단순히 하나의 형태단어에 대한 해석으로 국한시키지 말고 단어결합까지도 고려한 확장된 형태단어 해석으로 만들어야 한다. 셋째, 컴퓨터 문서에서 나타나는 오류의 특성에 대하여 조사하여야 한다. 컴퓨터 문서의 문체별, 입력조건에 따른 오류 특성을 면밀히 조사하여 볼 필요가 있다. 넷째, 언어 통계자료를 더 보충하고 응용기술에 대하여 연구를 심화시켜야 한다. 다섯째, 컴퓨터 문서 안의 미등록어에 대한 처리방법도 깊이 있게 연구하여야 한다. 미등록어는 형태단어 해석을 실패하게 하거나 틀린 단어 해석구조를 만들게 하는 주요한 원인의 하나이기 때문이다.

4. 전자사전 연구

언어공학에서 전자사전은 큰 비중을 차지한다. 이러한 전자사전에 대한 이론과 실제를 제시한 것이 『조선어전자사전연구』이다. 이 책에서는 먼저 전자사전의 개념과 유형, 우리말 전자사전에서의 올림말 작성, 전자사전에서의 정보 보장을 기술하였다. 이어서 사전올림말 탐색 기술을 소개하고, 그리고 사전 정보의 유지관리 기술에서 사전 정보의 논리적 구조, 전자화사전을 위한 사전 정보의 형식화, 기계사전에서 사전정보의 형식화, 종합적인 기계사전의 사전 정보 조직을 기술하였으며, 마지막으로 전자사전을 통한 언어지식 획득에 대해 논의하였다. 이 가운데 전자사전의 유형, 올림말, 사전정보의 유지관리 기술, 그리고 전자사전을 통한 언어지식 획득 등에 대해 소개하기로 한다.

1) 전자사전의 유형

『조선어전자사전연구』에서 전자사전이란 "콤퓨터의 기억장치나 자기원판에 수록된 단어와 그의 언어학적등가물정보 및 그것들의 유지, 관리에 필요한 각종 프로그람적도구들의 총체"를 말한다. 전자사전은 그 용도에 따라 사람들이 열람하도록 만든 전자화사전과 자연언어처리의 목적을 실현하기 위해 만든 기계사전 등 몇 가지로 크게 나누어 볼 수 있다.

기계사전은 철자법검사와 기계번역과 같은 자연언어 처리를 위하여 준비하는 사전들을 말하는데, 원래 컴퓨터를 이용하여 한 언어를 다른 언어로 번역하는 기계번역을 위한 술어였으나, 그 의미의 폭이 넓어져 언어자료의 수집, 가공, 축적, 보존, 초록, 색인, 번역, 검색 등 컴퓨터에 의한 자연언어 처리의 전반에서 쓰이는 술어로 되었다.

전자화사전은 책형태 사전을 대신하는 전자사전의 한 종류이다. 뜻풀이사전, 성구사전, 대역사전 등 종래의 책형태 사전의 내용과 기능을 컴퓨터상에 옮겨 놓은 것이 바로 전자화사전이다. 전자화사전은 컴퓨터의 여러 가지 탐색기능을 활용하여 자료들을 종적, 횡적으로 가공 처리함으로써 이용자의 요구를 최대한 만족시킬 수 있도록 편찬한 사전이다.

자료기지코퍼스(남한 용어로, 데이타베이스 말뭉치)도 전자사전의 일종이다. 코퍼스란 언어 구조의 자동분석을 위하여 자연언어의 텍스트 자료에 일정한 정보를 부가해 놓은 언어자료모임이다. 즉 단어의 형태구조와 문장의 결합규칙 및 언어적 단위의 통계적 성질을 밝혀 내기 위하여 텍스트 자료에 자동처리와 관련된 정보를 부가해 놓은 자료기지를 말한다.

2) 전자사전에서의 올림말

전자사전에서의 올림말의 선정, 작성, 올림말 탐색기술에 대해 살펴보기로 한다. 전자사전의 올림말 선정과 관련하여 다음과 같이 언급하고 있다. 우리말의 경우 올림말의 단위는 말줄기와 토로 된다. 전자사전에서는 단어와 함께 성구, 속담, 표현적 단위들도 어휘적 단위이며 올림말 단위가 된다. 토가 전자사전의 올림말의 단위가 되는 것은 우리말에서 토는 독자성, 체계성, 양적 풍부성을 가지기 때문이다. 올림말의 단위를 말줄기와 토를 따로 분리하여 사전 올림말의 단위로 잡게 되는 경우 말줄기와 토를 따로 기억시켜 기억용량을 크게 줄일 수 있다.

사전 탐색의 속도는 사전 자료, 구체적으로 올림말 자료의 배열을 어떻게 하고 탐색의 절차를 어떻게 하는가 하는 데 달려 있다. 고속 탐색을 위하여 사전 자료들을 일정한 기준에 맞추어 배열한 형식을 사전 탐색 구조라고 하며, 그에 기초하여 사전 올림말을 대조하여 가는 절차를 밝힌 것을 사전 탐색 알고리듬이라고 한다. 사전 올림말 탐색기술에서 2분탐색법, B+나무탐색법, 해쉬탐색법, 트라이법, 이중배열을 이용한 숫자형탐색 등에 대해 소개하였다.

3) 사전정보의 유지관리 기술

전자사전의 유지관리에서 기본은 사전정보의 형식화를 옳게 실현하는 것이다. 이를 위해서는 사전정보의 논리적 구조를 바르게 파악하는 것이 중요하다고 하였다. 이에 전자화사전의 사전정보 형식화에 대해 살펴보기로 한다.

간단한 전자화사전을 만드는 원리를 다음과 같이 제시하였다. 먼저 사전 자료 즉 사전 실체인 RTF형식의 텍스트 자료 파일을 작성한다. 사전정보의 논리적 구조나 물리적 정보는 책사전의 것과 똑같이 만든다. 다음은 올림말쌍모임을 준비한다. 올림말쌍모임을 구성하는 올림말쌍은 사전의 텍스트 자료로부터 얻는다. 사전의 올림말쌍모임을 준비한 다음에는 사전 올림말에 대한 탐색 부분프로그램을 작성한다. 탐색프로그램은 사전 올림말쌍에 반영된 사전정보가 시작되는 부분에 대한 상대위치값을 돌려 준다. 다음은 사전 텍스트 자료의 임의의 부분을 자유롭게 보여 주는 사전 내용보기 창문을 준비하고 거기에 사전 탐색 부분프로그램에서 돌려 주는 상대위치로부터 시작되는 사전

텍스트 자료를 보여 주도록 한다.

전자화사전에서는 사전정보를 음성자료나 정지화상, 동화상과 같은 다매체자료로의 연결뿐 아니라 사전 안의 올림말들 사이 혹은 다른 전자화사전의 내용들과의 연관관계도 형식화할 수 있다. 연관어휘들의 연결기법은 오늘날 널리 쓰이고 있는 하이퍼텍스트에서의 문서구조화의 경우와 유사한 점을 가진다.

4) 전자사전을 통한 언어지식 획득

전자사전에서 중요한 내용의 하나는 전자사전을 통한 언어지식의 획득이다. 『조선어전자사전연구』에서는 이러한 언어지식 획득에 대해 여러 관점에서 논의하였다. 그 가운데 코퍼스를 이용한 어휘지식 획득에 대해 살펴본다.

첫째는 생코퍼스로부터 어휘통계적 특성을 조사할 수 있다. 생코퍼스란 코퍼스 안의 언어자료에 어떤 부가정보도 부여하지 않은 코퍼스이다. 생코퍼스를 통해 일반적으로 해당 언어의 글자에 대한 통계, 음절글자 통계, 글자연접 통계, 형태단어들에 대한 어휘 통계를 얻을 수 있다.

둘째는 부가정보를 붙인 코퍼스로부터 어휘지식을 추출할 수 있다. 부가정보가 부여된 코퍼스를 구축해 놓으면 우선 사전 올림말의 분야별에 따른 통계적 특성을 조사할 수 있다. 또한 부가정보를 붙인 코퍼스로부터는 단어와 문법형태, 형태단어들 사이의 연결관계를 쉽게 알 수 있으므로 구체적인 동사, 형용사가 어떠한 문맥 속에서 쓰이고 있는가도 조사할 수 있다.

셋째는 대역코퍼스를 이용하여 사전 작성을 지원할 수 있다. 대역코퍼스는 두 개 이상의 언어자료 사이에 번역 대응을 지어 놓은 자료모임이다. 대역코퍼스에서 기본은 두 언어의 표현 사이의 대응 관계이다. 대응은 텍스트, 단락, 문장, 구, 단어 단위로 지어진다. 대역코퍼스를 이용하면 문체나 특수한 번역 대응 표현을 찾아내거나 명확한 어휘지식을 획득하여 기계번역을 위한 기계사전 구축이나 시소러스 작성에 도움을 줄 수 있다.

제10장

언어규범 연구

1. 언어규범 연구 개관

『조선어학전서』의 'XI. 언어규범'에는 다음과 같이 두 책이 포함되어 있다. 이 두 책을 통하여 언어규범 연구의 흐름을 파악할 수 있을 것이다.

(1) 조선어규범변천사

『조선어학전서』 제46권이다. 2005년 7월 25일 발간, 271쪽. 저자는 최정후, 김성근이다. 차례를 간추려 제시하면 다음과 같다.

제1편 조선어글말규범의 변화발전

제1장 훈민정음의 창제와 15세기 문헌자료에 반영된 글말규범

제1절 훈민정음의 창제와 그 제자원리

제2절 15세기 문헌자료들에 반영된 글말규범

제2장 16~20세기초의 글말규범

제1절 <훈몽자회>를 비롯한 16세기의 문헌자료들에 반영된 글말규범

제2절 17~19세기초의 문헌자료들에 반영된 글말규범

조치

제2절 광복후 조선어발음규범의 변화발전

위의 차례에서 보는 바와 같이 언어규범을 우선 글말규범과 발음규범으로 나누고 각각의 변화 발전 양상을 기술의 대상으로 삼았다. 15세기 훈민정음 창제 시기부터 광복 후에 이르기까지 기간을 대상으로 하였다.

'머리말'에서 규범이란 "한마디로 말하여 일정한 언어집단안에서 사회적으로 공인된 언어적수단들과 그 표현수법들의 사용규칙"이라 하면서, 규범의 가치에 대하여 다음과 같이 언급하였다. "입말생활에는 입말과정에 반드시 지켜야 할 규칙과 규범이 존재하며 이러한 규칙과 규범은 사회적으로 공인된 입말규범인것이다. …… 해당한 언어집단의 성원들이 언어생활에서 입말규범을 지켜야만 사람들의 교제활동에서 정확성과 문화성, 통일성이 보장될수 있다." "글말생활에도 입말생활과 마찬가지로 사람들이 준수해야 할 규칙과 규범이 존재하며 오직 그 규칙과 규범을 글말생활에서 준수할 때에만 언어교제가 원만히 진행될수 있다."

이처럼 언어규범을 입말규범과 글말규범으로 제시하였으며, 글말규범을 맞춤법이라 하였다.

(2) 조선어규범리론

『조선어학전서』 제47권이다. 2005년 7월 15일 발간, 271쪽. 저자는 김동찬이다. 문법 연구의 대표적인 학자이다. 차례를 간추려 제시하면 다음과 같다.

제1장 언어규범의 일반리론

제1절 언어규범의 본질

제2절 언어규범의 범주

제3절 언어규범의 특성

제4절 환경과 언어규범

위의 차례에서 보는 바와 같이 이 책에서는 언어규범의 일반 이론, 원칙과 경험에 대하여 논의한 다음, 어음, 어휘-의미, 문장 등과 같은 순서로 언어규범의 이론을 전개하였다. '머리말'에서 "언어생활에서 주체를 세우고 문화어의 규범을 바로 지킴으로써 평양문화어의 기치밑에 민족어를 주체적으로 발전시켜나가는것"은 "우리 조선의 전체 인민들의 숭고한 민족적의무"라 하여, 언어규범의 중요성을 언급하였다.

아울러 언어규범 이론의 목적은 "사회적규범으로서의 언어규범의 본질과 특성에 맞게 언어구조를 더욱 정확하고 아름다운것으로 발전풍부화하고 정밀화하는데 이바지한다."라 하면서, 언어규범 연구에 대하여 "언어학발전력사에서 언어규범에 관한 리론적 및 실천적연구는 오랜 연원을 가지고있다." 라 하였다.

2. 언어규범 일반에 대한 논의

1) 언어규범의 본질

언어규범의 본질을 다음과 같은 몇 가지로 제시하였다. 첫째, 언어규범은 실현된 언어 체계의 총체이다. 둘째, 언어규범은 사회에서 사람들 사이의 통신수단으로 사용되어 왔기 때문에 누구나 그대로 써야 할 공고한 것으로 인정받게 되는 것이다. 이것이 언어의 규범성이며 강제성이다. 셋째, 언어규범은 구체적으로 민족어의 규범으로서 존재한다. 따라서 범언어규범이란 없다.

2) 언어규범의 특성

언어규범의 일반적 특성으로 먼저 언어 수단의 상대적 견고성을 들었다. 상대적 견고성을 입증하는 표식은 첫째, "언어규범의 력사적견고성과 전통성", 둘째, "언어규범에서 있을수 있는 동요와 변종들의 국한성", 셋째, "상대적인 지역적동일성"이라 하였다.

언어규범의 일반적 특성으로 다음에는 언어 사용에서의 상대적 동요성을 들었다. 이는 언어집단 안의 구성원들이 해당 언어를 사용함에 있어서 절대적인 일치성과 동일성을 보장하지 못하고 상대적으로 차이를 나타내는 성질을 말하는 것으로, 언어집단의 구성의 다양성과 세대 바뀜에 의한 음운 조직의 편차에 의한다고 하였다.

3) 규범화의 원칙

우리말 규범화를 위한 원칙을 다음과 같이 제시하였다.

(1) 주체성, 민족성의 구현

규범화는 언어 체계를 기준으로 하는 규범화가 아니라 어디까지나 사람을 위한 것이고 민족을 위한 것이라 하였다. 예를 들어 "지난 시기에는 조선사람은 단어의 첫머리에서 'ㄹ' 소리를 내지 못하는것이 움직일수 없는 일처럼 되여있었다. 이러한 관점은 조선사람의 발음생리와 발음능력에 맞지 않는것이며 교육실천적으로도 불합리한것이다."

(2) 평이성, 대중성 보장

문화어의 맞춤법 규범이 걸어온 역사를 돌이켜보면 맞춤법은 형태주의를 기본 원칙으로 하면서 그 적용 범위를 이치에 맞게 확대하여 나감으로써 규범의 일관성을 보장하고 평이성, 대중성을 더 잘 보장하여 온 역사였다고 할 수 있다.

(3) 세계적 추향에 대한 고려

규범화 사업은 언어 구조에 대한 깊은 파악과 대비언어학적 이해가 선행되고서 언어규범화의 세계적 추향을 고려하면서 진행되어야 한다고 하였다.

4) 규범화의 역사적 경험

규범화와 관련하여 몇몇 역사적 사실을 들고 있다. 한 예를 옮겨 보자. 북한의 규범집인 <조선어철자법>을 새로 제정 공포할 때 가장 두드러지는 것은 단어 첫머리의 'ㄹ' 문제였다.

<조선어철자법>에서 단어 첫머리의 'ㄹ'을 'ㄹ'로 적고 발음도 [ㄹ]로 하도록 이끌어 주었다. 이렇게 하여 형태주의 원칙을 보다 철저히 실현하게 하였다. 형태주의 원칙을 맞춤법의 원칙으로 삼는 것은 초보적인 이치라 하였다. 과거의 맞춤법에는 말머리의 'ㄹ'을 적을 수도 없고 발음할 수도 없게 되어 있던 것을 근본적으로 바로잡은 것은 외국어 습득과 교육을 위해서도 지극히 정당한 것이라 주장하였다. 아울러 알타이어설의 허상에 포로 되어 첫머리 'ㄹ'을 거부하는 것은 "언어학이 아니라 언어학의 만화이다."라고 표현하였다.

3. 어음론적 규범화 연구

발음규범에 대하여 기본적으로 다음과 같이 성격을 규정하고 나서 구체적으로 제기되는 몇 가지 과제에 대해 기술하였다. "형태가 발달하고 받침소리라는것이 있는 우리 말은 발음의 규범화문제가 퍽 어렵게 제기된다. 발음현상과 관련하여 규범화하여야 할 중요문제의 절대다수는 순수한 발음생리적, 물리음향학적문제가 아니라 형태음운론적인 문제들이다."

1) 발음규범

(1) 표준 발음 속도

문화어의 표준 발음 속도는 "규범화하여놓은것은 없지만 대체로 중앙방송에서 방송원들이 보도시간에 하는 보도의 말의 속도정도의것을 기준으로 잡을수 있다."라고 하였다.

(2) 모음 ㅢ

속격토 '의'의 발음을 [ㅔ]로 하는 경향이 있게 되는 것은 발음생리에 기인하는것이 아니라 언어 역사와 관련되어 있다고 하면서 다음과 같이 설명하였다. 우리말에서 속격토 '의'가 분화된 것은 퍽 후기의 사실이고 예전에는 '에'가 이 기능을 겸하고 있었다. 그리하여 표기상으로는 '의'로 되어 있어도 발음관습상으로는 [ㅔ]로 발음하는 것이 그대로 계승되어 오늘날까지도 그 흔적이 남아 있는 것이다. 이러한 사실로 보아 겹모음 'ㅢ'는 홑모음화 과정을 걷고 있다고 보게 된다. 표기에서는 'ㅢ'를 고수하여야 한다. 만약 'ㅢ'를 고수하지 않는다면 사람마다 제 나름대로 적게 되어 규범의 통일성을 파괴하게 된다.

(3) 모음 ㅚ, ㅟ

이 홑모음 앞에 자음이 놓여 있는 소리마디를 발음할 때에는 홑모음으로 제대로 발음하는 것이 일반적이므로 'ㅚ', 'ㅟ'는 계속 홑모음으로 발음하도록 규범화하는 것이 마땅하다고 하였다.

2) 형태부의 발음

(1) 말줄기, 토

동사, 형용사의 말줄기가 받침소리 'ㄴ, ㅁ, ㄵ, ㄻ'일 때 뒤에 잇달리는 토는 순한소리에 해당하는 된소리로 발음한다. 이와 관련하여 명백히 하여야 할 것은 토가 아니라 뒤붙이인 것은 된소리로 발음되지 않는다는 것이다.

(2) 말뿌리, 뒤붙이

발음이 사회적으로 통일되게 하려면 음운들의 발음을 그의 고유한 음가에 맞게 발음하는 것을 기본으로 삼아야 한다. 음운들은 고립적으로가 아니라 결합되어 사용되기 때문에 닮기 현상을 초래하는 것은 부득이하며 또 그것이 자연스러운 일이기도 하지만, 닮기 현상이나 달라지기 현상 등에 너무 매달리면

사회적으로 발음규범이 바로 서지 못하게 된다.

3) 외국말 적기법

외국말 적기법의 성격에 대하여 언급한 가운데 다음 내용은 주목할 만하다. 즉, 외국말 적기법의 규범화 대상은 외국말 일반이 아니라 개별적인 외국어의 단어라는 점이다. 그리고 외국말 적기법에서 고유명사에 대한 문제는 특별히 신중성을 요한다는 것이다. "남의 나라이름을 그 나라에서 부르는대로 부르지 않고 자기 나라 발음식으로 고쳐서 부른다는것은 민족적감정을 거슬리는 비도의적인 행실로 된다." 그러면서 한자로 적은 것은 사정이 다르다고 하여 '베이징'이 아닌 '북경'이라는 것이다.

외국말 적기는 음운대응의 원칙이 가장 효과적인 방법이 된다고 하였다. 해당 외국어의 자음과 모음을 우리 글자의 자음자와 모음자에 각각 대응시켜서 적는 것을 원칙으로 한다는 것이다. 예를 들어 프랑스말 적기법에서는 글자는 대상도 하지 않고 처음부터 발음기호를 대상으로 하여 그것을 우리 글자에 하나하나 대응시키는 방법을 적용하고 있다.

중국말 적기법에서는 음운대응의 원칙을 취하지 않고 자음과 모음의 2차원적 결합에 의하여 소리마디들이 이루어지는 법칙성에 따라서 약 400여 개의 중국어의 소리마디들을 우리 글자로 대응시켜 적는 방법을 취하였다고 하였다.

외국말 적기법에서 중요한 고려 조건 하나를 제시하였다. 우리의 글말 생활에서 단 한 번도 써 본 적이 없는 괴상한 소리마디글자까지 만들면서 외국말을 적어야 하겠는가 하는 것이다. 예를 들어 '뢴'이라는 글자는 써 본 일도 없고 발음하기도 힘들다. 따라서 이렇게 언급하였다. '렌트겐'이라고 쓰고 발음도 그렇게 하면 되지 않겠는가.

4. 어휘-의미론적 규범화 연구

북한에서 그간의 <한글맞춤법통일안>에서 새롭게 제정한 <조선어철자법>으로 어휘규범화가 발전하는 과정에 나타난 특징은 다음과 같다. 이것이 곧 북한 어휘규범의 주요 특징인 셈이다.

첫째, 평양문화어에 기초한 어휘규범화이다. 즉 어휘규범의 첫 특징은 바로 서울말로부터 "평양의 세련된 언어에 둔것이다."

둘째, 단어의 어음적 외피의 안정화이다. 종래의 규범을 혁신한 중요한 내용의 하나는 단어의 어음적 외피를 뚜렷하게 안정화한 것이다. 예를 들어 한 소리마디 단어에 모음 하나를 더 첨가하여 단어가 일정한 길이를 가지고 똑똑히 가려들을 수 있게 하는 방법이다. 이러한 소리마디 조절뿐만 아니라 어감조절도 고려하였다. '원수'를 '원쑤'로 규범화한 예인데 "불구대천의 민족적원쑤나 계급적원쑤에 대하여 증오의 감정을 담는데서 순한소리 '수'는 너무도 정서가 약하다."라고 풀이하였다.

셋째, 자모의 순서와 이름에 대한 새로운 규범화이다. 글자 이름을 형식에 있어서까지 완전히 체계화한 것은 글자학적이나 언어사적으로 큰 의의를 가진다고 주장하였다.

넷째, 단어의 의미규범의 새로운 변화이다. 광복 후 많은 고유어 새말이 쓰이게 된 과정에서 종전의 의미와 달리 새 의미를 부여하게 되었다. 이것은 새롭게 어휘를 창조한 것이 아니라 이미 있던 단어에 그러한 의미를 부여하여 사용하는 방법을 취한 것이다.

한편 환경이 고려되는 부르는 말 규범에 대해 설명하였다. 예를 들어 아이들이 곁에 없을 때에도 남편을 '아버지'라고 부르는 것이 오늘날 퍽 보편화되어 있다. 그러나 시부모 앞이나 친부모 앞에서는 이것이 윤리적으로 용인될 수 없다는 것이다. 또 이름은 받침소리로 끝날 때 흔히 '이' 소리를 덧붙여서 사용하지만 원칙적으로 사람의 성과 이름은 그 사람의 이름 그대로 정확히 불러야 한다. 따라서 공식적인 환경에서는 '이' 소리를 덧붙이지 말아야 한다는 것이다.

5. 형태론적 규범화 연구

북한 글말규범의 핵심은 형태주의 원칙이다. 『조선어규범리론』의 다음과 같은 기술은 이를 매우 잘 표현해 준다. 그대로 옮겨 본다.

"글말규범화에서 나서는 중심문제는 글을 보는데 헐하게 하는것이다. 헐하게 하자면 단어들을 형태화하여야 하며 단어에서 형태부들이 잘 드러나게 하여야 한다. …… 조선어의 글말규범화의 주되는 추향은 단어의 적기에서 형태주의원칙을 높이 내세우는것이였다. 이리하여 '선적기후발음'의 원칙에서 규범화하여야 한다. 이것을 뒤집으면 단어의 의미를 한눈에 안겨오게 할수 없고 결과적으로는 발음문제도 해결할수 없다."

그러나 단어의 외피를 규범화하는 데에 형태주의를 적용하는 것이 응당하지만 전적으로 형태주의를 적용하는 것은 어렵기 때문에 형태-표음주의 원칙이라고 말하고 있다.

6. 문장론적 규범화 연구

1966년 이후 <조선말규범집>에서는 문장론적 규범을 언어규범의 중요 내용의 하나로 제기하였음을 강하게 내세운다. 이것은 그 이전의 <조선어철자법>과는 구별되는 것이며 더욱이 <한글맞춤법통일안>에서는 제기할 수도 없었던 것이라 하였다.

1) 띄어쓰기

<조선말규범집>에서의 띄어쓰기 규범은 글을 빨리 읽고 쉽게 이해할 수 있게 하는 것을 중요한 목적으로 삼고 있는데, 여기에서 가장 중요한 것으로 "불완전명사", "후치사적단어", "문장론적단어"를 꼽았다.

불완전명사의 경우, 전통적으로 단어인 것만큼 앞말과 띄어 썼다. 그러던 것이 1966년 규범부터 앞말에 붙여 쓰도록 하였다. 그 이유를 다음과 같이 제시하였다.

첫째로, 불완전명사가 사용빈도가 매우 높다는 것과 관련된다. 사용빈도가 극히 높은 단어는 몇 개만 붙이거나 떼거나 하여도 혹은 읽기 편리한 글로 혹은 읽기 불편한 글로 되게 하는데 적지 않은 영향을 미친다.

둘째로, 불완전명사가 의미상 몹시 추상화되어 있고 문장에서 자립성이 약한 것과 관련된다. 앞에 놓인 규정어적 단어와 뒤에 놓인 피규정어적 단위인 불완전명사는 의미상으로 서로 뗄 수 없이 밀착되어 하나의 추상화된 대상을 나타낸다. 입말에서는 불완전명사가 앞에 놓인 규정어적 단위와 절대로 떨어지지 않는다.

셋째로, 불완전명사들은 대부분 한 소리마디 단어들이다.

다음에 "후치사적단어"의 경우, 이는 유럽어의 전치사에 해당하는 것으로 단어라는 견지에서 물론 띄어 쓸 수 있다. 그러나 대부분 한 글자나 두 글자인 짧은 것이고 의미상으로도 추상적인 것들이다. 이럴 때 글을 읽기 쉽게 하자면 띄어 쓰는 것보다 붙여 쓰는 것이 더 합리적이다.

그리고 "문장론적단어"는 문장 속에서 하나의 단어처럼 파악되고 다루어지는 단어결합체이기 때문에 독서 능률을 높이기 위해 붙여 쓰는 것이 좋겠다고 하였다.

2) 문장론적 규범화의 주요 문제

(1) 근거리 원칙

규정어는 언제나 피규정어의 앞에만 놓이는 것이 우리말의 어순 규범이므로 다른 자리로 옮겨서 조절할 수가 없다. 이와 관련하여서는 근거리 원칙을 가지고 규범화한다. 즉 가까이에 놓여 있는 단어들 사이의 관계를 우선시하는 원칙이다.

(2) 문장의 앞자리를 주어 자리로 하는 원칙

문장에서 격토를 사용하지 않고 도움토를 사용한 명사들이 여러 개 등장하면 단어결합관계가 모호하게 될 수 있다. 이럴 때에는 문장의 앞에 놓인 단어를 주어적 단위라고 보도록 규범화한다.

(3) 주격형 사용을 문장 주어의 표현에 집중시키는 원칙

다음 문장이 모호성이 없는 문장으로 되자면 우선 '이스라엘'의 격형태를 주격형이 아닌 다른 형태로 바꾸어 문장을 짜도록 하는 것이 좋다. 그리고 문장의 주어도 밝혀 두는 것이 좋다.

이스라엘이 국제법을 존중하도록 할것을 유엔에 호소
→ (세계 여러 국가가) 이스라엘에게 국제법을 존중하도록 할것을 유엔에 호소

(4) 행동, 상태의 주체가 주어로 되게 문장을 짜는 원칙

문장의 가장 알기 쉬운 구조는 행동, 상태의 주체가 문장에서 주어로 오는 것이다. 행동, 상태의 주체임에도 규정어의 형식을 취한 문장은 일반적인 문장 구조가 아니다.

(5) 대상적 수식과 서술적 수식

대상에 대한 수식이 규정어이고 이것이 대상적 수식어이다. 행동, 상태에 대한 수식은 상황어이며 이것이 서술적 수식어이다. 문장에서 모호성을 없애자면 대상적 수식과 서술적 수식이 구별되어야 한다. 그런데 일부 단어들은 규정어로도 되고 상황어로도 되는 단어들이 있다.

(6) 부정술어문의 모호성

부정 표현에서 모호성이 발생하는 말이 많다. 이것은 부정 표현 속에 수량어가 있을 때 흔히 일어난다. 결정적인 해결 방법은 술어 형식을 긍정화하는 것이다. 긍정 형식으로 개조하기 어려울 때는 도움토를 사용하는 것이 효과적이다.

7. 글말규범의 변화 발전 연구

글말규범의 변화 발전을 시대구분하여 제시하였다. 1) 훈민정음의 창제와 15세기 문헌자료의 글말규범, 2) <훈몽자회>를 비롯한 16세기에서 20세기 초까지의 글말규범, 3) 20세기 초에서 광복 이전까지의 글말규범, 4) 광복 이후의 글말규범 등으로 나누었다. 이제 각 시기별로 특별히 기술한 내용에 대해 살펴보자.

1) 15세기 문헌 자료의 글말규범

글말규범의 변화 발전의 첫 단계인 15세기 문헌 자료에서는 훈민정음의 창제와 그 원리, 그리고 거기에 담긴 규범에 관해 언급하였다. 기술한 내용 가운데 특기할 만한 사실을 제시하면 다음과 같다.

1. 한글 표기 방법에 대해 다음과 같이 평가하였다. "우리 글자는 자모글자이지만 단어를 단위로 하여 가로 풀어서 쓰는것이 아니라 자모글자를 가지고 일단 소리마디글자화하고 그것으로써 형태부 또는 단어를 적는다. 바로 이러한 규정이 <훈민정음해례>의 합자해에 서술되여있다. 왜 소리마디글자(네모글자)를 만들어 사용하였는가. 어떤 사람들은 중국음운학에서의 반절법을 참고로 하였던것같이 생각한다. 중국의 반절은 이분법으로 되여있어서 성모는 우리 말의 초성(자음)이고 운모는 중성+종성에 해당한다. 그런데 우리 말의 소리마디글자는 어디까지나 초성, 중성, 종성들의 삼분법을 기초로 하여 결합된 독특한 글자형태인것이다. 훈민정음창제자들은 자모글자를 길게 가로 늘어놓는것보다는 소리마디글자화하는것이 합리적이라고 생각하였을수 있다."

2. <용비어천가> 표기법을 훈민정음 창제 당시에 규정한 글자 사용상 규범이 준수된 작품이라고 하면서 몇 가지 특징을 다음과 같이 분석하여 제시하였다.

첫째, 사잇소리 적기에 관한 규칙을 언급하였다. "<훈민정음해례>에서는 삽입자모로 'ㅅ'만을 인정하였다. 그러나 <룡비어천가>에서는 삽입자모로 'ㅅ, ㄱ, ㄷ, ㅂ, ㆆ, ㅿ' 등 여섯가지가 쓰이고있다."

둘째, 형태주의 원칙을 지키면서 표음주의 원칙을 배합하고 있음을 언급하였다.

셋째, 자음 병서 문제를 언급하였다.

3. 15세기말의 글말규범이 반영되어 있는 문헌 자료로 <삼강행실도언해>, <두시언해>를 들고 몇 가지 특징을 분석하여 제시하였다. "<삼강행실도언해>에서는 'ㆆ, ㆅ, ㅸ' 등의 자모가 전혀 쓰이지 않았다. 어떤 곳에서는 '본리'를 '볼리'로 적고 '놀란'을 '롤란' 등으로 적었다. 말머리소리 'ㄹ, ㄴ'을 구별없이 사용하였다는것을 말해준다. 아마 이 시기 입말에서 말머리소리 'ㄹ, ㄴ'가 혼동되였던것의 반영일수도 있다." "<두시언해>에서는 단어 또는 형태부가 결합될 때에 삽입자모의 적기에서 앞 또는 뒤에 오는 음에 따라

각각 구별하여 쓰던 'ㄱ, ㄷ, ㅂ, ㅸ, ㆆ' 그리고 'ㅅ, ㅿ' 등이 오직 하나의 'ㅅ' 만으로 적히고있다. 이것은 이 시기에 와서 삽입자모의 적기규범이 'ㅅ'로 통일되였다는것을 말하여준다."

2) 16세기~20세기 초기의 글말규범

이 시기에 대해서는 <훈몽자회>, <노걸대언해>, <박통사언해>를 소개하면서 20세기 초기까지의 글말규범에 관해 언급하였다. 기술한 내용 가운데 특기할 만한 사실을 제시하면 다음과 같다.

1. <훈몽자회>에는 글자 이름, 글자수, 글자의 배열순서 등이 반영되어 있음을 언급하였고, <노걸대언해>와 <박통사언해>에서는 다른 책에 비하여 고유한 입말 어휘와 대화체가 많이 반영되어 있음을 지적하였다.

2. 1894년 갑오개혁 이후 낡은 한문식 글말을 배격하고 입말에 글말을 일치시키기 위한 언문일치운동이 널리 전개되었으며, 1895년에 법률명령은 다 국문으로써 근본을 삼고 한문 번역을 붙이거나 국한문을 혼용하라는 칙령을 발포하였음을 언급하였다. 따라서 이 시기는 글말규범을 준수하려는 경향과 새로운 글말규범을 만들어 쓰려는 경향이 서로 대립된 시기라고 분석하였다. 그리고 글말규범을 통일 짓기 위하여 주시경을 비롯한 애국적인 어문학자들은 통일적인 맞춤법을 만들기 위한 기초 작업을 정력적으로 진행하였다고 언급하였다.

3) 20세기 초~광복 전의 글말규범

이 시기에는 일제강점의 총독부 학무국이 작성한 글말규범과 조선어학회에서 작성한 <한글맞춤법통일안>을 대상으로 삼아 기술하였다.

1. 총독부 학무국에서는 1912년 보통학교 교과서의 철자법을 쉽게 한다는 구실로 <보통학교용언문철자법> 초안을 만들었으며, 1921년에는 <개정언문철자법>을 만들었으며, 1930년에는 <언문철자법>을 만들었음을 지적하였다. <언문철자법>에는 표음주의를 견지한다고 하였지만 형태주의도 적용하여 말줄기의 형태를 고정시키는 방향으로 보충하였다.

2. <한글맞춤법통일안>은 종전의 철자법의 부족점을 수정 보충하여 작성된 것으로 언어규범을 전진시키는 데 크게 기여하였다고 평가하였다. 특히 총론에서 중류 사회에서 쓰는 서울말을 기준으로 맞춤법을 제정한 것은 자산 계급 또는 소자산 계급의 이해관계가 반영된 규범으로 평가하였다. 그리고 말머리 'ㄴ, ㄹ'의 적기를 피한 것은 과학적 이치에도 맞지 않고 형태주의 원칙에서도 이탈한 것이라 비판하였다. 이는 알타이언어에 작용하는 두음법칙을 고려하였던 것 같다고 평가하였다.

4) 광복 후 북한의 글말규범

광복 후 북한에서는 우리말 발전의 합법칙성을 반영한, 평양말을 기준으로 한, 가장 과학적인 글말규범을 제정하게 되었다고 하면서 글말규범을 정하는 원칙과 그 과정을 구체적으로 제시하였다.

새로운 글말규범을 제정한 원칙은 다음과 같다. 첫째, 평양말을 기준으로 하여야 하는 것이다. 둘째, 말과 글의 사회적 기능을 높이는 방향에서 진행하는 것이다. 셋째, 민족어를 주체성 있게 발전시키기 위한 기본 방향에 맞게 글말규범을 제정하는 것이다.

1. 1954년에 <조선어철자법>을 제정하였다. 주요 내용을 다음과 같이 제시하였다. 총칙 1조: "조선어철자법은 단어에서 일정한 의미를 가지는 매개의 부분을 언제나 동일한 형태로 표기하는 형태주의원칙을 그 기본으로 삼는다." 제2조: "조선어철자법은 그 표기에 있어 일반어음학적원리에 의거하되

조선어에 고유한 발음상의 제 규칙을 존중한다." 제3조: "문장에서 단어는 원칙적으로 띄여쓴다." 제4조: "표준어는 조선인민사이에서 사용되는 공통성이 가장 많은 현대어가운데서 이를 정한다." 제5조: "모든 문서는 세로쓰는것이 아니라 가로쓰는것을 원칙으로 한다."

2. 1966년에 <조선말규범집>을 제정하였다. 이는 <조선어철자법>과 대비하여 볼 때 그 구성 체계와 내용에서 적지 않게 개선되었다. 특히 제18항에서 '사이표'를 없애는 규정을 새롭게 제정하였다.

3. 1988년에 <조선말규범집>을 통해 일부 조항들을 조절하고 예를 합리적인 것으로 조절하였다.

8. 발음규범의 변화 발전 연구

발음규범의 변화 발전에 대하여도 역시 시대를 구분하여 제시하였다. 이제 각 시기별로 특별한 기술에 대해 살펴보자.

1954년 <조선어철자법>이 공포된데 이어 1966년에 <조선말규범집(표준발음법)>이, 1988년에 <조선말규범집(문화어발음법)>이 발간되어 우리말 발음을 규범적으로 통일지었다고 역사적 흐름을 밝히고 있다.

1) 15세기~20세기 초의 발음규범의 변화 발전

1. 입천장소리되기와 관련하여, 일반적으로 17세기 이후 18세기 말에 와서 서북지방을 제외한 나머지 지역에서 입천장소리되기 현상이 진행되었다. 그 논거로 18세기 말에 나온 <중간노걸대언해>에서 'ㄷ, ㅌ'이 'ㅈ, ㅊ'으로 바뀐 것을 들었다.

2. 모음 변화와 관련하여, 15세기에 적지 않은 한자어의 모음은 겹모음으로 적혔는데 그러나 발음도 그렇게 한 것은 아니라고 보았다. 그러나 이러한 발

음과 적기의 차이는 1930년대부터 극복되었으며, 발음에 따라 겹모음이 홑모음으로 적혔다.

3. 모음 'ㅑ, ㅕ, ㅛ, ㅠ, ㅣ, ㅖ' 앞의 'ㄴ' 발음에 대하여, 15~16세기에는 모든 모음 앞에서 자음 'ㄴ'이 자유롭게 결합되어 발음되었으나, 17세기에 들어 말머리에서 'ㄴ' 빠짐이 광범히 진행되었음을 지적하였다. 그러나 완전히 다 빠지지 않았다는 사실은 19세기 말~20세기에도 말머리에 'ㄴ'이 쓰이고 발음되었다는 것으로 알 수 있다고 하였다.

2) 20세기 초~광복 전의 발음규범의 변화 발전

1. 총독부 학무국에서 1912년에 만든 <언문철자법>의 발음규범이 비과학적이라고 비판하였다. 서문에서 경성어를 표준으로 한다고 규정한 것에 대하여, 서울말은 중부방언의 지위를 벗어나지 못하는 전국적 가치를 가지는 것이 아니라고 비판하였다. 그리고 단어의 첫소리로 'ㄹ' 적기를 인정하지 않은 것은 발음의 변화 발전을 고려하지 않은 결과라 평가하였다.

2. <한글맞춤법통일안> 총론에서 <표준말은 대체로 중류사회에서 쓰는 서울말로 한다.>고 하고 "인구의 절대다수를 이루는 근로인민대중이 쓰는 말을 도외시하고 중류사회에서 쓰는 말을 표준으로 한것은 당시 <통일안> 작성자들의 사상적 및 계급적제한성과 관련된다."라고 비판하였다. 그리고 "이 규범이 하나의 민간학술단체에서 만든것으로 하여 사회의 언어생활에 대한 규제력이 별로 없었던것만은 사실이다. 1940년대에 들어서면서 일제의 조선어말살책동이 더욱 강화되여 <한글맞춤법통일안>을 얼마 써보지 못한채 조국광복을 맞게 되였다."라고 평가하였다.

3) 광복 후 북한의 발음규범의 변화 발전

1. 광복 후 새로운 현실적 요구에 맞게 평양말의 기준으로 하여 발음규범을

정해 "새 생활창조에 일떠선 우리 인민들의 사상감정과 구미에 맞는 발음을 전국에 일반화할수 있었다."라고 하였다. 이어서 발음규범에 대해 다음과 같이 기술하였다. "근로인민대중의 사상감정과 미감에 맞지 않는 발음을 철저히 배격하도록 하였다. …… 그렇기때문에 부르죠아사회에서 녀자들이 남자들앞에서 아양을 떨거나 코맹맹이소리를 하는것과 같은 비혁명적인 발음현상들을 허용하지 않는다. …… 사투리발음을 없애고 지방의 방송과 학교교육에서는 물론 일상언어생활에서도 통일적으로 정해진 발음규범대로 발음하도록 함으로써 문화성이 철저히 보장되도록 하였다."

2. 1954년 <조선어철자법>에서는 우선 한자어 기원의 적기와 발음에 대해 규정한 것을 소개하였다. "여기서 반드시 언급할것은 'ㄴ, ㄹ'을 <어느 위치에서나 본음대로 적고 발음도 그와 같이 하는것을 원칙적방향으로 삼는다.>고 규정한 내용해석문제이다. <원칙적방향으로 삼는다>는것은 'ㄴ, ㄹ'의 발음에서 례외가 있다는것을 의미한다. 례컨대 '규률, 배렬'인 경우에 '률, 렬'이 그대로 발음되지 않고 '율, 열'로 된다." 다음으로 사이ㅅ 소리에 대해 규정한 것을 소개하였다. "지난날에는 앞형태부의 끝소리가 모음으로 끝났을 때에는 ㅅ를 받침으로 적었고 자음으로 끝났을 때에는 두 형태부사이에 ㅅ를 적었다. 그런데 ㅅ를 적는것이 발음상으로 잘 맞지 않으므로 [']로 적게 되였다."

3. 1966년의 <조선말규범집>에는 <표준발음법>이라는 이름으로, 1988년의 <조선말규범집>에는 <문화어발음법>이라는 이름으로 발음규범을 규정하였음을 소개하였다. 이러한 발음규정은 "광복후 오늘 우리 인민들의 사상감정과 미감에 맞게 변화발전하였다."라고 평가하였는데, 구체적인 내용은 다음과 같다. 우선 모음 발음에서 고저장단을 규정하고, 겹모음 'ㅢ'의 다양한 발음을 과학적으로 규범화하였다. 첫소리와 받침 자음의 발음을 규범화하였다. 또한 받침의 이어내기와 끊어내기 발음을 규정하였다. 된소리 발음, 거센소리 발음, 닮기현상 발음, 사잇소리 발음 등을 규정하였다.

제11장

사전편찬 연구

1. 사전편찬 연구 개관

북한에서 사전편찬론은 "사전편찬에 관한 리론과 방법을 연구하는 언어학의 한 분과"라고 정의한다. 사전편찬에 대한 이론은 『조선어학전서』 제16권인 『조선말사전편찬론연구』에 나타나 있다. 『조선말사전편찬론연구』는 2005년 1월 20일 발행, 375쪽이다. 저자는 리기원인데 사회과학원 언어학연구소의 박사, 부교수이다.

이 책 머리말에서는 먼저 사전편찬론의 목적을 역시 김일성, 김정일을 언급하며 제시하고 있다. "우리 식의 사전편찬론은 위대한 수령 김일성동지께서와 경애하는 김정일장군님께서 독창적으로 밝히신 사전편찬원칙과 리론의 정당성을 깊이있게 론증하고 사전편찬에서 지켜야 할 요구와 방법들을 해설하는것을 목적으로 삼는다."

아울러 아직 사전편찬론이 이론으로 완성되지 못하였으며, 앞으로 더 많은 연구가 이루어져야 할 것임을 제시하였다. "20세기에 들어서면서 사전편찬과정에 제기되는 개별적문제들에 대한 과학리론적해명으로부터 시작한 사전편찬론은 아직까지도 보편적인 학설로 완성되였다고는 볼수 없다. 각이한 류형의 방대한 올림말을 싣고 통일적인 뜻풀이를 주어야 하는 사전은 과학적인 요강이 없이는 원만히 편찬할수가 없다. 사전의 과학성과 통일성을 담보하는 리론적전제를 체계화한것이 바로 사전편찬론이다. …… 사전이 발전하는 과정에 리론이 탐구되고 사전편찬은 경험으로부터 전환되여갔다." 이 책은 다음에 제시하는 차례와 같이 모두 다섯 개 장으로 구성되어 있다.

제1장 사전과 사전편찬론
　제1절 사전의 사명과 기능
　제2절 사전의 종류와 언어학적사전의 류형
　제3절 우리 나라에서의 사전편찬
　제4절 뜻풀이사전편찬방향과 사전편찬에서 견지해야 할 원칙적문제
　제5절 사전편찬론의 연구대상과 임무
제2장 뜻풀이사전에서의 올림말
　제1절 뜻풀이사전에서 올림말의 사명과 류형
　제2절 올림말의 자료와 선택
　제3절 어휘의 부류별특성과 뜻풀이사전의 올림말
　제4절 뜻풀이사전에서의 올림말과 어휘적단위
　제5절 올림말의 배렬
제3장 우리 말 사전의 뜻풀이
　제1절 뜻의 분석
　제2절 뜻의 풀이
제4장 특수한 부류에 속하는 올림말의 뜻풀이
　제1절 성구속담의 뜻풀이
　제2절 본딴말의 뜻풀이
　제3절 단어조성적요소의 뜻풀이
제5장 우리 말 사전의 쓰임례
　제1절 례구
　제2절 례문

이 책 제1장에서는 사전편찬론의 연구 대상을 "사전편찬방향"과 "사전편찬에서 지켜야 할 원칙"으로 제시하였다. 구체적인 연구 대상은 다음과 같이 제시하였다. 첫째, 사전편찬론은 사전의 총체적 방향과 사전편찬에서 지켜야 할 근본 원칙 문제를 주체적 입장에서 해명해야 한다. 둘째, 뜻풀이사전의 기능과 기본 요구, 유형, 역사를 밝힌다. 셋째, 뜻풀이사전의 편찬 이론과 방법에 대하여 연구한다. 넷째, 올림말의 선정, 배열을 비롯한 각종 정보 표식 방법을 연구한다. 다섯째, 사전편찬 조직에 대해서도 연구할 수 있다.

사전편찬론의 임무에 대해서는 다음과 같이 제시하였다. 첫째, 사전편찬론은 사전편찬 과정에 나타나는 이론 실천적 문제를 해결하여 과학적이고 합리적인 사전을 만드는 데에 이바지해야 한다. 둘째, 주체의 방법론에 튼튼히 서서 우리 식의 사전편찬론을 건설함으로써 온 사회의 주체사상화에 적극 이바지하는 사전을 편찬하는 데에 기여해야 한다.

2. 사전의 기본 개념

『조선말사전편찬론연구』에서 제시하고 있는 사전의 기본 개념을 사전의 사명, 사전의 기능, 사전의 유형과 종류, 그리고 사전편찬의 역사 등의 순서로 살펴보기로 한다.

1) 사전의 사명

사전의 사명을 설명하기에 앞서 언어사전이 백과사전과 본질적으로 구별되는 특성을 가진다는 것을 먼저 전제한다. "말사전은 일정한 언어의 어휘를 올림말로 하여 해당 올림말이 가지고있는 언어적정보를 풀이해준다. 다시말하여 해당 올림말의 어휘의미적특성이나 문법적특성, 문체적특성이나 어음적특성을 일정한 언어(메타언어)로 풀이한다."라고 하여 언어사전의 성격을 규명하고서, 비록 오늘날 언어사전도 백과사전처럼 종합적 성격을 띠면서 시대적 요구를 반영하여 수많은 과학 기술 용어를 올리고 백과사전적인 뜻풀이를 하고는 있지만 언어사전은 어디까지나 "언어적정보를 주는것"을 기본 사명으로 하고 있다고 설명한다. 아울러 오늘날 사전은 지식의 전달자, 정보의 전달자로서 인간생활에 적극적으로 이바지하는 귀중한 참고서일 뿐만 아니라 사람들을 깨우쳐 주고 새 지식을 보급하는 것을 사명으로 하여야 함을 강조하였다.

2) 사전의 기능

일반적으로 사전이 수행하는 사회적 기능을 두 가지로 제시하였다. 첫째는 인식교양적 기능이고, 둘째는 정보전달자적 기능이다. 이를 두고 "말없는 스승"이라 비유하였다.

특히 뜻풀이사전이 수행하는 고유한 기능은 다음과 같이 두 가지로 제시하였다. 첫째는 어휘 등록의 기능이다. 해당 민족어의 규범사전에 언어학적 풀이를 하여 올린 올림말은 해당 민족어 어휘 구성의 한 요소라는 것을 확인하게 하는 기능이다. 둘째는 법적 통제적 기능이다. 사전은 언어규범의 집대성으로 사람들은 사전에 실린 규범대로 이해하고 쓰고 말할 것을 요구하는 기능이다. 사전이 통제적 기능을 수행한다는 것은 사람들의 언어생활을 바로잡아 나가는 길잡이로 된다는 것을 의미한다. 이러한 주장은 북한의 사전은 사전의 어휘 등록의 기능보다 규범적 기능을 더 강조하고 있음을 의미한다.

한편 사전이 위와 같은 사명과 기능을 원만히 수행하기 위해서는 다음과 같은 요구가 충족되어야 한다고 하였다.

첫째, 사전은 정치사상성이 보장되어야 한다. 정치사상은 사전의 중요한 속성이며 사전의 가치를 평가하는 첫째 기준이다.

둘째, 사전은 과학성이 보장되어야 한다. 과학성이 보장되어야 지식의 전달자로서의 사명을 다할 수 있다.

셋째, 사전은 실용성이 보장되어야 한다.

3) 사전의 종류와 유형

사전의 종류는 백과전서적 사전과 언어학적 사전, 즉 "말사전", 두 가지를 제시하였다. 물론 일부 어휘 가운데는 언어학적 사전의 올림말이 되기도 하고 백과전서적 사전의 올림말이 되기도 하는 경우가 있지만, 사전의 목적과 성격이 다른 만큼 풀이 내용에서는 근본적인 차이가 있다고 설명하였다.

언어학적 사전에는 한 언어 사전과 두 언어 또는 여러 언어 사전으로 나뉘는데, 두 개 언어의 대역사전, 몇 개 언어의 대역사전, 다른 언어에 의한 뜻풀이사전 등이 있다고 하였다.

구체적으로 언어학적 사전의 유형은 다음과 같이 제시하였다. 대표적인 사전은 바로 "뜻풀이사전"(주석사전)이다. 한 언어의 어휘를 바로 그 언어의 어휘로써 언어학적 내용을 설명하는 사전이다. 뜻풀이사전의 주된 목적은 어휘의 뜻풀이를 기본으로 하고 언어행위 속에서의 사용, 규범적인 것과 비규범적인 것의 구별, 해당 어휘의 문맥과의 연계, 특별한 문법적 형태, 표기와 발음 등을 밝혀 주는 데 있다고 하였다.

뜻풀이사전 외에 언어학적 사전으로 언어학역사사전, 방언사전, 성구 및 속담 사전, 뜻같은말(동의어)사전, 반대말(반의어)사전, 본딴말(의성의태어)사전, 맞춤법사전, 문화어발음사전, 주제별분류사전(시소러스사전) 등을 들었다. 그 밖에 한자말사전, 새말사전, 외래어사전, 토사전, 준말사전, 작가작품어휘사전, 표현사전 등을 더 들었다.

4) 사전편찬의 방향과 원칙

사전편찬 방향과 원칙을 올바르게 규정하는 것은 주체적 사전편찬에서 매우 중요한 문제라고 하면서, 사전편찬에서도 "주체사상화", "혁명적 성격"을 지나칠 정도로 강조하고 있다. 『조선말사전편찬론연구』에서 제시하고 있는 사전편찬의 방향과 원칙은 그대로 소개하면 다음과 같다.

사전편찬 방향의 기본 요구는 "무엇보다도 먼저 공화국북반부에서의 사회주의건설에 필요한 지식을 얻을수 있게 하는것이다. 다음으로는 조국의 자주적평화통일을 이룩하고 혁명의 종국적승리를 보장하며 나아가서 세계혁명을 추진시키는데서 필요한 지식을 얻을수 있게 하는것이다."

역시 사전편찬 원칙에서도 "온 사회의 주체사상화에 이바지하는 사전"을 강조하면서 다음과 같은 원칙을 제시하였다. 첫째, 주체성의 원칙을 철저히 지키는 것이다. 둘째, 사전편찬에서 당성, 노동계급성의 원칙을 지키는 것이다. 셋째, 인민성의 원칙을 지키는 것이다. 넷째, 규범성의 원칙을 지키는 것이다.

5) 사전편찬의 역사

『조선말사전편찬론연구』에서 우리나라 사전편찬의 역사를 조선 시기, 현대 시기, 광복후 시기로 나누어 서술하였다. 이를 차례로 살펴보기로 한다.

"리조봉건시기에는 주로 백과전서적사전과 외국어와의 대역사전이 편찬되였다. 조선말뜻풀이사전은 주객관적조건이 마련되지 않은탓으로 편찬사업이 진행되지 못하였다." 이와 같이 우리나라에서 민족어 뜻풀이사전이 편찬되기 시작한 것은 20세기 초부터이고 그 이전 시기에는 외국어 대역사전이 많이 편찬 출판되었다고 서술하였다. 이렇게 된 이유를 봉건통치배들의 사대주의 사상으로 말미암아 모국어에 대한 자각이 부족하였을 뿐만 아니라 언어학 연구가 상당한 수준에 이르지 못한 사정으로 설명하였다. 그러나 봉건통치배들이 한자를 숭상하고 국가공문서를 한자로 썼던 관계로 한자에 대한 교육이 절실하여 한자운서, 옥편 편찬이 활발하게 된 것이라 하였다. 이와 함께 외국과의 교류가 일찍부터 이루어져서 외국어 연구에 많은 관심을 가져 중국어, 만주어, 몽골어, 일본어와의 대역사전이 많이 편찬되었다고 하였다.

19세기 말부터 20세기 초에 이르는 현대 시기의 사전편찬의 역사에 대해서는 다음과 같이 서술하였다. 먼저 이 시기에는 외국인들에 의하여 대역사전이 편찬되기 시작하였음을 지적하였다. 외국사람들에 의해 만들어진 첫 대역사전은 1874년에 엠 뿌찔로에 의하여 편찬 출판된 『로조사전시고』이다. 연해주 지방 농촌 관리였던 뿌찔로가 그 일대에 거주하고 있는 조선인들과 일하면서 파악한 3,500여 개의 어휘를 대역한 것이다. 이어서 이 시기는 일본을 비롯한 외국 열강들의 정치, 경제, 군사, 종교, 문화 침투로 여러 종류의 대역사전이 출판되었다.

일제 침략과 더불어 민족적 각성이 높아지고 문화 계몽 운동이 전개되는 가운데 우리나라 언어학자들이 사전을 편찬하려는 시도가 시작되었다. 주시경을 중심으로 권덕규, 리규영을 비롯한 몇 유지들이 사전편찬의 사회적 요구를 절감하고 1910년 10월에 창설된 조선광문회 주간으로 사전편찬 사업을 시작하였다. 『말모이』라는 사전이 바로 그 결과이다. 어휘도 수집하고 뜻풀이도 어느 정도 진행되었으나 1914년 주시경이 세상을 떠남으로써 중단되었다.

1929년 조선어사전편찬회를 조직하여 학술 역량을 널리 망라하여 사전편찬 사업을 다시 시작하였다. 조선어사전편찬회에서는 어휘 자료의 수집에 힘쓰면서 표준어 사정, 맞춤법 통일, 문법 규정, 단어 한계의 규정 등 어렵고 복잡한 언어학 문제를 풀어나가면서 한편으로는 거듭되는 재정난을 이겨나갔다. 1940년 인쇄에 착수하였으나 조선어학회사건으로 1942년 몰수당하고 말았다.

다음은 광복후 시기의 북한에서의 뜻풀이사전 편찬 내용이다. 북한은 1956년 올림말 4만 1,927개인 『조선말소사전』을 출판한 것을 시작으로, 『조선말사전』 전6권을 출판하였다. 18만 7,137개의 올림말을 실은 중사전유형의 규범뜻풀이사전이다. 그 이후 1968년 『현대조선말사전』, 1973년 『조선문화어사전』 등이 나왔다. 1992년에 "우리 나라 력사에서 문화사적의의를 가지는", "우리 나라 사전리론발전과 사전편찬과정을 총화하고 집대성한" 『조선말대사전』 1, 2권이 사회과학원 언어학연구소 사전편찬집단에서 편찬하고 사회과학출판사에서 출판하였다. 33만여 개의 방대한 올림말을 실은 종합적 성격의 문화어규범사전이라 서술하였다. 이러한 『조선말대사전』은 "주체성의 원칙과 당성, 로동계급성의 원칙에서 언어학이 도달한 성과를 집대성하여 편찬된 종합적성격의 규범사전으로서 민족어의 주체적발전과 언어생활의 개선에 적극 기여하고있을뿐아니라 온 사회의 주체사상화위업수행에 적극 이바지하는 참된 길동무로서의 역할을 훌륭히 수행하고있다."고 평가하였다.

한편 북한에서는 『조선말대사전』의 <증보판>을 역시 사회과학원 언어학연구소 사전편찬집단에서 편찬하고 사회과학출판사에서 출판하였다. 2006년에 제1권, 2007년에 제2권, 제3권을 펴냈다. "시대와 민족앞에 지닌 영예로운 사명감을 깊이 자각하고 약 40만 개의 올림말을 수록한" 사전으로 "수많은 새 올림말을 보충하였을뿐만아니라 1992년판 사전에서 부정확하고 불합리한 점들을 찾아내어 수정가필하였다."고 머리말에서 밝히고 있다. "21세기의 첫 우리 말 뜻풀이사전"임을 강조하면서 "실력전, 지식전의 열풍이 휘몰아치는 21세기에 사는 지식인들과 근로자들의 언어학습과 언어생활개선에 적지 않은 도움을 주며 민족어의 주체적발전을 이룩하는데 기여하리라고 믿어마지 않는다."고 밝혔다. 참고로 집필자, 심사자를 적어 둔다.

집필 및 편찬: 문영호, 방린봉, 정순기, 박상훈, 리기원, 김영렬, 리금일, 김광혁, 김남수, 최병수, 리기만, 권종성, 안경상, 홍석희, 백운혁, 서학순, 안순남, 장근수, 리영수, 김동철, 강정순, 박순이, 최광훈, 리성호, 리호경, 김문섭, 송윤금, 김철호, 김광영, 박명훈, 오금화, 명순영, 고인국, 김옥희, 오철만, 우철남, 장영남, 김광철, 김창철, 박인직, 조봄순, 황성옥

심사: 김성근, 김동찬, 방정호, 리승길

3. 사전의 올림말 연구

올림말은 뜻풀이와 함께 뜻풀이사전의 2대 구성 부분이다. 올림말의 구성은 사전의 유형을 결정하는 데서나 사전의 형식을 결정하는 데서 중요한 자리

를 차지한다. 그렇기 때문에 사전편찬에서 올림말 문제를 올바르게 푸는 것은 매우 중요한 의의를 가진다고 전제하면서 올림말에 대해 서술하였다.

1) 올림말의 사명과 유형

사전의 올림말이란 찾아보기 쉽게 사전에 올린 말이라고 정의한다. 그리고 올림말의 구성 단위는 언어의 기본 구성단위가 되는데, 어휘, 토, 단어조성적 요소인 붙이가 될 수 있다고 하였다.

올림말은 수록 방식에 따라 기본올림말과 따름올림말로 나누었다. 기본올림말은 다시 풀이올림말과 안내올림말로 나누었고, 따름올림말은 다시 파생올림말, 종속별항올림말, 종속기둥성구올림말로 나누었다. 이들의 예를 들면 다음과 같다.

안내올림말의 예:

개옷나무[명] → 털옷나무

파생올림말의 예:

명사-하다/되다/시키다

종속별항올림말의 예:

'오다'에 대하여 '오나가다, 오다가다, 오락가락, 온데간데없다'

종속기둥성구올림말

'자리'에 대하여 '새우물에 개 지나간 자리'

이러한 올림말의 "사명"을 다음과 같이 제시하였다. 첫째, 올림말은 사전 항목을 대표한다. 뜻풀이사전은 어휘들을 모아서 일정한 차례에 따라 배열하고 뜻풀이를 한다. 사전에 오르는 어휘는 독자적인 항목을 구성하며, 각 항목의 대표자는 올림말이다. 둘째, 올림말은 사전풀이의 주사이다. 모든 진술은 주사와 빈사로 이루어진다. 주사가 없으면 진술의 대상이 없는 것이 되어 논리적 판단이 이루어지지 않는다. 셋째, 올림말은 어휘 구성의 등록자이면서 어휘 규범의 표현자가 된다.

2) 올림말의 자료와 선택

올림말을 정하기 위해 언어 자료를 수집해야 한다. 자료는 직접 자료와 간접 자료로 나뉘는데, 사전에서 직접 이용되는 직접 자료는 다시 문헌 자료와 입말 자료로 나누어 제시하였다. 입말 자료는 개별 대상을 직접 만나 담화를 통하여 수집할 수도 있고 질문지를 통해서 서신으로 수집할 수도 있다고 하였다. 담화를 통해서 수집할 때에는 담화 대상을 잘 선택해야 하며 담화가 자연스럽게 잘 유도되도록 하여야 한다. 방언을 수집하는 경우에는 특히 이 방법이 적극 이용된다고 하였다.

간접 자료는 사전편찬에서 올림말 선정과 뜻풀이, 쓰임새를 택하는 데 참고로 될 언어 자료를 말한다. 이미 출판된 사전을 비롯한 언어 관련 참고서, 옛 문헌에 나오는 주해 자료, 언어 연구 분야에서 분석되고 확인된 인용 자료 등을 예로 들었다.

직접 자료와 간접 자료를 통해 획득한 자료에서 올림말을 선택하게 되는데, 올림말 선택은 사전의 성격과 유형에 맞게 원칙성과 체계성이 보장되어야 사전이 제 기능을 원만히 수행할 수 있다고 하였다. 따라서 올림말 선택에서 중요한 것은 무엇보다도 먼저 선택 범위를 바로 정하는 것이며, 선택 원칙을 바로 세우는 것이라 하였다. 선택 원칙에서는 앞서 밝힌 바와 같이 혁명성을 줄기차게 강조하고 있으며, 주체의 언어 이론에 따라야 함을 강조하였다.

3) 올림말의 배열

뜻풀이사전의 올림말은 가나다순에 따라 배열하는데, 가나다순은 "우리 인민들속에 통일적으로 인식되고있는 차례형식의 하나로서 민족글자로 씌여진 모든 어휘들을 빠짐없이 다 배렬할 수 있는 수단으로 리용될수 있다."고 서술하였다. 현재 북한 사전에서 채택하고 있는 올림말 배열의 가나다순은 다음과 같다.

자음의 경우:

ㄱ ㄴ ㄷ ㄹ ㅁ ㅂ ㅅ (ㅇ) ㅈ ㅊ ㅋ ㅌ ㅍ ㅎ ㄲ ㄸ ㅃ ㅆ ㅉ

(첫소리의 ㅇ은 없다. 따라서 첫소리에서는 ㅅ 다음에 ㅈ이다.)

모음의 경우:

ㅏ ㅑ ㅓ ㅕ ㅗ ㅛ ㅜ ㅠ ㅡ ㅣ ㅐ ㅒ ㅔ ㅖ ㅚ ㅟ ㅘ ㅝ ㅙ ㅞ

4)『겨레말큰사전』의 올림말 배열 순서

참고로, 남북 공동으로 편찬하고 있는『겨레말큰사전』의 올림말 배열 순서를 여기서 소개하고자 한다. 여기서 소개하는 내용은 "겨레말큰사전 남북공동편찬사업회"의 누리집(http://www.gyeoremal.or.kr)의 내용과 편찬회의 여러 자료집에 바탕을 두고 인용하는 것이다.

『겨레말큰사전』은 남과 북이 공동으로 추진하여 남북의 언어적 차이를 극복하는 최초의 우리말 사전으로 분단 이후 남북에서 달라진 낱말의 뜻을 풀이에 적극 반영하는 사전이다. 남북의 국어학자들이 함께 "단일어문규범"을 작성하여 편찬하는 사전이다. 기존의 남북 사전에 수록되지 못했던 지역어 및 문헌어를 광범위하게 조사하여 올림말로 수록하는 사전이다. 남북의 어휘를 집대성한 최초의 한국어 전자대사전의 기반이 되는 사전이다. 수집한 어휘 자료 가운데 남과 북이 공통으로 쓰는 말은 우선 올리고, 차이 나는 것은 남과 북이 합의하여 단일화하고 이렇게 하여 약 30만 개의 올림말을 실을 대사전이다. 이러한 내용을 2005년 봄에 남북 학자들이 합의하여 현재 추진 중에 있으며, 해마다 네 차례씩 남북 학자들이 함께 모여 사전편찬회의를 개최해 오고 있다. 계속해서 이 사전편찬의 네 가지 큰 사업을 소개하면 다음과 같다.

첫째, 올림말 선정 작업이다. 남북 양측이 남한의 『표준국어대사전』과 북한의 『조선말대사전』을 검토하여 선별한 어휘와, 남북 양측에서 새로 조사한 새 어휘를 검토하여 『겨레말큰사전』에 수록할 30만 개의 올림말을 선별한다.

둘째, 새 어휘 조사 작업이다. 『겨레말큰사전』에 수록할 새 어휘는 『표준국어대사전』과 『조선말대사전』에 수록되지 않은 어휘로 약 7만여 개의 새 어휘를 발굴하여 수록한다. 새 어휘 조사는 '지역어 조사'와 '문헌어 조사' 나뉘어 시행되며, '지역어 조사'는 4만여 개, '문헌어 조사'는 3만여 개로 모두 7만여 개의 새어휘를 수록할 예정이다.

셋째, 뜻풀이 작업이다. 남과 북의 편찬위원들이 <집필요강>을 작성하여 올림말 속구조 확정 및 집필 방식, 뜻풀이 방식 등을 합의하고, 본 집필은 2009년부터 시작하였다.

넷째, 단일어문규범 작성 작업이다. 남북의 어문규범 전문가들이 자모 배열 순서, 두음법칙, 사이시옷 표기, 띄어쓰기, 외래어 표기 등 남과 북에서 다르게 사용하고 있는 어문규범을 단일화하는 작업이다. 단일화된 어문규범을 『겨레말큰사전』 집필 작업에 한정하여 적용한다.

이러한 『겨레말큰사전』 편찬 과정에서 논의된 올림말 배열을 위한 글자 배열 순서에 대해 소개하고 한다. 글자 배열 순서는 남과 북의 편찬위원들이 합의를 마친 내용이다.

글자의 배열 순서에서 남북이 차이를 보이는 것은 크게 다음과 같은 네 가지다.

1. 초성 순서에서 'ㅇ' 위치
2. 초성 순서에서 겹자음 'ㄲ, ㄸ, ㅃ, ㅆ, ㅉ' 위치
3. 중성 순서에서 홑모음과 겹모음 위치
4. 종성 순서에서 겹자음 'ㄲ, ㅆ' 위치

첫째, 초성 순서에서 'ㅇ' 위치는 잘 알다시피, 남한에서는 'ㅇ'의 순서가 'ㅅ' 다음에 놓이지만 북한에서는 자음 글자가 다 끝난 다음에 모음인 'ㅇ' 항

목이 놓인다. 이것은 남북이 사전을 찾을 때 가장 크게 차이 나는 점이다. 이러한 차이를 단일화하기란 쉽지 않다. 양측 모두 합당한 언어학적 이론을 내세우고 있기 때문이다. 그러나 전통적인 방식에 따라 남한의 순서대로 'ㅅ' 다음에 'ㅇ'을 두는 것으로 합의하였다.

둘째, 초성에 쓰이는 겹자음 'ㄲ, ㄸ, ㅃ, ㅆ, ㅉ' 위치에 대해, 남한에서는 'ㄱ' 다음에 'ㄲ'이, 'ㄷ' 다음에 'ㄸ'이 놓이는 반면, 북한에서는 'ㅎ'까지 모두 끝나고 'ㄲ, ㄸ, ㅃ, ㅆ, ㅉ'이 차례로 놓인다. 즉, 남한에서는 'ㄱ ㄲ ㄴ ㄷ ㄸ ㄹ ㅁ ㅂ ㅃ ㅅ ㅆ ㅇ ㅈ ㅉ ㅊ ㅋ ㅌ ㅍ ㅎ' 순서로 하고 있으며, 북한에서는 'ㄱ ㄴ ㄷ ㄹ ㅁ ㅂ ㅅ ㅈ ㅊ ㅋ ㅌ ㅍ ㅎ ㄲ ㄸ ㅃ ㅆ ㅉ ㅇ' 순서로 하고 있다. 이것은 북한의 순서대로 하기로 합의하였다. 결과적으로 초성의 자음 순서는 다음과 같이 하였다.

ㄱ ㄴ ㄷ ㄹ ㅁ ㅂ ㅅ ㅇ ㅈ ㅊ ㅋ ㅌ ㅍ ㅎ ㄲ ㄸ ㅃ ㅆ ㅉ

셋째, 모음 글자의 순서에 대해, 남한은 'ㅏ ㅐ ㅑ ㅒ ㅓ ㅔ ㅕ ㅖ ㅗ ㅘ ㅙ ㅚ ㅛ ㅜ ㅝ ㅞ ㅟ ㅠ ㅡ ㅢ ㅣ' 순서이고, 북한은 'ㅏ ㅑ ㅓ ㅕ ㅗ ㅛ ㅜ ㅠ ㅡ ㅣ ㅐ ㅒ ㅔ ㅖ ㅚ ㅟ ㅢ ㅘ ㅝ ㅙ ㅞ' 순서이다. 이에 대해서 다음과 같이 합의하였다. ① 홑모음글자를 먼저 배열하고 이어서 겹모음글자를 배열한다. ② 홑모음글자의 배열순서는 'ㅏ, ㅑ, ㅓ, ㅕ, ㅗ, ㅛ, ㅜ, ㅠ, ㅡ, ㅣ'로 하고, 겹모음 글자의 순서는 'ㅐ ㅒ ㅔ ㅖ ㅘ ㅚ ㅙ ㅝ ㅟ ㅞ ㅢ'로 하기로 하였다.

넷째, 종성(받침)에서 겹자음 'ㄲ, ㅆ'의 순서는 북한 순서대로 모든 자음이 끝난 뒤에 두기로 하였다. 결과적으로 종성 순서는 다음과 같이 하였다.

ㄱ ㄳ ㄴ ㄵ ㄶ ㄷ ㄹ ㄺ ㄻ ㄼ ㄽ ㄾ ㄿ ㅀ ㅁ ㅂ ㅄ ㅅ ㅇ ㅈ ㅊ ㅋ ㅌ ㅍ ㅎ ㄲ ㅆ

한편 글자 이름에 대해서 차이가 나는 것은 홑자음 'ㄱ, ㄷ, ㅅ'의 이름과 겹자음 'ㄲ, ㄸ, ㅃ, ㅆ, ㅉ'의 이름이다. 남한의 이름은 각각 '기역, 디귿, 시옷', 그리고 '쌍기역' 등이다. 북한의 이름은 각각 '기윽, 디읃, 시읏', 그리고 '된기윽' 등이다. 이러한 글자 이름에 대해서는 'ㄱ(기윽), ㄷ(디읃), ㅅ(시읏)'으로, 겹자음은 'ㄲ(쌍기윽), ㄸ(쌍디읃), ㅃ(쌍비읍), ㅆ(쌍시읏), ㅉ(쌍지읒)'으로 하기로 하였다.

4. 사전의 뜻풀이 연구

사전의 기본 사명은 뜻풀이를 통해서 실현된다고 전제하였다. 뜻풀이를 잘하여야 사전 이용자들에게 정확한 언어 지식을 알려 줄 수 있고 그에 기초하여 언어생활을 바로 해 나갈 수 있게 해 준다고 하였다. 그래서 뜻풀이를 잘하기 위해서는 뜻을 정확히 분석하고 그에 기초하여 합리적인 풀이 방식과 풀이 체계를 선택하여야 한다고 하였다.

특히 사전의 뜻풀이를 잘하는 것은 사전의 정치사상성과 과학성, 규범성을 높이며 사전의 사명과 역할을 원만히 수행하게 한다는 점을 강조하였다.

뜻풀이는 사물 현상의 본질적 징표를 반영하는 뜻을 풀이하는 것이므로 올바른 이론과 방법에 의거하지 않고서는 안되며, 인식의 산물인 뜻을 분석하고 평가하며 풀이하는 것이기 때문에 주체사상을 방법론적 기초로 삼아야 하며, 의미론 연구의 최신 성과를 받아들여 의미 구조의 분석을 심화시켜야 한다고 하였다.

1) 뜻의 분석

사전편찬을 위한 뜻 분석은 어휘의 의미 구조를 분석하는 것으로서 단의 구조와 다의 구조로 나누어 고찰하는 것이 합리적이라 하였다. 이에 따라 단의 구조의 뜻 분석과 다의 구조의 뜻 분석을 차례로 살펴보기로 한다.

(1) 단의 구조의 뜻 분석

단의 구조의 뜻 분석에 대하여 다음과 같이 서술하고 있다. 사전편찬을 위한 의미 분석에서는 실질적 의미 특성과 한정적 의미 특성을 정확히 그리고 명백히 분석해야 한다.

실질적 의미 특성은 대상논리적 상관성에 기초하고 있는 의미 요소로서 해당 단어의 어휘적 의미의 기본 중심을 이루는 성분 요소이다. 예를 들어 <소년>이라는 의미소를 분석하면 <사람>, <남성>, <어림>으로 가를 수 있다. <사람>은 유의미로서 <소년>이란 의미소의 영역, 의미 마당을 가리키며, <남성>, <어림>은 한정적 의미 특성으로서 시차적 의미 특성이다. 이 세 의미 성분을 융합하여 <소년>의 의미 구조를 구성한다.

한정적 의미 특성은 실질적 의미 특성에 덧붙어 의미소의 문법적 특성, 문체적 특성, 사회문화적 의미 특성을 보충해 주는 의미 특성이다. 문법적 의미 특성에는 품사적 특성, 단어조성적 특성, 형태론적 특성, 통합적 의미 특성이 있다. 통합적 의미 특성의 예로는 '부르다, 고프다'는 '배'와 통합한다는 등이다. 문체적 의미 특성에는 글말체와 입말체가 있다. 사회문화적 의미 특성에는 사회문화적 제약 속에서 굳어진 의미 특성이 있다. 예를 들어 '서로소'는 수학이라는 분과에 한해서 쓰이는 말이며, '충신'은 원래 봉건적 윤리 도덕에 바탕을 두고 생겨난, 단어 사용의 계급적 성격을 나타내는 예이다.

(2) 다의 구조의 뜻 분석

다의 구조의 뜻 분석에 대하여 기본뜻, 기둥뜻과 뜻계열, 갈라진뜻, 반뜻을 중심으로 서술하였는데, 다의어 발생에 대해서는 다음과 같이 설명한다. 뜻은 변화와 발전 과정을 통하여 다의성을 띠게 된다. 다의성은 의미적 분화와 어휘적 통일로 특징된다. 다의어의 의미소는 여럿이지만 어휘소는 하나다. 여러 의미소가 하나의 어휘소에 의해서 통일되는 것은 비록 분화되기는 하였으나 내적 관련이 끊어지지 않고 있기 때문이다.

첫째, 기본뜻 분석에 대한 서술이다. 기본뜻을 확정하는 것은 뜻 분석에서 선차적으로 해결하여야 할 중요한 문제이다. 사전편찬에서 여러 뜻을 가진 올림말에서 어느 뜻을 해당 올림말의 첫째 뜻으로 삼을 것인가 하는 문제가 필연적이다. 이와 같이 기본뜻을 정하는 것은 뜻 분석과 뜻풀이에서 중요하기 때문에 기본뜻을 정확히 확정하는 데 힘을 기울여야 한다.

둘째, 기둥뜻과 뜻계열 분석에 대한 서술이다. 여러 뜻을 가진 단어의 뜻 분석에서 의미적 통일성과 상호 관계에 기초하여 나누어지는 뜻의 큰 갈래를 뜻계열이라 부르며 이 계열을 대표하는 뜻을 기둥뜻이라고 부른다. 기둥뜻은 하나의 뜻계열 안에 들어 있는 갈라진뜻을 통일하고 대표하는 뜻으로서 해당 뜻계열의 기초가 된다.

셋째, 갈라진뜻 분석에 대한 서술이다. 갈라진뜻에 대한 분석에서는 기본뜻과 갈라진뜻과의 관계, 갈라진뜻과 갈라진뜻과의 관계, 갈라진뜻을 새끼친 바탕뜻과 갈라진뜻의 관계, 갈라진뜻과 쓰임뜻과의 관계 등을 비롯하여 갈라진뜻과 관계되는 여러 문제들이 밝혀져야 한다. 이 문제들이 밝혀져야 갈라진뜻의 의미적 독자성을 인정할 수 있고 그 위치를 확정하여 뜻풀이를 제대로 할 수 있다.

넷째, 반뜻 분석에 대한 서술이다. 반뜻은 완전히 자립적인 뜻 즉 옹근뜻과 비슷하면서도 문맥적인 뜻과 잘 갈라지지 않기 때문에 그 분석이 매우 어렵고 힘들다.

(3) 다의어의 뜻배열

다의 구조의 뜻 분석과 아울러 다의어의 뜻배열에 대해서도 서술하였다. 뜻 분석이 곧 뜻풀이에서의 그 배열을 정해 주는 것은 아니기 때문에 뜻배열 방식을 다음과 같이 몇 가지 유형으로 나누어 제시하였다.

첫째, 해살식이다. 이 유형은 기본뜻으로부터 여러 갈라진뜻이 직접 파생되어나가는 방식이다. 이 유형은 기본뜻을 중심으로 하여 사방으로 가지쳐나갔다고 하여 해살식이라 하였다.

둘째, 사슬식(고리식)이다. 이 유형은 한 단어의 뜻이 하나의 연쇄된 사슬 모양으로 갈라져나가는 방식이다. 기본뜻으로부터 갈라진뜻이 나오고 이 갈라진뜻을 바탕뜻으로 하여 새 뜻이 생겨나며 이 새 뜻을 바탕뜻으로 하여 또 갈라진뜻이 생겨나는 방식이다.

셋째, 가지식이다. 이 유형은 나무가지가 뻗어나가듯이 기본뜻에서 갈라져 나간 갈라진뜻이 다시 몇 개 뜻으로 갈라지는 식으로 뻗어나간 방식이다. 해살식과 사슬식의 혼합된 방식이라고 할 수 있다.

2) 뜻풀이 방식

뜻풀이는 뜻의 내용을 규정하는 것이라 하였다. 다시 말하여 뜻 분석의 결과를 성문화하는 것이다. 또한 뜻풀이는 사전의 기본 내용을 이루며 사전편찬에서 중심을 이루는 중요한 과정이라 하였다. 뜻풀이에서는 올림말의 어휘문법적 뜻과 "뜻빛갈", 사용의 특성 등 여러 가지 언어적 특성을 규정하며, 뜻이 실현되는 여러 가지 조건, 뜻에 대한 주관적 평가도 밝혀야 한다고 하였다.

뜻풀이 방식을 풀이 방법의 측면과 풀이 내용의 측면에서 제시하였다. 풀이 방법의 측면에서는 직접식 풀이와 간접식 풀이로 나누었는데, 올림말이 담고 있는 내용을 이해하는 데 필요한 정보 내용을 들어서 설명하는 설명식 풀이를 직접식 풀이라 하였고, 올림말이 담고 있는 내용을 이해하는데 필요한 다른 올림말을 대 주는 안내식 풀이를 간접식 풀이라 하였다. 풀이 내용의 측면에서는 언어학적 풀이, 백과전서적 풀이, 그리고 두 가지 내용을 배합한 절충식 풀이로 나누었다. 이와 같은 뜻풀이 방식의 구체적인 내용을 살펴보기로 한다.

(1) 언어학적 풀이

언어학적 풀이는 해당 올림말의 언어적 정보를 풀이해 주는 풀이 방식이다.

언어학적 풀이의 기본 풀이 대상은 해당 어휘의 언어 구조의 특성이다. 그 가운데서도 어휘의미 특성에 대한 풀이가 기본이다. 그런데 어휘적 뜻은 문법구조를 비롯한 여러 언어 구조와 결합 속에서 실현되기 때문에 이 모든 것이 종합적으로 규정되고 풀이되어야 한다. 언어학적 풀이에는 직접적 풀이, 간접적 풀이, 보충적 풀이가 쓰인다.

직접적 풀이는 해당 올림말의 풀이란에서 언어 정보를 직접 풀어 주는 풀이 방식이다. 그렇기 때문에 필요한 정보 내용을 이해할 수 있도록 매듭지어 풀어야 한다. 여기에 포함할 내용은 다음과 같다. 뜻의 본질적 내용의 정확한 파악과 풀이, 단어조성 구조의 분해와 풀이, 동의 및 반의 구조와 풀이, 품사적 특성, 뜻풀이.

간접적 풀이는 해당 올림말의 풀이란에서 직접적으로 설명을 하지 않고 직접적 풀이가 있는 다른 올림말로 안내해 주는 풀이방식이다. 구체적인 내용은 다음과 같다.

1. = 표시로 처리하는 방식
2. '준말'로 처리하는 방식
3. 표현적 문체적 차이와 "뜻빛갈"만 밝혀 주는 방식
4. 어휘문법적 특성만 밝혀 주는 방식
5. 규범적 어휘로 제시하는 방식

→ : 올림말을 버리고 기준 올림말을 강하게 요구하는 표식

(예) 개오동 → 향오동, 기생꽃 → 애기참꽃, 템포 → 속도, 오침 → 낮잠 등

⇒ : <어휘적뜻이 같은>, <다듬은 말로> 등의 표식

(예) 년세 ⇒ 나이, 면전 ⇒ 눈앞, 가동하다 ⇒ 움직이다 등

보충적 풀이는 어휘적 뜻의 직접적 풀이에 보충하여 주는 풀이 방식이다. 그 내용은 다음과 같다. 어휘적 뜻의 풀이를 한정하고 정밀화하여 주는 보충

적 설명. 올림말 '언니'에서 ( ) 안의 부분, '언니: (녀자형제들사이에서) 손우의 녀자를 이르는 말'. 그리고 뜻 실현의 결합구조적 특성을 밝혀 주는 보충적 설명, 뜻빛갈을 밝혀 주는 보충적 설명, 기본 풀이를 총체적으로 한정해 주는 보충적 설명, 뜻의 기능 실현의 사회역사적 전제에 대한 설명.

(2) 백과전서적 뜻풀이

사회 정치 용어를 비롯하여 과학 기술 용어의 뜻풀이에 적용되는 방법이다. 이 방식은 해당 올림말이 담고 있는 개념과 내용, 대상의 특성을 학술적 서술 형식으로 사전의 성격에 맞게 통속적으로 풀어 주는 방법이다.

(3) 절충식 뜻풀이

절충식 뜻풀이는 언어학적 풀이와 백과전서적 풀이를 배합한 풀이 방식이다. 과학 기술이 발전하고 대중화되면서 학술용어들이 일상생활 속에 많이 들어오게 되고 그것이 적극 쓰이게 되면서 일반어휘화되고 있는 현실을 반영하여 나온 풀이 방식이다. 과학 기술의 발전과 더불어 절충식 방식에 대한 요구는 더욱 높아진다. 따라서 현대 요구에 맞게 이 풀이 방식을 과학적으로 완성하기 위한 연구를 심화시켜나가야 한다는 점을 강조하였다.

3) 특수한 부류에 속하는 올림말의 뜻풀이

올림말 가운데는 어휘의미적으로 독특한 특성을 가진 부류들이 있다. 성구 속담, 본딴말, 구령, 감동사, 단어조성요소 등이다. 이러한 부류의 올림말은 어휘의미적 특성으로 풀이 방식에서 일정한 특성을 가진다고 하면서 성구 속담의 뜻풀이, 본딴말의 뜻풀이, 단어조성적 요소의 뜻풀이 등을 제시하였다. 몇 예를 들면 다음과 같다.

성구의 뜻풀이에서 무엇보다도 중요한 것은 성구적 단어결합에서 구성요소의 뜻과 함께 성구적인 뜻을 정확히 파악하는 것이다. 속담의 뜻풀이에서 무엇보다도 중요한 문제는 속담의 성구적 바탕뜻을 정확히 파악하는 것이다. 한자성어의 뜻풀이는 한자성어의 구성요소인 각 한자가 뜻을 가지고 구성되어 있기 때문에 구성요소의 뜻을 해부학적으로 분석할 것을 요구한다.

4) 쓰임예: 예구와 예문

사전에서의 쓰임예인 예구와 예문은 과학적 뜻풀이사전의 필수적인 구성부분이라고 하였다. 이는 뜻풀이를 보충하고 올림말의 쓰임을 알려 주는 힘있는 수단이 된다고 하였다. 예문의 기능과 의의에 대해 다음과 같이 서술하였다.

예문은 명백한 사상과 내용을 담아야 하며 해당 뜻을 담고 있는 단어가 예문의 중요한 문장성분으로 되어야 한다. 그래야만 해당 올림말의 예문으로서의 충분한 자격을 가질 수 있다. 예문의 기능은 넓고 다양하여 그 기능이 최대한으로 발휘되도록 좋은 예문을 뽑아 뜻 분석에 이용하고 뜻풀이의 구성 자료로 적극 이용해야 한다.

5) 『겨레말큰사전』의 뜻풀이 예

『겨레말큰사전』의 남한과 북한의 편찬위원들은 <집필요강>을 작성하여 올림말 속구조를 확정하고 집필 방식, 뜻풀이 방식 등을 합의하였다. 합의한 방식에 따라 2009년부터 실제 공동 뜻풀이한 것을 참고로 예를 들어 두고자 한다. 각 측이 먼저 시범 집필을 하고 이를 교환하여 검토한 다음, 최종 합의하는 과정이다. 다음에 제시하는 내용과 표기는 편찬위원회의 자료 그대로 인용하는 것이다. 먼저 '선동'의 예이다.

북의 시범 뜻풀이

① <u>대중에게 어떤 큰 일이나 투쟁에 적극 떨쳐나서도록 호소하고 그들의 기세를 북돋아주기 위하여 진행하는 사업</u>. ‖ 힘있는 정치사상적인 {선동}. |

방송차에서는 전투적인 음악과 {선동}연설이 그칠새없이 터져나왔다.(총서 ≪불멸의 향도≫중 장편소설 ≪별의 세계≫)

② 남을 부추겨 어떤 일이나 행동에 나서도록 하는것. | 기남이는 물에 들어가면 돌맹이 한가지이지만 동무들의 {선동에} 못이겨 그들을 따라 강가로 나갔다. / 숱한 떼목군들이 그의 {선동에} 들떠서 돌아친다. 여차하면 떼목촌이 한벌 뒤집힐판이다.(총서 ≪충성의 한길에서≫ 중 장편소설 ≪그리운 조국산천≫)

남의 시범 뜻풀이

남을 부추겨 일이나 행동에 나서게 하는 것. ‖ {선동} 활동. 파업 {선동}. {선동을} 벌이다. {선동을} 당하다. {선동에} 넘어가다. {선동이} 효과적이다. | "은척1리 사람 말고는 은척에는 사람이 없나, 집어치워라." 하며 주먹까지 휘두르면서 {선동을} 하는 게 아니겠습니까.≪성석제: 아름다운 날들≫

북의 시범 뜻풀이에 대한 남의 검토 의견

• 뜻갈래 배열에서는 기본적이거나 본질적인 뜻갈래를 앞세운다. 따라서 ②가 ①보다 앞에 나서는 것이 바람직해 보인다.

• 뜻갈래 배열은 올림말의 글자 그대로 뜻에 가까운 것을 앞에 배치한다. '기본적이거나 본질적인 뜻갈래'는 고빈도 용법이 아니라 올림말의 본디 뜻에 초점을 둔다.

• 체제나 이념이 달라 뜻풀이에 차이가 생긴 올림말은 따로 논의하기로 하였다. 원칙적으로 뜻갈래 배열이나 선정의 원칙을 적용하는 것을 우선하는 방안을 고려한다. 따라서 ①은 ② 뒤에 두되, 남측에서 받아들이기 어려운 표현은 고쳐서 제시한다. 이를 남측에서 받아들일 만하게 고치면 다음과 같다.

② 북녘에서, 어떤 큰 일에 적극 나서도록 호소하고 기세를 북돋아주는 사업. ‖ 정치사상적인 {선동}. | 방송차에서 {선동} 연설이 그칠 새 없이 터져 나왔다.

• 상대측 사상과 이념에 따라 뜻풀이에 차이가 생긴 올림말은 뜻풀이 전체를 최대한 존중하되, 받아들이기 어려운 표현은 고쳐 제시하고 상대측의 검토를 받는다. 지역 정보는 주지 않고, 뜻풀이 앞에서 '남녘에서', '북녘에서'로 제한표현을 준다.

남의 시범 뜻풀이에 대한 북의 검토 의견

• 북 원고에 보인 뜻①은 결코 체제나 리념의 차이를 부각시키고 고취하는 것이 아니며 북의 언어현실을 반영한것이므로 하나의 갈라진뜻으로 주었다. 그러나 두번째 뜻으로 할수는 있을것이다.

남북이 합의한 뜻풀이

① 남을 부추겨 어떤 일이나 행동에 나서게 하는 것. ‖ {선동} 활동. 파업{선동}. {선동을} 벌이다. {선동을} 당하다. {선동에} 넘어가다. {선동이} 효과적이다. | 기남이는 물에 들어가면 돌맹이 힌 가지이지만 동무들의 {선동에} 못이겨 그들을 따라 강가로 나갔다. / "은척1리 사람 말고는 은척에는 사람이 없나, 집어치워라." 하며 주먹까지 휘두르면서 {선동을} 하는 게 아니겠습니까.≪성석제: 아름다운 날들≫

② <대중에게 어떤 큰 일에 적극 나서도록 호소하고 기세를 북돋아주는 사업>을 북에서 이르는 말. ‖ 힘있는 정치사상적인 {선동}. | 방송차에서는 전투적인 음악과 {선동} 연설이 그칠새없이 터져나왔다.≪장편소설: 별의 세계≫

한 예를 더 소개하고자 한다. '감독'이라는 올림말이다.

북의 시범 뜻풀이

① 무엇이 잘못되지 않도록 살피고 단속통제하는 일 또는 그 일을 하는 사람. ‖ 재산관리에 대한 {감독}. 시험{감독}. {감독의} 눈에 뜨이다.

② 제품의 질적상태를 검사하는 일 또는 그 일을 하는 사람. ‖ 품질{감독}.

③ ≪체육≫ 선수훈련과 경기운영과정을 직접 책임지고 지휘하는 일 또는 그 일을 맡아하는 사람. | 체육경기는 {감독}들사이의 두뇌전이라고 한다.

④ ≪연출가≫를 남에서 이르는 말.

⑤ ≪종교≫ 카톨릭교나 감리교의 높은 교직자, 교회의 관리, 의례 집행, 신도들에 대한 교리교육 등을 맡아한다.

⑥ ≪력사≫ 리조 말기에, 궁내부에 속한 칙임벼슬. 수륜원, 철도원, 내장원, 비원, 광학국 같은데서 책임자의 일을 도왔다.

남의 시범 뜻풀이

① 일이나 사람 등이 잘못되지 않도록 살피어 단속하는 일. ‖ 시험 {감독}. 작업 {감독}. | 조합장과 최 전무도 조합의 {감독} 소홀로 다른 곳으로 전출이 됐으나 상무였던 아버지만은 어쩐 일인지 그대로 있게 되었다.≪전상국: 좁은 길≫ [비슷] 독찰.

② 살피어 단속하는 사람. ‖ 공장 {감독}. 현장 {감독}. {감독을} 맡다. / 그는 마치 옥희와 {감독} 사이에 무슨 밀접한 관계가 있지 않은가 의심하였다.≪이기영: 고향≫

③ 영화, 공연, 경기 등을 지휘하거나 책임을 맡은 사람. ‖ 축구팀 {감독}. | 나운규 {감독의} 영화 <아리랑>을 보았다.

④ ≪종교≫ 감리교회 등에서, 교회를 관리하고 의례와 교육을 맡아보는 높은 직무, 또는 그 사람.

북의 시범 뜻풀이에 대한 남의 검토 의견

• ①과 ②, ③과 ④는 각각 한 뜻갈래로 묶어도 좋을 듯하다.

• 되도록 전문어 수를 줄이자는 그동안의 논의 내용을 감안하여 ③은 전문어로 보지 않는 것이 좋겠다.

• ⑥은 별도 단어였다면 올림말 선정지침에 따라 삭제되었을 만한 것이므

로 뜻갈래에서도 삭제하는 것이 좋겠다.

남의 시범 뜻풀이에 대한 북의 검토 의견

• 뜻①과 ②를 합쳐야 할 것 같다.

• 북에서는 체육분야에서 선수훈련과 경기운영을 맡아보는 사람을 ≪감독≫이라고 하지만 예술분야에서 지휘하거나 책임을 맡은 사람을 ≪감독≫이라고 하지 않는다. 이런 실정을 고려하여 뜻③을 체육과 관련시켜서만 풀이하고 갈라진뜻 하나를 더 주어 ≪<…연출을 맡은 사람>을 남에서 이르는 말≫과 같이 주석했으면 한다.

남북이 합의한 뜻풀이

① 일이나 사람 등이 잘못되지 않도록 살피어 단속하는 일, 또는 그런 일을 맡은 사람. ‖ 시험 {감독}. 작업 {감독}. 품질 {감독}. 현장 {감독}. {감독을} 맡다. | 조합장과 최 선무도 조합의 {감독} 소홀로 다른 곳으로 전출이 됐으나 상무였던 아버지만은 어쩐 일인지 그대로 있게 되었다.≪전상국: 좁은 길≫ / 그는 마치 옥희와 {감독} 사이에 무슨 밀접한 관계가 있지 않은가 의심하였다.≪이기영: 고향≫ [비슷] 독찰.

② <u>≪체육≫ 선수 훈련과 경기 운영 과정 등을 직접 책임지고 지휘하는 일, 또는 그런 일을 맡은 사람.</u> ‖ 축구팀 {감독}. | 체육경기는 {감독}들 사이의 두뇌전이라고 한다.

③ <u><영화, 공연 등을 연출하거나 책임을 맡은 사람>을 남에서 이르는 말.</u> | 나운규 {감독의} 영화 <아리랑>을 보았다.

④ ≪종교≫ 감리교회 등에서, 교회를 관리하고 의례와 교육을 맡아보는 높은 직무, 또는 그 사람.

제12장

맺음말

1. 『조선어학전서』의 연구사적 의의

지금까지 북한의 『조선어학전서』의 내용을 검토하여 지난 60년간의 북한의 언어학 연구 성과를 연구사적인 관점에서 살펴보았다. 『조선어학전서』는 실로 북한의 일반언어학 연구와 규범적 언어 연구의 성과를 집대성한 것으로 그 발간의 의의는 크다고 평가하였다. 이제 『조선어학전서』의 연구사적 관점에서 그 의의를 정리해 보고자 한다.

첫째로 꼽을 수 있는 연구사적 의의는 광복 이후 지금에 이르기까지 이루어진 북한의 언어과학 연구의 성과를 종합적으로 체계화하였다는 점이다. 우선 언어학의 모든 분야를 망라하였다는 점을 들 수 있다. 앞에서 제시한 『조선어학전서』의 목록을 통해 보면, 언어 이론과 언어 정책, 언어의 문법 구조, 음운 구조, 의미와 어휘 구조를 비롯하여 역사, 방언, 사전, 언어공학, 언어규범 등 모든 분야가 포함되어 있다. 분량에 있어서도 '전서'라는 표현을 붙이기에 충분할 정도이다. 또한 앞에서 분석하여 제시한 바와 같이 내용에 있어서도 상당한 언어학적 수준이라 평가할 수 있다.

둘째는 규범적 언어 연구의 성과를 들 수 있다. 앞에서도 강조한 바 있지만, 언어 연구의 "리론적깊이를 보장하여 일부 실천적인 문제들에 해답을 주는 방향에서 집필하면서", "종합적인 규범문법도서로서의 체모를 벗어나지 않게 하려고 한다."고 직접 언급하고 있음을 통해 『조선어학전서』는 규범적 언어 연구의 성과를 이룬 것으로 평가할 수 있다. 이는 북한의 언어 연구의 궁극적인 목표와도 일치하는 것이다.

셋째는 새로운 언어학 분야의 개척을 제시하였다는 의의를 들 수 있다. 기존의 언어과학 연구를 시대의 요구에 맞게 발전시키겠다는 것과 최신의 언어과학 연구를 받아들이겠다는 언어학 연구의 방향을 분명히 제시한 것이 이를 뒷받침해 준다. 다음과 같은 표현에 주목할 수 있다. "지난 50여 년 간에 이룩된 우리의 언어과학연구 성과를 종합체계화하는 한편 민족어의 개화발전과 정보시대의 요구를 구현하는 동시에 최신 언어공학의 연구성과들을 널리 받아들이는데 깊은 주의를 돌리였다."

이러한 표현에는 적어도 두 가지 사실을 담고 있다. 먼저 지금까지의 언어이론과 정책을 비롯한 언어 구조와 역사에 대한 연구를 체계적으로 종합화하였다는 점과 다음으로 새로운 연구 분야로서 언어공학을 전면적으로 수용하여 언어 현상을 과학적으로 분석하여 실제 언어생활에 적극적으로 활용하는 연구를 지향하였다는 점이다.

지금까지의 연구가 우리말에 대한 전통적인 언어학적 연구였다면, 앞으로의 연구는 정보화 시대에 걸맞은 언어공학적 연구라는 것을 의미한다. 이것은 앞으로 우리말에 대한 언어학적 연구가 나아갈 방향을 분명히 제시한 것이라 평가할 수 있다.

『조선어학전서』는 언어를 사람과 컴퓨터와의 교제라는 관점에서 우리말에 대한 정보론적 연구를 수행하였고 아울러 이러한 연구와 함께 다양한 학문의 공동 연구를 진행할 것을 제안하여 언어심리학, 인지심리학, 기호논리학, 인지과학, 지식공학, 인공지능 등의 연구도 심화시킬 것을 제안하였다. 이 점은 『조선어학전서』 발간이 가지는 중요한 의의가 될 것이라 생각한다.

2. 남북 언어 연구의 협력 방안

분단된 이후 남한과 북한 모두 언어학 각 분야는 급속도로 발전하였다. 또한 서로 다른 언어 이론을 배경으로 서로 다르게 언어 연구를 수행해 왔다. 북한은 『조선어학전서』에서와 같이 다양한 연구를 수행해 왔으며, 남한은 비록 이러한 '전서'가 발간되지는 않았지만, 다양한 학문적인 견해가 공존하고 있어 이러한 '전서'가 발간될 상황이 아니어서 발간되지 않았지만, 상당한 수준의 우리말 연구가 수행되어 왔다.

이러한 남과 북의 우리말 연구는 서로 공통점도 있지만 서로 다른점도 있다. 그렇기 때문에 통일을 준비하는 즈음에 남북한의 학문 연구의 협력과 교육을 위하여, 그리고 통일 이후에 전개될 우리말과 우리말 연구의 통합을 위해 남북 언어 연구의 협력 방안이 절실히 필요하다고 생각한다. 이러한 관점에서 이제 남북한 언어학이 서로 협력할 방안을 제시함으로써 이 책의 논의를 마무리하고자 한다.

그간의 남북 언어학의 협력은 공식적으로 또는 비공식적으로 이루어진 바 있다. 공식적으로는 남한의 국립국어원과 북한의 사회과학원 언어학연구소 사이에 여러 차례 이루어진 바 있다. 우선 그 내용을 잠시 살펴서 이를 바탕으로 앞으로 협력할 방안을 제안하기로 한다.

다음의 [표 4]를 통해 보면, 남북 언어학자가 직접 교류하여 남북 언어에 대한 상호 이해 증진을 도모하면서 남북 언어의 통일에 관한 연구와 정책을 추진 하는, 남북 언어 동질성 회복을 위한 주제가 중심이 되었음을 알 수 있다. 구체적으로는 어휘 통일에 관한 방안, 언어 자료의 교류와 남북 공동의 말뭉치 구축에 관한 방안, 남북 공동의 지역어(방언) 조사 방안 등이 논의되었다. 현실적으로 협력이 가능한 주제가 중심이 되었음을 볼 수 있다.

이제 이러한 앞선 노력과 『조선어학전서』를 검토한 것을 바탕으로 앞으로 남북 언어 연구가 서로 협력할 방안을 다음과 같이 제안하고자 한다.

첫째는 언어공학과 관련한 학술 교류를 제안한다. 남북 모두가 언어공학

표 4 남북 언어학자 학술회의

회의	일시 및 장소	회의 주제 및 내용	참석자
1차	1996. 8.5.~7. 중국 창춘	남북 언어에 관한 연구	16
2차	2001.12.14.~16. 중국 베이징	남북 언어 동질성 회복을 위한 학술모임	28
3차	2003.11.5.~10. 중국 베이징	민족 고유어의 통일적 발전과 방언 조사 연구	32
4차	2004.6.22.~25. 중국 베이징	민족어 유산의 수집 정리와 고유어 체계의 발전	27
5차	2004.12.22.~25. 중국 선양	민족 방언의 조사, 연구 및 코퍼스에 관한 국제학술모임	12
6차	2005.12.13.~15. 중국 선양	민족어 어휘구성의 변화와 통일적 발전	26
7차	2007.11.17.~18. 중국 연길	민족어 발전의 현실태와 전망	33

연구가 활발한 편이기 때문에 교류가 충분히 가능할 것이라 믿는다. 실제 그간 남북 언어학자 교류에서도 이 분야가 중심이 된 바 있다. 그간도 언어자료를 서로 교환한 적이 있다. 각자 구축한 말뭉치를 교환하며 활용하기도 하였다. 따라서 우선 지속적으로 말뭉치를 구축하여 서로 교환하는 일에 관심을 가져야 할 것이다. 다음으로는 전자사전 구축에 협력할 수 있을 것이다. 남한에서는 21세기 세종계획에서 구축한 전자사전이 있으며, 또한 2010년부터 국립국어원에서 웹기반 사전 구축 사업을 통해 언어자원를 체계화하는 사업을 시작하였다. 북한에서도 2006년과 2007년에 걸쳐 새로운 『조선말큰사전』을 발간한 바 있으며, 이와는 별개로 남북 공동 『겨레말큰사전』을 편찬하는 사업을 진행하고 있어 남북 공공 전자사전 구축 사업은 충분히 실천에 옮길 수 있을 것이라 생각한다.

둘째는 사라져 갈 위기에 놓인 각 지역의 방언을 수집하여 자료를 구축할 것을 제안한다. 이미 2003년 국립국어원과 사회과학원 언어학연구소는 남북이 공동 방법으로 각기 지역의 방언을 수집할 것을 합의한 바 있다. 실제 그 이후 2004년에 조사 항목, 조사 기기, 조사 방법 등을 의논하고 실제 조사에 들어갔다. 그 이후 남한은 계속하여 지역 방언을 조사하여 보고서를 발간하였고, 북한에서도 몇몇 지역을 조사하여 조사한 자료 중 평안북도 구장군 수구리 지역 자료(조사 책임: 홍석희)를 남한에 제공한 바 있으나 지속적인 조사는 중단된 것으로 알려졌다. 그러나 이제 다시 이 일을 계속하여 남북의 방언 자료가 사라지기 전에 조사하여 서로 교환하는 방안을 적극 검토하고 시행해야 할 것이다.

셋째는 전문용어를 통일하는 방안을 제안하고자 한다. 각 분야의 전문용어를 통일하는 것은 다른 어휘를 통일하는 것보다 중요하다. 따라서 분야별로 전문용어를 협의하여 단일화하는 노력을 해야 할 것이다. 이것은 언어학자뿐만 아니라 전문 분야가 각각 추진할 수 있을 것이다.

넷째는 어문규범을 단일화하는 방안을 제안하고자 한다. 이미 『겨레말큰사전』 편찬 사업에서 지난 2005년 이래 남북의 어문규범을 상당한 수준까지 단일화한 바 있다. 비록 이 단일안이 『겨레말큰사전』 편찬에 한정된다는 제약은 있지만, 이것은 앞으로 통일 이후 신속한 어문규범 단일화를 위해 대단히 의의 있는 준비이다. 그러나 아직까지 두음법칙과 관련한 문제, 사이시옷에 관련한 문제에 대해서는 의견의 접근을 못 이루고 있다. 이것이 앞으로의 과제다.

이상과 같이 남북의 언어 연구가 서로 협력할 방안에 대해 제안해 보았다. 이제 이를 실천하기 위해 남북 언어학자들이 이마를 맞대는 일이 남아 있다. 함께 노력해야 할 것이다.

참고문헌

고영근 (1992), 「남북한 국어 연구의 동질성 회복을 위한 기초적 연구: 북한 언어학의 형성과 발전에 관한 제문제」, 『어학연구』 28-3, pp. 429-444, 서울대학교 어학연구소.

고영근 (1993), 『우리말의 총체기술과 문법체계』, 일지사.

고영근 (2001), 「남북 규범문법의 통일 방안」, 『새국어생활』 11−1, pp.29−45, 국립국어연구원.

고영근·구본관·시정곤·연재훈 (2004), 『북한의 문법 연구와 교육』, 도서출판 박이정.

과학,백과사전출판사 (1979), 『조선문화어문법』, 과학,백과사전출판사.

과학원언어문학연구소 (1960), 『조선어문법 1: 어음론·형태론』, 과학원언어문학연구소.

과학원언어문학연구소 (1963), 『조선어문법 2: 문장론』, 과학원언어문학연구소.

교육도서출판사 (2001), 『국어문법』, 고등중학교 제1, 2, 3학년용 제2판.

교육부 (1996), 『고등학교 문법」, 대한교과서주식회사.

교육인적자원부 (2002), 『고등학교 문법』, (주)두산.

구본관 (2003), 「북한의 품사 연구」, 『남북의 언어와 한국어 교육』(박창원 엮음), 태학사.

권재일 (1992), 『한국어 통사론』, 민음사.

권재일 (2003), 「남북 언어 표준화를 위한 문법론 대조 연구」, 『KBS 한국어 연구논문』 제54집, pp.57-134, KBS 아나운서실 한국어연구회.

권재일 (2005), "Standardization of South and North Korean Grammar," *The 5th International Conference on Korean Studies*, pp.155-169, Central Asian Association for Korean Studies, Bishkek, Kyrgyzstan.

권재일 (2006), 『남북 언어의 문법 표준화』, 서울대학교 규장각한국학연구총서 20, 서울대학교 출판부.

권재일 (2008a), 「북한의 우리말 연구 성과와 『조선어학전서』」, 『나라사랑』 제114집, pp.150-183, 외솔회.

권재일 (2008b), 「북한 언어학의 의미 연구」, 『우리말의 텍스트 분석과 현상 연구』, pp.259-284, 도서출판 역락.

권재일 (2009), [朝鮮語學全書]と北韓の言語工學の研究, 『朝鮮半島のことばと社會』(油谷幸利先生還曆記念論文集), pp.269-296, 明石書店, 東京.

김남돈 (2003), 『'토'를 중심으로 본 북한 문법 이론의 발전 과정』, 한국문화사.

김민수 (1989), 『북한의 국어 연구』, 일조각.

김민수 편 (1991), 『북한의 조선어 연구사 1945−1990』, 녹진.

김선철 (2009),「국립국어원의 북한어 연구 현황에 대하여」,『2009년 남북 언어 학술대회 논문집』, pp.15-23, 국립국어원.
김용구 (1986),『조선어리론문법(문장론)』, 과학,백과사전출판사.
리근영 (1985),『조선어리론문법(형태론)』, 과학,백과사전출판사.
민현식 (1993),「북한 문법에 대한 연구(Ⅰ)」,『한국학연구』 2, 숙명여자대학교 한국학연구소.
민현식 (1993),「북한 문법에 대한 연구(Ⅱ)」,『국어교육』 81·82, 한국국어교육연구회.
박창원 엮음 (2003),『남북의 언어와 한국어 교육』, 태학사.
임홍빈 (1992),「남북한 국어 연구의 동질성 회복을 위한 기초적 연구: 북한의 문법론」,『어학연구』 28-3, pp.445-597, 서울대학교 어학연구소.
임홍빈 (1997),『북한의 문법론 연구』, 한국문화사.
자하어문학회 (1990),『북한의 조선어학』, 한신문화사.
전수태 (2009),『북한의 국어 의미론』, 대한교육문화신문출판부.
전수태·최호철 (1989),『남북한 언어 비교 - 분단시대의 민족어 통일을 위하여』, 녹진.
정순기 (2006),「규범문법에서 찾아볼수 있는 북과 남의 차이에 대하여 (형태론과 품사론을 중심으로)」,『제5차 겨레말큰사전 편찬회의 자료』, 남북공동겨레말큰사전편찬사업회.
조남호 (2009),「북한 언어 자료의 구축」,『2009년 남북 언어 학술대회 논문집』, pp.3-14, 국립국어원.
최명옥 (1992),「북한의 어음연구」,『어학연구』 28-3, pp.621-639, 서울대학교 어학연구소.
최호철 (2000),「국어의 '토' 문법에 관한 남북한 연구 대비」,『민족문화연구』 33, 고려대학교 민족문화연구원.
하치근 (1993),『남북한 문법 비교 연구』, 한국문화사.
홍종선·최호철 (1998),『남북 언어 통일 방안 연구』, 문화관광부.

찾아보기

ㅈ

ㅊ

Abstract

On North Korea's *Collected Writings of Korean Linguistics*

Kwon Jae-il

1

This study takes as its subject the recently published *Collected Writings of Korean Linguistics* [*Joseoneohak Jeonseo*] in North Korea. We analyze the state of development of linguistics research in North Korea, taking the results as our basis and making our objective the search for a course towards mutual collaboration and the combination of South and North Korean linguistics in the future.

In 2005 at the Institute of Linguistics of the Korean Academy of Social Science in North Korea, *Collected Writings of Korean Linguistics* (*CWKL*) was published with the goals of pioneering new linguistic areas and developing Korean linguistics according to the demands of the times that were apparent upon the dawn of the new century. Research into the Korean language for *CWKL* has considered theory from a general linguistics perspective and language norms from an applied perspective.

CWKL consists of 47 volumes and is divided into the following 11 areas for editing: Language Theory, Language History, Lexicology, Semantics, Phonology, Grammar, Stylistics, the Study of Appellations, Dialectology, Language Engineering, and Language Norms. Each book begins by introducing the purpose of the writings in the preface and then leading into the main text. The majority of authors are researchers at the Institute of Linguistics.

2

The significance of *CWKL* as seen from the historical perspective of linguistics is described as follows.

First, *CWKL* has comprehensively systematized the results of linguistic research achieved in North Korea since its independence up to now. Comprising all areas of linguistics, ranging from language theory and language policy, the structure of grammar, phonological structure, and meaning and lexical structure, to history, dialects, dictionaries, language engineering, and language norms, every field is covered. Regarding the volume, the works are extensive enough to warrant the title *Collected Writings,* yet considering the content, an appropriately linguistic evaluation is feasible.

Secondly, *CWKL* has synthesized the results of normative language research. A reference is made about research into language, "to research theoretically and write from the direction of trying to solve problems stemming from our lives involving language, while making every attempt not to stray from the character of a comprehensive book on normative grammar." This statement agrees with the ultimate goal of language research in North Korea.

Thirdly, *CWKL* has proposed the pioneering of a new area of linguistics. It has clarified its intension to develop existing linguistics research in line with the demands of the times, and it has clarified its attitude of accepting the trends of the latest linguistics research. The goal of *CWKL* is the complete acceptance of language engineering as a new research area; it hopes to analyze language phenomena scientifically and foster research that is actively applicable in our language-endowed lives. This is the signification of future research being language-engineering-based research that is suitable for the information age.

3

The field of linguistics developed at a rapid rate in both South and North Korea after the division of Korea. Furthermore, with different backgrounds of language theory, language research has been carried out dissimilarly. Based on a review of *CWKL*, we now intend to propose a plan for mutual co-operation between South and North Korean linguistics, as described below. To fulfill this aim concretely, linguists from both sides will have to endeavor to work together.

First, we propose an exchange of scholarship related to language engineering. As research in the area of language engineering is active in both South and North Korea, we believe such an exchange to be sufficiently realizable. In actuality, over the years the area of language engineering has played a central role in the interchange between linguists from both Koreas. Cooperation in the construction and exchange of a corpus and an electronic dictionary are possible projects.

Secondly, we propose to collect and construct data on the dialects of each area, especially those that are in danger of disappearing. The National Institute of the Korean Language in South Korea and the Institute of Linguistics of the Korean Academy of Social Science in North Korea have agreed on a method of regional dialect collection for their respective areas and have thus carried out actual investigations. To reiterate, these projects must be embarked upon for Korean dialects to be preserved.

Thirdly, we propose a measure for the standardization of technical terminology. The standardization of technical terms in each field is more pressing than that of any other vocabulary. Therefore, the terminology of each field must be agreed upon and efforts for its standardization must be made.

Finally, we propose a measure for the unification of language norms. The language norms of South and North Korea were significant unified in the dictionary compilation of *Gyeoremal-Keunsajeon*. Though this unification is only limited to *Gyeoremal-Keunsajeon*, it serves as highly meaningful preparation for the prompt unification of language norms after the reunification of Korea.

저자약력

권재일

서울대학교 인문대학 언어학과 및 대학원 언어학과 졸업 (문학박사)
현재 서울대학교 인문대학 언어학과 교수

저서: 『국어의 복합문 구성 연구』(1985), 『한국어 통사론』 (1992), 『한국어 문법의 연구』 (1994), 『한국어 문법사』 (1998), 『언어학과 인문학』(1999, 공저), 『국어지식탐구』 (1999, 공저), 『한반도와 중국 동북 3성의 역사 문화』(1999, 공저), 『한반도와 만주의 역사 문화』(2003, 공저), 『구어 한국어의 의향법 실현방법』(2004), 『20세기 초기 국어의 문법』(2005), 『허웅 선생의 우리말 연구』(2005, 공저), 『말이 올라야 나라가 오른다』 (2005, 공저), 『우리말 연구의 이론과 실제』(2005, 공저), 『남북 언어의 문법 표준화』 (2006), 『인문학의 학제적 연구·교육 현황과 활성화 방안』(2006, 공저), 『우리말의 텍스트 분석과 현상 연구』(2008, 공저), 『사라져 가는 알타이언어를 찾아서』(2008, 공저), *A Study of the Tacheng Dialect of the Dagur Language*(2008, 공저), 『중국의 다구르어와 어웡키어의 문법-어휘 연구』(2010, 공저), 『문법 교육론』(2010, 공저), 『언어의 이해』(2010, 공저), 『중앙아시아 고려말의 문법』(2010), 『언어 다양성 보존을 위한 알타이언어 문서화』(2011, 공저), 『알타이언어 현지 조사 질문지』(2011, 공저)

역서: 『일반언어학 이론』(R. 야콥슨, 1989)

논문: 「현대국어의 동사구 내포문」, 「한국어 문법범주의 변화 양상과 언어유형론적 특성」, 「한국어 격틀 구조의 역사적 변화」, 「국어 정책과 국어 교육」, "Auxiliary verb constructions in Korean and Khalkha Mongolian"을 비롯한 한국어 문법론, 문법사에 관한 130여 편